珞珈管理评论
Luojia Management Review

武汉大学出版社

图书在版编目(CIP)数据

珞珈管理评论.2010年卷.第2辑(总第7辑)/武汉大学经济与管理学院主办.
—武汉:武汉大学出版社,2010.12
ISBN 978-7-307-08354-7

Ⅰ.珞…　Ⅱ.武…　Ⅲ.企业管理—文集　Ⅳ.F270-53

中国版本图书馆 CIP 数据核字(2010)第 236579 号

责任编辑:柴　艺　　责任校对:王　建　　版式设计:詹锦玲

出版发行:武汉大学出版社　(430072　武昌　珞珈山)
　　　　(电子邮件:cbs22@whu.edu.cn 网址:www.wdp.com.cn)
印刷:军事经济学院印刷厂
开本:889×1194　1/16　印张:13　字数:372 千字
版次:2010 年 12 月第 1 版　　2010 年 12 月第 1 次印刷
ISBN 978-7-307-08354-7/F·1446　　　定价:30.00 元

目　录

CONTENTS

行业特征与现金股利政策[*]
——基于 2001—2008 年中国上市公司的实证研究

● 权小锋[1]　滕明慧[2]　吴世农[3]

(1, 2, 3 厦门大学管理学院 厦门 361005)

【摘　要】本文以 2001—2008 年沪深 A 股上市公司为研究样本,从行业的股利支付、竞争程度、生命周期、股利需求偏好以及自信水平五个维度,系统地检验了行业因素对上市公司现金股利的影响。研究发现:行业前期整体股利发放情况对本期企业现金股利的支付意愿和支付水平产生显著的正向影响;行业竞争程度越高,企业的股利支付意愿和支付水平越低;行业自信水平越高,企业的股利支付意愿和支付水平越低;行业股利需求偏好存在"股利折价"现象,但没有对企业的现金股利政策产生显著影响;行业所处的生命周期并不影响企业当期的现金股利政策;国家分红政策效应的强化会使企业现金股利决策更加依赖行业因素。

【关键词】行业特征　现金股利政策　股利支付意愿　股利支付水平

一、引言

国内外对于上市企业现金股利支付的研究,一般是从微观层面和宏观层面分析入手。微观层面研究涉及公司特性因素和公司治理因素。La Porta 等(2000)从"法与金融"的研究视角,创造性地考察了投资者法律保护对股利政策的影响,开启了从宏观层面研究上市公司股利政策的先河。但是,从中观层面(行业因素)来考察上市企业股利政策的文献却很缺乏[①]。行业因素对于上司公司而言是一种更重要的外部治理机制(Grullon and Michaely, 2008)[②]。同行业的上市公司,由于具有相同的竞争环境和产品生命周期,企业之间股利政策往往趋同或者"群聚"(黄娟娟,2009)[③];而不同行业的上市公司由于其财务特点差别较大,其股利政策的影响因素和适用政策往往存在很大差距。因此,从系统性的行业特征角度探讨上市公司的现金股利政策无疑更能揭示上市公司股利政策的本质。

---

* 本文研究受到国家自然科学基金重点项目(项目编号:70632001)、教育部"新世纪优秀人才计划"项目(项目编号:NCET-06-0565)的资助,特此致谢。

① La Porta, R., Lopez-De-Silanes, F., Shleifer, A., and Vishny, R. W.. Agency problems and dividend policies around the world. Journal of Finance, 2000, 1: 1-34.

② Grullon, Gustavo, and Roni, Michaely. Corporate payout policy and product market competition. Rice University and Cornell University and IDC., Working Paper, 2008.

③ 黄娟娟. 行为股利政策——基于我国上市公司股利"群聚"现象的研究. 厦门大学博士论文,2009.

就股利政策的理论争论层面来看，自 Lintner(1956)①对股利行为的开创性研究以来，各种股利理论层出不穷。综合来看，基本包括传统的"理性因素观"(Miller and Modigliani, 1961②；Miller and Rock, 1985③；Allen et al., 2000④)和"非理性因素观"(Baker and Wurgler, 2004⑤；Wei and Lie, 2006⑥)两种理论，前者从传统的股利政策出发，基于代理和信号理论对上市公司现金股利发放的动因和影响因素进行了分析，但在上市公司现金股利的行业"群聚"上仍然无法给出合理的解释；后者基于近年来兴起的行为金融理论，将投资者和管理层的行为因素纳入股利政策的解释之中，虽然取得了部分成功，但遗憾的是这些理论缺乏统一框架，且研究结论在实证检验中也非常不稳定。因此，科学的方法应该是将"理性因素"和"非理性因素"结合起来形成对股利政策的科学认识。基于此，本文研究在行业特征平台上，结合"理性因素"和"非理性因素"，分别从行业前期整体的股利支付、行业的竞争程度、行业的生命周期、行业的股利偏好、行业的自信水平五个维度，系统地检验这些行业因素对上市公司现金股利政策的影响方向和显著性。

本文研究的主要创新体现在：(1)系统地研究了行业因素对上市公司现金股利政策的影响。行业因素的系统性体现在本文结合行业的理性因素和非理性因素对上市公司的现金股利政策进行了研究。(2)本文尝试性地将投资者非理性和管理层非理性统一到行业层面，研究了其对上市公司现金股利政策的影响。

本文研究结论具有如下应用价值：首先，本文发现企业现金股利政策显著地受到行业因素的影响。为保持决策科学性和合理性，企业当期现金股利是否支付、支付多少以及股利的支付顺序等决策应该考虑行业因素的影响。其次，本文研究对证监会的分红政策具有一定的参考价值。当前证监会通过颁布相应的分红政策指导意见，将企业的再融资资格和企业过去的分红数量相结合，从而引导企业的现金分红以保障投资者的利益，但相关政策并没有考虑上市公司的行业特性，可能对真正需要融资而且投资机会较大的成长性行业造成更大的政策限制，使得这些企业的分红以及财务行为出现一定的扭曲，并最终损害投资者利益。因此，应当针对上市公司的行业特性，根据行业差异颁布不同的分红政策，即对成熟、衰退、成长性行业的企业实施差异化的分红政策，可能会更好地维护投资者利益。最后，本文的研究结论对于证券市场投资者基于行业因素调整投资组合也具有一定的指导意义。

后文的结构安排如下：第二部分，依据文献综述，提出本文的研究假设；第三部分，实证设计，包括样本和数据来源、变量设计和模型设定；第四部分，实证结果与分析；第五部分为本文概括性的研究结论。

二、研究假设

本文研究的逻辑框架如图 1 所示。其中行业的竞争程度以及行业的生命周期，是企业发放现金股利决

① Lintner, J.. Distribution of incomes of corporations among dividends, Retained earnings and taxes. American Economic Review, 1956, 2: 97-113.

② Miller, Merton, and Franco Modigliani. Dividend policy, Growth and the valuation of shares. Journal of Business, 1961, 34: 411-433.

③ Miller, Merton, and Kevin Rock. Dividend policy under asymmetric information. Journal of Finance, 1985, 40: 1 031-1 051.

④ Allen, Franklin, Antonio Bernardo, and Ivo Welch. A theory of dividends based on tax clientele. Journal of Finance, 2000, 55: 2 499-2 536.

⑤ Baker, Malcolm, and Jeffrey Wurgler. A catering theory of dividends. Journal of Finance, 2004, 3: 17-36.

⑥ Wei Li, and Erik Lie. Dividend changes and catering incentives. Journal of Financial Economics, 2006, 80: 293-308.

策依据的传统因素，因此体现了行业的理性因素；行业的股利需求偏好和行业的自信水平分别从投资者和管理层的非理性因素方面研究了其对企业现金股利政策的影响。行业前期的股利支付对企业当期现金股利政策的预期影响既可能体现管理层在不确定环境下规避风险的一种理性行为，也可能体现管理层发放股利的一种主动性的"羊群行为"（黄娟娟，2009）①，因此，行业股利支付的影响可能体现一种理性因素和非理性因素的融合。

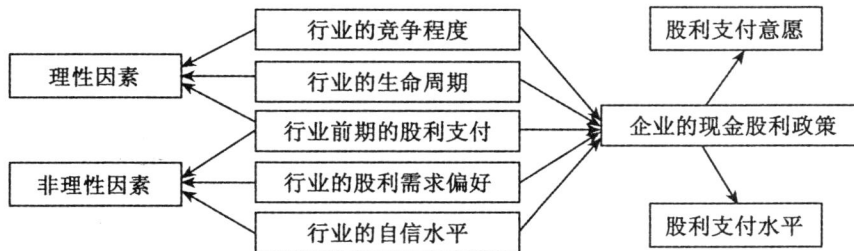

图 1　研究框架图

（一）行业的股利支付假设

同一行业内的企业，由于具有相同的竞争环境和产品生命周期，往往会采取趋同的财务政策。特别是企业的现金股利政策，作为企业一项重要的财务决策，可能会受到行业内其他竞争者股利发放的影响。Lintner(1956)认为，产业类别因素可能会影响同行业内企业的股利政策。Baker 和 Powell(2000)通过对纽交所上市公司的调查，发现上市公司具有强烈的行业股利趋同性动机②。Brav et al. (2005)通过对 308 个财务总监的访谈③，发现 1/3 的财务总监认为行业内其他竞争者的股利政策是他们发放股利的重要参考因素。在我国，上市公司面临着转轨的制度环境，财务决策风险较大，管理层在发放现金股利时会更加谨慎。黄娟娟(2009)通过对我国 1995—2006 年上市公司股利发放政策进行研究，发现我国上市公司的股利存在"群聚"现象。由此可见，同行业内企业在发放股利时，往往会参考同业公司的股利政策。本文认为，行业前期的现金股利支付是上市公司现金股利支付的重要依据。因此，提出以下假设：

H1：上市公司所处行业前期现金股利支付对企业本期现金股利支付产生显著的正向影响。

（二）行业的竞争程度假设

产品市场竞争作为一种外部治理机制，对于管理层激励、研发创新以及资本结构等公司治理决策都产生重要影响。产品市场竞争对股利政策的影响存在两种相反的效应，分别是结果模型和替代模型（Grullon and Michaely，2008）。结果模型认为，市场竞争越激烈，外部投资者越容易找到绩效衡量基准，公司面临的清算威胁也越大，管理层过度投资的风险和成本也越高。在其他条件不变情况下，公司多余自由现金被"挤出"或"吐出"，从而减弱了自由现金流的代理成本（Jensen，1976）④。因此，产品市场竞争程度越高，

---

① 黄娟娟. 行为股利政策——基于我国上市公司股利"群聚"现象的研究. 厦门大学博士论文，2009.

② Baker, H. Kent, and Gary E. Powell. Determinants of corporate dividend policy: A survey of NYSE firms. Financial Practice and Education, 2000, 10: 29-40.

③ Brav, Alon, John R. Graham, Campbell R. Harvey, and Roni Michaely. Payout policy in the 21th century. Journal of Financial Economics, 2005, 77: 483-528.

④ Jensen, M. C., and W. H. Meckling. Theory of the firm: Managerial behavior, Agency costs and ownership structure. Journal of Financial Economics, 1976, 3: 305-360.

公司现金股利分配的倾向越强，力度越大。而替代模型认为，处于产品市场竞争强度较低或集中度高的行业里的公司，其自由现金流量更高（Shleifer and Vishny，1997）①，更容易过度投资，因为寡头或者垄断行业受到的外部约束较弱。但是，管理层为了建立服务于外部投资者的声誉，从而有利于公司再融资或最大化自己所持有的公司股票价值，也会提高支付股利的水平。在替代模型下，企业分配现金股利是为了建立良好声誉而向市场释放信号的一种行为。因此，替代模型认为，产品市场竞争程度越低，公司现金股利支付越高。因此，本文提出两个替代性的假设进行检验：

H2-1：在其他条件相同情况下，如果结果模型成立，那么行业竞争程度会对企业现金股利支付产生显著的正向影响。

H2-2：在其他条件相同情况下，如果替代模型成立，那么行业竞争程度会对企业现金股利支付产生显著的负向影响。

（三）行业的生命周期假设

Grullon et al.（2002）认为，伴随着企业的生命周期逐步走向成熟，投资机会将逐渐萎缩，企业将会支付多余的现金给投资者。② 同样，企业现金股利的支付和行业的成长性之间也存在着负相关关系。DeAngelo et al.（2004）研究发现，产业类别因素能够解释为什么处于高成长行业并且具有稳定盈余的企业不支付股利。③ 黎明渊和林俞廷（2004）研究发现，成长性较高的高科技产业倾向发放股票股利，而成熟的传统产业倾向发放更多的现金股利。④ 行业发展一般经历引入期、成长期、成熟期、衰退期四个阶段。当企业所在行业处于引入期和成长期时，产业的寿命比较年轻，成长性非常好，企业投资机会较多，资金需求量大且来源紧张，此时企业管理层为了保持财务弹性往往采用低现金股利、高留存盈余的股利政策。处于成熟期或衰退期行业的企业，成长性开始降低，投资机会较少，经营收益也比较稳定，因此管理层倾向多发股利以分配企业多余现金。因此，本文提出如下研究假设：

H3：行业生命周期显著影响企业的现金股利政策，处于成长性行业的企业的现金股利支付显著地低于成熟和衰退行业的企业。

（四）行业股利的需求偏好假设

Baker 和 Wurgler（2004）提出了股利迎合理论，发现在一定条件下，企业管理层作为股利支付的供给方，会主动迎合市场中投资者对于现金股利的需求偏好，但 Baker 和 Wurgler 的股利迎合理论只是从总体水平上检验了企业股利支付倾向和市场中股利需求偏好的正向关系，而没有解释股利支付水平与股利需求偏好的关系。Wei 和 Lie（2006）通过对美国上市公司更长时间段股利发放行为的研究，扩展了股利迎合理论。研究发现，上市公司的股利支付倾向和股利分配力度都会受到股利需求强度的正向影响。总体而言，股利迎合理论放宽了 MM 股利无关论中"市场有效性"的假设，认为如果市场是有效的，那么现金股利政策就应由企业特征决定；如果市场不是完全有效的，那么公司制定现金股利政策时，就会迎合投资者的偏好。我国证券市场投机性气氛浓厚，市场有效性较差。⑤ 因此，市场的不完全有效性决定了上市公司存在

---

① Shleifer, A., and R. Vishny. A survey of corporate governance. Journal of Finance, 1997, 52: 737-783.

② Grullon, Gustavo, and Roni Michaely. Dividends, Share repurchases, and the substitution hypothesis. Journal of Finance, 2002, 62: 1 649-1 684.

③ DeAngelo, Harry, Linda DeAngelo, and Douglas J. Skinner. Are dividends disappearing? . Dividend concentration and consolidation of earnings. Journal of Financial Economics, 2004, 72: 425-456.

④ 黎明渊，林俞廷. 股利政策决定因素的再探讨. 国立暨南国际大学工作论文，2004.

⑤ 吴世农. 我国证券市场效率的分析. 经济研究，1996，4: 13-19.

迎合投资者的股利需求偏好。由于不同行业竞争环境和结构差异较大，这种迎合效应可能在行业层面表现得更为明显。因此，本文提出如下假设：

H4：上市公司所处行业的股利需求偏好会对企业现金股利支付产生显著的正向影响。

（五）行业的自信水平假设

Roll（1986）提出的"自大"假设认为，管理层"自大"导致的过度乐观会使得企业发生更多的无效或低效并购。[①] Heaton（2002）延续 Roll 的分析思想，进一步提出乐观导致过度自信，认为企业 CEO 的过度自信程度越高，企业的投资扭曲将会越多。[②] Mailmendier 和 Tate（2005）在设计过度自信指标的基础上，使用福布斯 500 家公司的 CEO 面板数据为样本进行实证分析，发现管理者不仅存在高估投资项目收益和低估投资风险的行为，而且认为外部资金相对昂贵，因此当企业有大量的内部资金时就加大投资，造成企业过度投资。[③] 以上研究表明：管理层的过度自信导致投资扭曲，特别是过度投资。Deshmukh et al.（2009）更进一步分析认为，投资扭曲会直接导致公司股利政策扭曲。相比理性的管理层，过度自信的管理层会进行过度投资，分配更少股利。[④]

那么，企业管理层的过度自信是如何形成的？基于以上的文献，管理层过度自信的形成是一种"高于平均"的固有心理偏差。过度自信的管理层会过分相信自身的能力和私有决策信息，因此当投资时，他们一般会高估投资收益、低估投资风险，而且随着一次投资或并购的完成，他们的这种心理偏差会得到强化（吴超鹏等，2006）。本文认为，过度自信是管理层的一种固有心理偏差，但管理层过度自信的水平并不是静态的，它会随着外在环境而发生变化。特别是在行业层面，当企业所处的行业整体表现比较自信时，企业管理层会更加自信，原来过度自信的管理层会更加自信，而原来不自信的管理层也会表现出一定的自信，进而行业的整体自信水平会显著影响企业的财务决策。因此，本文提出以下假设：

H5：上市公司所处行业的自信水平会对企业现金股利支付产生显著的负向影响。

三、实证设计

（一）样本和数据来源

本文样本取自 2001—2008 年沪深两市 A 股市场的上市企业。2000 年底，我国证监会陆续地颁布了一系列上市公司分红政策的指导意见，为了保证研究样本处于统一的政策效应区间，本文选取 2001 年作为研究的起点。样本采用以下删除原则：删除 ST 和 PT 企业；删除金融类行业企业（行业代码 I）；删除行业内企业数目较少的 C2 行业企业；删除行业属性比较模糊的行业 C9（其他制造业）以及 M（综合）企业样本；删除财务数据有缺失的企业。最终得到股利支付意愿的 8156 个观测值，以及现金股利支付水平的 4511 个观测值，各年的数据分布如表 1 所示。本文的公司治理指标数据来源于 CSMAR 数据库，财务指标数据来源于 Wind 数据库。行业指标数据来源于国家统计局网站（http：//www. stats. gov. cn/）、中国统计数据应用支持系统（http：//edu. acmr. cn/）以及 Wind 数据库。上市公司的现金分红数据经过巨潮咨询网

---

①　Roll, R.. The hubris hypothesis of corporate takeovers. Journal of Business, 1986, 59：197-216.

②　Heaton, J. B.. Managerial optimism and corporate governance. Financial Management, 2002, 31：33-45.

③　Ulrike, Malmendier, and Geogrey Tate. CEO overconfidence and corporate investment. Journal of Finance, 2005, 60：2 661-2 700.

④　Sanjay Deshmukh, Anand M. Goel, and Keith M. Howe. CEO overconfidence and dividend policy：Theory and evidence. DePaul University Working Paper, 2009.

（http：//www.cninfo.com.cn/）的交互核对，因此能够保证研究数据的可靠性。

表1   样本年度分布表

Panel A：现金股利的支付意愿研究								
年份	2001	2002	2003	2004	2005	2006	2007	2008	合计
样本数	835	900	962	1053	1062	1144	1160	1040	8156

PanelB：现金股利的支付水平研究								
年份	2001	2002	2003	2004	2005	2006	2007	2008	合计
样本数	547	522	514	648	554	645	727	354	4511

（二）变量设计

1. 被解释变量

本研究主要考察了行业因素对上市公司股利支付意愿和股利支付水平两方面的影响，其中股利的支付意愿用 CASHPAY 指标测度，而股利的支付水平用 DS 指标测度。

CASHPAY：上市公司股利支付意愿。若上市公司当年发放现金股利，值为1，否则为0。

DS：上市公司股利支付水平，即每股股利/每股销售收入。利用这个指标主要是考虑到企业的销售收入受盈余操纵的可能性小，因此更能反映股利支付的真实水平。

2. 解释变量

（1）行业的股利支付。

行业分类是依据证监会的行业一级分类法，通过对制造业进行细分，舍弃样本筛选掉的行业，最终确定18个行业。行业的股利支付比例为行业支付现金股利的企业所占比例，用符号 indCASH 表示；而行业的现金股利支付水平，本文选用 indDS 指标，其中：

$$indDS = \frac{\sum_{j=1}^{N} \dfrac{D_j}{S_j}}{N}$$

其中，D_j 表示行业内发放现金股利的 j 企业年度支付的每股股利；S_j 表示行业内发放现金股利的 j 企业年度的每股销售收入。N 表示行业内企业数目。

（2）行业的竞争程度（indMC）。

行业竞争程度的衡量是一个难点问题，目前学术界尚无一致的完美指标。本文结合文本分析的方法，特选择以下三个文献使用频率较高且内涵又有所差异的指标作为市场竞争程度的替代指标，进而通过一定的方法合成行业竞争程度的综合指标。

① 赫芬因德指数（HHI）。该指数来自于产业组织文献，其测度公式为：$HHI = \sum (x_i/x)^2$，其中 $x = \sum x_i$。x_i 为企业 i 的销售额。赫芬因德指数合理地反映了产业的市场集中程度，可以大体反映产业的竞争情况。该指标值越高，表明行业竞争程度越低，垄断程度越高。

② 行业平均租金（RENT）。RENT 衡量的是企业资本获得的毛利扣除其机会成本之后剩余的收益。其值越大，表明该企业垄断地位越强，获得的垄断租金越多。本文借鉴 Beiner 等（2005）设计的 RENT 指

标①，RENT 定义为息税前盈余 EBIT 减去资本成本 K_c 与总资产 TA 的乘积，并用公司销售收入 SA 对其进行标准化，即：

$$\text{RENT} = \frac{\text{EBIT} - K_c \times \text{TA}}{\text{SA}}$$

其中，资本成本 $K_c = R_f + \gamma \times \beta (R_M - R_f)$，$R_f$ 是无风险利率，γ 是公司的权益比率，β 是估计的公司股票的市场贝塔值，R_M 是按市场指数计算的回报率。RENT 指标越高，表明行业竞争程度越低。

③ 行业平均的主营业务利润率。近年来，国内学者倾向于采用利润或者利润率衡量产品市场竞争，其中应用最多的就是主营业务利润率指标。其依据是：对于一个充分竞争的行业，从长期来看，行业中没有一个企业可以获得超过社会平均利润率的收益。如果某个行业中的利润指标持续大于其他行业，则表明该行业存在较高的进入壁垒，具有一定的垄断性；反之，则表明该行业竞争性较强。行业平均的主营业务利润率是行业内所有企业主营业务利润率的平均值。该指标越高，表明行业竞争程度越低，垄断程度越高。

以上三个指标都从不同侧面反映了行业竞争程度，但都具有一定局限性。本文认为，一个好的行业市场竞争衡量指标应该综合反映行业整体竞争态势和企业竞争地位。一个企业面临的产品市场竞争，不仅受其所在行业整体竞争程度的影响，还取决于其在行业中的竞争地位。因此，本文在以上三个指标的基础上，设计了一个综合指标 indMC。该指标的构建方法是：将以上三个指标分别按年由小到大排序，计算每个行业在各年样本中的百分位等级分数，这样每个指标均转换成 [0，1] 的一个数值；然后，将这些转换后的指标数值加总，即得行业竞争程度的综合指数 indMC，该指标值在 [0，3]，是行业竞争程度的反指标。

（3）行业的生命周期（indGI）。

行业生命周期的划分是一个难点问题，现有文献主要有两种度量方法：第一，基于财务指标，通过对单个上市公司成长性进行度量，然后对同一行业求平均值和中位数以表示行业的成长性，进而分组划分行业的生命周期；第二，借鉴产业组织理论，利用增长率产业分类法对企业所处行业的生命周期阶段进行判别。② 第一种方法由于只考虑上市公司而没有考虑非上市公司，对于行业生命周期的划分具有较大偏差。本文选用第二种方法。该方法应用增长率产业分类法对行业成长性进行度量，增长率产业分类法是基于两个相邻时期（每个时期大约 20 年）的比较分析，将上市公司所处的行业大致分为成长性、成熟性和衰退性三类。该方法的核心是比较产业在两个相邻时期的增长率与相应时期所有产业部门的增长率，如果该产业部门的增长率在两个时期都高于平均增长率，或是前一时期大体接近平均增长率，而后一时期大大高于平均增长率则为成长产业；如果在前一时期高于平均增长率，而在后一时期增长率逐渐低于平均增长率，则为成熟产业；如果两个相邻时期的增长率都低于平均增长率，则为衰退产业。

本文测算的行业增长率的数据来源于国家统计局网站，由于我国统计资料的限制，我们只能获取 16 年的资料，数据资料受到限制主要有两个方面的原因：其一，早期的统计数据难以获取；其二，后期统计的行业分类发生变化，例如国家统计局在 2003 年调整了行业分类。为了保证统计口径的一致，本文以 1987—1994 这前 8 年和 1995—2002 这后 8 年作为两个相邻的周期来观察，各时期的所有产业部门的平均增长率由 GDP 增长率来代替。各产业部门相邻时期的增长率见表 2。

---

① Beiner, Schmid, and Wanzenried. Product market competition, Managerial incentives, and firm valuation. Working Paper, 2005.

② 范从来，袁静. 成长性、成熟性和衰退性产业上市公司并购绩效的实证分析. 中国工业经济，2002，8：74-85.

表2   各产业部门相邻时期增长率

产业部门 \ 增长率	后 8 年	前 8 年	产业类型
GDP	8.94%	10.15%	—
农林牧渔	3.50%	4.18%	衰退
采掘业	6.71%	12.33%	成熟
食品饮料	7.87%	9.48%	衰退
纺织服装皮毛	4.45%	10.34%	衰退
造纸印刷	10.80%	9.45%	成长
石油化学塑胶塑料	9.94%	10.93%	成熟
电子	22.63%	18.13%	成长
金属非金属	5.74%	13.80%	成熟
机械设备仪表	9.49%	12.36%	成长
医药生物制品	11.98%	12.47%	成长
电力煤气及水的生产和供应业	12.75%	14.75%	成长
建筑业	7.26%	10.11%	衰退
交通运输仓储和邮政业	9.81%	9.54%	成长
批发和零售业	8.40%	5.37%	衰退
住宿和餐饮业	9.49%	14.84%	成长
房地产业	7.78%	16.69%	成熟
社会服务	12.43%	10.65%	成长

注：①后 8 年的增长率为 1995—2002 年各年增长率的平均值，前 8 年的增长率为 1987—1994 年各年增长率的平均值。
②计算增长率所需的各年总产值均剔除了通胀的影响，当年实际总产值＝当年名义总产值／当年商品零售价格指数×100，
其中商品零售价格指数以 1978 年为基准。③行业分类是依据《国民经济行业分类标准》，通过对第三产业的细分而形成的。
资料来源：《中国统计年鉴》(1987—2002)。

考虑到增长率产业分类法要求的数据时间比较长，而我们的观察期太短，而且某些产业可能受到国家
政策的扶持，导致行业划分不十分准确，本文对此做了调整。比如石油化学塑胶塑料部门后 8 年的平均值
仅比 GDP 平均值高出 1 个百分点，其后 8 年的增长率低于前 8 年，而且后 8 年的增长很可能是因为石油
业在国民经济中的战略特殊性从而得到政府大力支持的结果，所以我们将其调整为成熟行业而非资料显示
的成长行业。经过适当调整，得出如下分类(见表3)。其中对于成长行业，赋值为 1；对于成熟行业和衰
退行业，赋值为 0，从而形成了行业生命周期指标 indGI。

表3   上市公司主要行业性质分类表

行业性质	行业名称
成长性	造纸印刷、电子、机械设备仪表、医药生物制品、电力煤气及水的生产和供应业、交通运输仓储和邮政业、住宿和餐饮业、社会服务
成熟性	采掘业、石油化学塑胶塑料、金属非金属、房地产业
衰退性	农林牧渔、食品饮料、纺织服装皮毛、建筑业、批发和零售业

（4）行业的股利需求偏好（indDP）。

根据 Baker 和 Wurgler（2004）、Wei 和 Lie（2006）的方法，本文采用市场中行业股利溢价（dividends premium）来表示行业的股利需求偏好 indDP。计算公式如下：

$$indDP = \frac{\sum_{j=1}^{N^1} \ln(M/B)^D_j}{N^1} - \frac{\sum_{j=1}^{N^2} \ln(M/B)^{ND}_j}{N^2}$$

其中，indDP 是行业的股利溢价，用来表示行业的股利需求偏好。等式右边第一项表示行业内支付现金股利公司的平均市场账面价值比；第二项表示行业内不支付现金股利公司的平均市场账面价值比。其中，求平均数采用了根据公司市值进行等权平均（EW）的方法计算，N^1 表示行业支付现金股利的公司数目，N^2 表示行业内不支付现金股利的企业数目。

（5）行业的自信水平（indCI）。

本文以国家统计局网站公布的企业家信心指数来代表行业的自信水平 indCI。企业家信心指数是企业家对行业性、系统性因素的判断。企业家信心指数每季度披露一次，其表现形式为纯正数，以 100 作为信心指数的临界值，其数值范围在 0～200。当信心指数大于 100 时，表明行业内企业家整体乐观；当信心指数小于 100 时，表明行业内企业家整体悲观。在实证分析中，我们以年度指数表示行业的整体自信水平。由于原始的信心指数是每季度披露一次，所以年度行业指数为当年 4 个季度的平均值。

3. 控制变量

对于公司现金股利的影响，目前的文献主要考察了微观因素以及宏观因素的影响，其中微观因素包括公司特性因素和公司治理因素，而宏观因素主要是从法律制定和实施的角度考察投资者保护对股利发放的影响。由于同一国内法律对所有上市公司都会产生同等的影响，所以本文的控制变量主要考虑了微观层面的因素。具体的指标解释见表 4。

表 4　　　　　　　　　　　　　　　　　控制变量列表

变量及其符号		含义	度量	预期符号
公司特性因素	FCF	每股自由现金流量	自由现金流量/期末总股本	－
	ROA	盈利能力	净利润/平均总资产	＋
	DS/S	增长性	销售收入增长率	？
	lnSIZE	公司规模	总资产取对数	＋
公司治理因素	TOP1	股权集中度	第一大股东持股比例	？
	TOP12	股权制衡度	第一大股东持股比例与第二大股东持股比例之比	＋
	DUAL	两职兼任	哑变量，兼任＝1；不兼任＝0	－
年度控制变量	Yeardum	年份因素	7 个年份哑变量	？

（三）模型设定

对于股利支付意愿，由于解释变量为 0 或 1，结合样本数据特点，本文应用面板数据的 Logistic 模型。

对于股利支付水平，由于被解释变量 DS 的值介于 0 和 1 之间，属于受限因变量，所以本文应用面板数据的 Tobit 模型。基本的计量模型设定如下：

$$\Pr(\text{CASHPAY}_{it} = 1) = \text{logistic}\left(\alpha_{0t} + \sum_{i=1}^{n_t} \beta_{it} X_{it} + \sum_{i=1}^{n_t} \lambda_{it} \text{CV}_{it} + \varepsilon_{it}\right) \qquad (1)$$

$$\text{DS}_{it} = \text{Tobit}\left(\alpha_{0t} + \sum_{i=1}^{n_t} \beta_{it} X_{it} + \sum_{i=1}^{n_t} \lambda_{it} \text{CV}_{it} + \varepsilon_{it}\right) \qquad (2)$$

其中，α_{0t} 为截距项，β_{it} 和 λ_{it} 表示待估参数，X_{it} 是解释变量，代表 indCASH、indDS、indMC、indGI、indDP、indCI 等行业因素变量，CV_{it} 是控制变量，包括公司特性因素以及公司治理因素，ε_{it} 为随机误差项。

四、实证结果与分析

（一）描述性统计

图 2 是 2001—2008 年行业现金股利的统计分布图，从行业支付股利公司占该行业全部公司的比例来看，采掘业、电力煤气及水生产和供应业、交通运输仓储和邮政业的支付比例较高，而造纸印刷、信息技术业、传播与文化产业的支付比例较低。行业的股利支付比例集中在 0.4 ~ 0.8，其中制造业（C 行业）各子行业由于其行业性质比较相似，各子行业支付比例更为集中（在 0.5 左右）。从行业的股利支付水平来看（以每股股利/每股销售收入表示），交通运输仓储和邮政业、社会服务业的支付水平较高，超过 10%，建筑业与批发和零售业的支付水平较低，仅为 2% 左右，其中制造业的股利支付水平和支付比例变化相对较小，股利的支付水平更为集中，在 3% ~ 4% 的小范围之内。

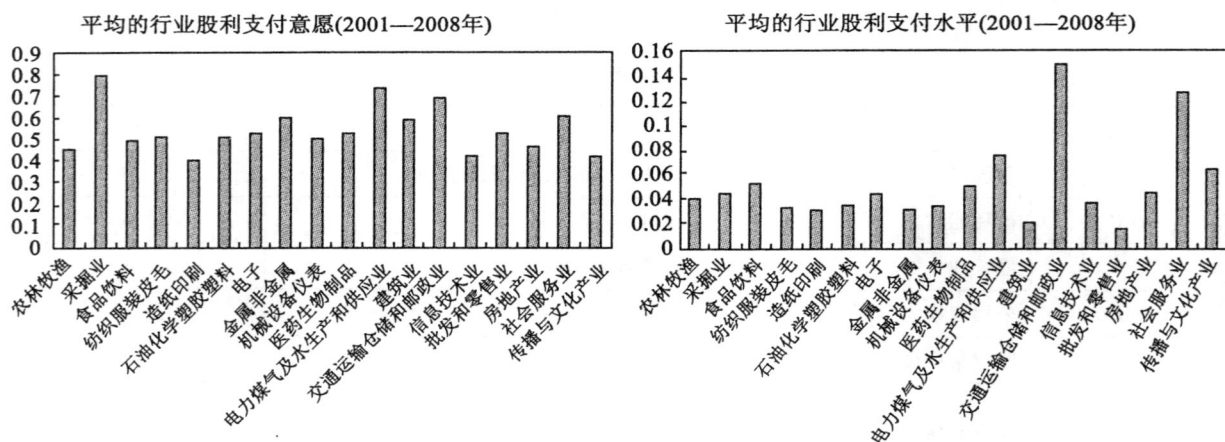

图 2　2001—2008 年行业的股利支付分布图

表 5 是行业因素的描述性统计。从行业的竞争程度指标（indMC）来看，行业差异比较明显，采掘业和石油化学塑胶塑料行业的竞争程度比较低，而农林牧渔和纺织服装皮毛行业的竞争程度比较高。从行业的生命周期指标（indGI）来看，造纸印刷、电子以及医药生物制品等产业的成长性较好，而农林牧渔、采掘业等产业的成长性较差。从行业的股利需求偏好（indDP）指标来看，我国上市公司存在"股利折价"现象，即投资者对于行业内发放股利的公司股票并没有偏好，而对于不发股利的公司股票却表现出较高的偏好。

从行业的自信水平指标（indCI）来看，各行业企业家自信指数普遍比较高，平均值大约在130，普遍高于临界值100，表明企业家整体乐观，对行业前景比较看好。

表5   行业因素的描述性统计表

行业代码	行业名称	indMC	indGI	indDP	indCI
A	农林牧渔	1.164124	0	−0.13711	129.7019
B	采掘业	2.795033	0	−0.11502	129.5244
C0	食品饮料	1.453299	0	−0.06153	129.0597
C1	纺织服装皮毛	0.966307	0	−0.26867	129.5633
C3	造纸印刷	1.614241	1	−0.11841	129.6678
C4	石油化学塑胶塑料	2.333966	0	−0.02564	129.2915
C5	电子	1.467336	1	−0.12439	129.978
C6	金属非金属	1.306611	0	−0.16448	129.3996
C7	机械设备仪表	1.201258	1	−0.10601	129.2404
C8	医药生物制造	1.622483	1	−0.04736	129.3473
D	电力煤气及水生产和供应业	1.728	1	−0.03258	129.1645
E	建筑业	1.656218	0	−0.08406	128.4935
F	交通运输仓储和邮政业	1.850636	1	−0.0762	126.0135
G	信息技术业①	1.972164	1	−0.04015	137.4201
H	批发和零售业	1.293232	0	−0.23465	126.3015
J	房地产业	1.173006	0	−0.06335	133.3941
K	社会服务业	1.517114	1	−0.05562	124.4198
L	传播与文化产业	1.676712	1	−0.06942	125.2966

（二）相关性分析

表6和表7分别表示股利支付意愿和股利支付水平变量的皮尔逊相关系数结果表。

（1）表6表明，上市公司的现金股利支付意愿（CASHPAY）与行业的现金股利支付比例（indCASH）在1%的水平上显著正相关，部分验证了我们的假设H1；与行业竞争程度（indMC）在1%的水平上显著正相关，部分验证了市场竞争程度替代模型假说H2-2的结论；与行业自信水平（indCI）在5%的水平上显著负相关，部分验证了假设H5。另外，上市公司的现金股利支付意愿（CASHPAY）与行业成长性（indGI）和行业股利需求偏好（indDP）不相关，假设H3和H4还有待进一步分析。

（2）表7表明，上市公司现金股利支付水平（DS）与行业的现金股利支付水平（indDS）在1%的水平上显著正相关，部分验证了我们的假设H1；与行业竞争程度（indMC）在1%的水平上显著正相关，部分验证了市场竞争程度替代模型假说H2-2的结论；与行业自信水平（indCI）在1%的水平上显著负相关，部分验证了假设H5。另外，行业成长性（indGI）与DS在1%的水平上负相关，表明与处于成熟行业和衰退行业

---

① 本分类以2001年证监会公布的《上市公司行业分类指引》的二级分类为蓝本，并对照《国民经济行业分类标准》调整而来。因此，行业生命周期分类与表2和表3相比有所差异。

表6

股利支付意愿的相关系数表

变量	CASHPAY	indCASH	indMC	indCI	indDP	indCI	FCF	ROA	DS/S	lnSIZE	TOP1	TOP12	DUAL
CASHPAY	1												
indCASH	0.150***	1											
indMC	0.071***	0.299***	1										
indCI	0.002	0.042**	0.275***	1									
indDP	-0.005	-0.076***	0.182***	0.139***	1								
indCI	-0.028**	-0.409***	-0.016	0.010	0.182***	1							
FCF	-0.038***	0.045***	0.012	0.015	-0.018	-0.040***	1						
ROA	0.373***	0.040***	0.090***	0.023**	0.051***	0.083***	-0.015	1					
DS/S	-0.013	-0.022**	0.0004	0.009	0.007	0.007	0.001	0.005	1				
lnSIZE	0.266***	0.154***	0.078***	-0.047***	0.045***	0.030***	0.056***	0.169***	0.002	1			
TOP1	0.163***	0.177***	0.041***	-0.040***	-0.049***	-0.124***	0.040***	0.094***	0.004	0.187***	1		
TOP12	-0.004	0.054***	-0.0003	-0.063***	-0.047***	-0.075***	0.029***	-0.045***	0.002	0.030***	0.383***	1	
DUAL	-0.019*	-0.036***	0.025*	0.020*	0.016	0.030***	-0.030***	0.007	0.031***	-0.057***	-0.048***	-0.027***	1

注：***、**和*分别表示0.01、0.05和0.10的显著性水平（下同）。

表7

股利支付水平的相关系数表

变量	DS	indDS	indMC	indGI	indDP	indCI	FCF	ROA	DS/S	lnSIZE	TOP1	TOP12	DUAL
DS	1												
indDS	0.415***	1											
indMC	0.126***	0.270***	1										
indGI	0.185***	0.422***	0.239***	1									
indDP	0.001	-0.003	0.133***	0.121***	1								
indCI	-0.098***	-0.244***	-0.026*	0.014	0.197***	1							
FCF	0.011	0.055***	0.005	0.003	-0.037**	-0.069***	1						
ROA	0.208***	0.037**	0.118***	0.049***	0.062***	0.097***	-0.095***	1					
DS/S	-0.012	-0.003	-0.021	-0.016	0.011	0.027*	-0.001	0.036**	1				
lnSIZE	0.008	0.029*	0.071***	-0.087***	0.069***	0.103***	0.105***	0.034**	0.010	1			
TOP1	0.131***	0.120***	0.049***	-0.061***	-0.054***	-0.123***	0.062***	0.052***	-0.015	0.183***	1		
TOP12	0.027*	0.031**	-0.028*	-0.102***	-0.047***	-0.104***	0.062***	-0.080***	0.008	0.049***	0.410***	1	
DUAL	0.004	-0.054***	0.003	0.036**	0.009	0.037**	-0.070***	0.067***	-0.006	-0.102***	-0.046***	-0.048***	1

的企业相比，处于成长行业企业的股利支付水平更高，这同股利发放的行业生命周期假设不符。行业股利需求偏好（indDP）同 CASHPAY 不相关，因此假设 H4 还有待进一步分析。

（3）表 6 和表 7 表明，假设 H1、H2-2、H5 初步得到验证，而假设 H2-1、H3、H4 并没有得到验证。另外从两表自变量的相关系数可见，自变量间相关系数较小，几乎都在 0.2 以下，表明自变量之间不存在高度的相关关系，不存在严重的共线性问题。

（三）单变量分析——分组检验

表 8 是通过对行业的五个因素进行样本分组来考察行业因素对现金股利政策的单变量影响的结果。行业因素中除行业的生命周期指标 indGI 按照成长性和非成长性分组以外，行业的股利支付（indCASH 和 indDS）、行业的竞争偏好（indMC），行业的股利需求偏好（indDP）以及行业的自信水平（indCI）都依据指标值四分位数划分为四组，取第一四分位组为对应行业因素的低值组，第四分位组为对应行业因素的高值组，均值差表明行业因素高值组与低值组统计差异性结果。由表 8 结果可见，在现金股利的支付意愿方面，行业的股利支付、行业的竞争程度以及行业的自信水平影响显著。就股利的支付水平而言，所有的行业因素的影响都比较显著，但从分组检验的结果可见，成长性公司的现金股利支付水平显著高于成熟以及衰退产业的支付水平，这同我们的预期不符。

表 8

行业因素的分组检验

行业因素	股利支付意愿：CASHPAY			股利支付水平：DS		
	高值组	低值组	均值差	高值组	低值组	均值差
indCASH	0.6897	0.5155	0.1741 *** (0.0000)			
indDS				0.0898	0.0275	0.0624 *** (0.0000)
indMC	0.6300	0.5440	0.086 *** (0.0000)	0.0732	0.0336	0.0395 *** (0.0000)
indGI	0.5807	0.5768	0.0039 (0.7192)	0.0633	0.0334	0.030 *** (0.0000)
indDP	0.6	0.581	0.019 (0.2182)	0.0546	0.0498	0.0048 ** (0.0423)
indCI	0.5724	0.6056	−0.0332 ** (0.0316)	0.0538	0.0595	−0.0057 ** (0.0342)

注：***、** 和 * 分别表示 0.01、0.05 和 0.10 的显著性水平，括号内数字为 p 值（下同）。

（四）多变量回归分析

在表 9 中，Panel A 是现金股利支付意愿的 Logistic 模型回归结果，而 Panel B 是现金股利支付水平的 Tobit 模型回归结果。在 Panel A 和 Panel B 中，模型 1 是在无控制变量下，企业现金股利支付对全部行业因素的回归结果。模型 2 是在模型 1 的基础上，引入每股自由现金流量、盈利能力、增长性以及公司规模等公司特性控制变量的回归结果。模型 3 是在模型 2 的基础上，再引入公司治理因素等控制变量的回归结果。

表9　　　　　　　　　　　　　企业现金股利支付的多元回归结果表

变量类型	变量符号	预期符号	Panel A：现金股利的支付意愿（因变量：CASHPAY）			Panel B：现金股利的支付水平（因变量：DS）		
			模型1	模型2	模型3	模型1	模型2	模型3
解释变量	indCASH or indDS	+	3.920 *** (0.000)	3.131 *** (0.000)	2.801 *** (0.000)	0.580 *** (0.000)	0.564 *** (0.000)	0.541 *** (0.000)
	indMC	+/-	0.349 *** (0.006)	0.059 (0.645)	0.053 * (0.091)	0.006 ** (0.017)	0.004 * (0.062)	0.004 * (0.066)
	indGI	-	-0.046 (0.774)	0.024 (0.857)	0.048 (0.720)	0.0073 ** (0.017)	0.005 * (0.073)	0.006 ** (0.030)
	indDP	+	-0.123 (0.545)	-0.289 (0.176)	-0.215 (0.314)	-0.006 (0.153)	-0.005 (0.261)	-0.0004 (0.375)
	indCI	-	0.001 (0.808)	-0.019 *** (0.000)	-0.017 *** (0.000)	-0.0002 *** (0.007)	-0.0002 *** (0.003)	-0.0002 ** (0.019)
公司特征控制变量	FCF	-		-0.069 * (0.056)	-0.074 ** (0.042)		-0.0006 (0.265)	-0.0006 *** (0.245)
	ROA	+		0.299 *** (0.000)	0.295 *** (0.000)		0.003 *** (0.000)	0.002 *** (0.000)
	DS/S	?		-0.0001 (0.152)	-0.0001 (0.173)		-2.64e-06 *** (0.010)	-2.58e-06 ** (0.012)
	lnSIZE	+		1.378 *** (0.000)	1.363 *** (0.000)		-0.0104 *** (0.000)	-0.011 ** (0.000)
公司治理控制变量	TOP1	?			0.018 *** (0.000)			0.0004 *** (0.001)
	TOP12	+			-0.0002 (0.609)			-7.79e-06 (0.381)
	DUAL	-			0.011 (0.935)			0.002 (0.497)
年度控制变量	Yeardum	?	Yes	Yes	Yes	Yes	Yes	Yes
	常数项		-2.020 ***	-12.621 ***	-13.332 ***	0.030 ***	0.118 ***	0.100 ***
	N		8156	8156	8156	4511	4511	4511
	Log likelihood		-4229.13	-3679.06	-3664.87	7296.14	7398.42	7410.99
	Prob>chi2		0.0000	0.0000	0.0000	0.0000	0.0000	0.0000

（1）indCASH 的回归系数在所有模型中都是正数，而且在 1% 的水平上统计显著，表明行业前期的

股利支付比例显著影响本期上市公司现金股利的支付意愿。indDS 的回归系数也表明行业前期的股利支付水平对企业本期的股利支付水平产生显著的正向影响，因此行业前期的股利支付正向地影响了本期上市公司现金股利的支付，进一步验证了假设 H1。我们认为，产生这种现象是制度和企业双方面因素造成的。2000 年以后证监会开始颁布半强制性的分红政策，将上市公司分红与再融资结合起来，强制性要求企业分红以保障中小投资者利益。在这种政策影响下，企业在支付现金股利时既要考虑企业本身的发展要求，还要考虑符合政策的要求。企业现金股利决策难度加大，行业内逐步形成模仿氛围，以规避决策风险。

（2）indMC 的系数在 Panel A 的模型 1 和模型 3 中显著为正，而在 Panel B 的所有模型显著为正，表明行业的竞争程度越低，企业的股利支付意愿和支付水平越高，假设 H2-2 得到验证。这表明在我国，行业竞争程度对上市公司股利政策的影响是替代模型而非结果模型。

（3）indGI 的系数在 Panel A 不显著，但在 Panel B 显著为正，表明在我国，处于成长行业的企业的股利支付水平要高于处于成熟行业和衰退行业企业的股利支付水平。这同我们提出的行业生命周期假设 H3 不符。这种现象可能与成长行业企业强烈的"再融资"动机有关。处于成长行业的企业，其投资机会和增长前景好，企业再融资动机非常强烈，企业管理层倾向通过股利的发放向市场传递利好消息，以从资本市场进一步获得大量融资资金。

（4）indDP 的系数在 Panel A 和 Panel B 都不显著，表明虽然从行业层面来看，我国社会公众投资者对上市公司现金股利的需求表现出"股利折价"，但管理层并不会迎合这种折价需求，因此实证结果没有找到支持假设 H4 的证据。这同饶育蕾等人（2008）的研究结论部分不符。我们推测，从行业层面来看，股利迎合理论在我国难以成立的主要根源在于投资者预期。我国股票市场有效性较差，法治环境有待改善，投资者存在较严重的投机心理，投资股票的目的主要是从股票价格上涨中获利，投资者选择股票的首要因素不是该公司是否派现，而是该公司股价是否预期会上涨。因此，投资者偏好资本利得而对股利分红并没有表现出较高热情。

（5）indCI 的系数在 Panel A 和 Panel B 都显著为负，表明行业的自信水平确实会对上市公司股利支付产生负向影响。行业的自信水平越高，企业的股利支付意愿和支付水平越低。这进一步验证了假设 H5。

（五）稳健性测试

由于影响研究结论最重要的因素是因变量，本文增加股利支付率 DE 作为股利支付水平的测度指标对研究结果进行稳健性测试，股利支付率为每股现金股利与每股收益的比值，反映收益中用以分配现金股利的比例。回归模型应用 Tobit 模型，模型的设定形式保持一致。由回归结果可见，研究结论基本不变，对于行业因素而言，行业的股利支付、行业的竞争程度以及行业的自信水平对企业现金股利政策产生显著影响，而行业的生命周期以及行业的股利需求偏好并没有影响企业现金股利政策。与此同时，由于本文着重研究行业因素对企业现金股利政策的影响，行业结构差异较小的企业进入研究样本可能会扰乱研究结论的可靠性，本文考虑删除行业结构比较相似的制造业（行业代码 C）样本进行重新测试。[①] 删除制造业以后，股利支付意愿剩余 3269 个样本观测值，而股利支付水平剩余 1869 个样本观测值。由回归结果可见，除了 indMC 对现金股利支付意愿的影响不显著以及 indDP 负向影响现金股利支付意愿以外，其余实证结果基本保持不变[②]。

[①] 由前面行业因素的描述性统计也可得知，制造业企业的现金股利支付意愿和支付水平都比较集中，差异性比较小。

[②] 为了节省论文篇幅，稳健性测试的结果未列示，有兴趣的研究同仁可向作者索取。

五、拓展研究：不同政策效应下行业因素的影响强度分析

2000 年以来，证监会出台了一系列规范企业现金分红政策的指导文件，这些文件对企业的现金分红形成政策约束，但这些文件只是一些规范性的指导意见。而 2006 年以来，证监会开始对企业现金分红的具体比例进行了规定①，这标志着半强制性分红政策得到显著强化，那么这种政策效应的强化是否会使企业现金股利决策更加依赖行业因素呢？本文以 2006 年为样本的临界点，分为 2006 年以前的样本和 2006 年以后样本，并对样本进行分组回归检验。对于 2006 年之后与 2006 年之前的组间差异，本文采用"自体抽样法"（bootstrap）来进行检验，实证 p 值见表 10。由结果可见，2006 年之前，行业因素对企业发放现金股利意愿的影响并不显著，但在 2006 年之后，行业前期的股利支付比例、行业的竞争程度、行业的自信水平都产生了显著影响，实证的 p 值也比较显著，并且伴随政策规制效应的显著强化，行业因素对企业现金股利的支付水平也产生了显著影响，其中行业前期整体的股利支付水平、行业的竞争程度这两个行业因素对企业现金股利支付水平的影响效应表现得最为明显。由此可见，分红政策效应的增强确实会使得上市公司在做出现金股利决策时更加依赖行业因素。这验证了本文的研究逻辑。

表 10   不同政策效应下行业因素的影响强度分析表

变量	Panel A：现金股利的支付意愿（因变量：CASHPAY）			Panel B：现金股利的支付水平（因变量：DS）		
	2006 年之前	2006 年之后	系数差异实证 p 值	2006 年之前	2006 年之后	系数差异实证 p 值
indCASH or indDS	0.777 (0.332)	1.696 ** (0.019)	0.062 **	0.5020 ** (0.025)	0.5873 *** (0.000)	0.082 *
indMC	−0.127 (0.464)	0.250 ** (0.029)	0.008 ***	0.0027 (0.405)	0.0051 ** (0.044)	0.010 ***
indGI	−0.008 (0.960)	−0.031 (0.862)	0.526	0.0087 ** (0.031)	0.0055 * (0.070)	0.745
indDP	−0.230 (0.668)	0.240 (0.397)	0.423	0.0047 (0.627)	0.0010 (0.746)	0.351
indCI	−0.017 (0.319)	−0.006 *** (0.006)	0.069 **	−0.0002 * (0.077)	−0.0001 * (0.079)	0.269
FCF	−0.089 (0.110)	−0.011 (0.836)		−0.0010 (0.231)	−0.0010 * (0.055)	

① 2006 年 5 月 6 日证监会发布《上市公司证券发行管理办法》，规定"上市公司公开发行证券应符合最近三年以现金或股票方式累计分配的利润不少于最近三年实现的年均可分配利润的百分之二十"；2008 年 10 月 9 日发布《关于修改上市公司现金分红若干规定的决定》，规定"上市公司公开发行证券应符合最近三年以现金方式累计分配的利润不少于最近三年实现的年均可分配利润的百分之三十"。

变量	Panel A：现金股利的支付意愿（因变量：CASHPAY）			Panel B：现金股利的支付水平（因变量：DS）		
	2006 年之前	2006 年之后	系数差异实证 p 值	2006 年之前	2006 年之后	系数差异实证 p 值
ROA	0.499 ***	0.233 ***		0.0032 ***	0.0019 ***	
	(0.000)	(0.000)		(0.000)	(0.000)	
DS/S	−0.000	−0.001		−0.0000 ***	−0.0001 ***	
	(0.118)	(0.204)		(0.000)	(0.000)	
lnSIZE	1.853 ***	2.153 ***		−0.0055	−0.0046 *	
	(0.000)	(0.000)		(0.178)	(0.076)	
TOP1	0.014 ***	0.020 ***		0.0004 ***	0.0002 *	
	(0.004)	(0.001)		(0.000)	(0.068)	
TOP12	−0.000	−0.003 *		−0.0000	0.0000	
	(0.800)	(0.098)		(0.312)	(0.780)	
DUAL	−0.022	0.027		0.0031	−0.0024	
	(0.910)	(0.909)		(0.433)	(0.432)	
常数项	−17.264 ***	−21.366 ***		0.0593	0.0472 *	
	(0.000)	(0.000)		(0.124)	(0.076)	
N	4798	3318		2785	1726	
Log likelihood	−2036.6303	−1653.4215		4313.9097	3343.9695	
Prob>chi2	0.0000	0.0000		0.0000	0.0000	

六、研究结论

本文率先系统地研究了行业因素对上市公司现金股利政策的影响。总体上看，行业因素对企业现金股利的支付意愿和支付水平产生了显著影响。其中，行业的股利支付对企业现金股利支付产生了显著的正向影响。行业的竞争程度负向地影响了企业的现金股利政策，这反映了行业竞争程度对于企业股利政策的替代作用。行业的自信水平负向地影响了企业的现金股利政策，体现了行业的非理性因素对企业现金股利的显著影响。研究发现，我国企业的现金股利支付存在逆行业生命周期的现象，即成长行业企业的现金股利支付高于成熟或衰退行业企业的现金股利支付，这同成熟资本市场的股利分配情况相反。此外，研究还发现，伴随着我国半强制性分红政策的强化，上市企业现金股利决策会更加依赖行业因素。

（作者电子邮箱：quanxiaofeng@126.com）

参 考 文 献

［1］La Porta，R.，Lopez-De-Silanes，F.，Shleifer，A.，and Vishny，R. W.. Agency problems and dividend policies around the world. Journal of Finance. 2000, 1.

[2] Lintner, J.. Distribution of incomes of corporations among dividends, retained earnings and taxes. American Economic Review, 1956, 2.

[3] Miller, Merton, and Franco Modigliani. Dividend policy, Growth and the valuation of shares. Journal of Business, 1961, 34.

[4] Miller, Merton, and Kevin Rock. Dividend policy under asymmetric information. Journal of Finance, 1985, 40.

Industrial Characteristics and Cash Dividend Policy

—Empirical Research Based on the Data of Chinese Listed Companies from 2001 to 2008

Quan Xiaofeng[1]   Teng Minghui[2]   Wu Shinong[3]

(1, 2, 3   Management School of Xiamen University, Xiamen, 361005)

Abstract: Based on the data of Chinese listed companies from 2001 to 2008, we systematically test how the cash dividend policy is influenced by the industrial characteristics including the level of dividend in the industry, degree of industry competition, industry life cycle, preference of industry-level demand for dividend and degree of confidence in the industry. The empirical results show: the prior-year cash dividend payout in the industry is significantly positively related to the current-period propensity to pay cash dividend and level of dividend; the higher the degree of competition, the lower the propensity to pay dividend and level of dividend; the higher the degree of confidence in the industry, the lower the propensity to pay dividend and level of dividend; the preference of industry-level demand for dividend has "dividend discount" phenomenon, but is not significantly related to the cash dividend policy, the industry life cycle is not significantly related to the cash dividend policy; semi-mandatory cash dividend payment policies by the government could strengthen the industrial factors' effects on the cash dividend policy of the listed firms in China.

Key words: Industrial characteristics; Cash dividend policy; The propensity to pay dividends; The level of dividends

综合收益及其构成的价值相关性研究[*]

● 谢获宝[1]　尹　欣[2]　刘波罗[3]

（1，2，3　武汉大学经济与管理学院　武汉　430072）

【摘　要】基于我国新会计准则实施后 2007 年、2008 年沪深两市 A 股上市公司的样本数据，本文同时采用价格模型和报酬模型，从"增量"和"相对"两个角度，对综合收益及其构成的价值相关性进行实证检验。研究表明，除"可供出售金融资产公允价值变动净额"项目以外，其他综合收益总额和其各项目的增量价值相关性在不同的年份里表现得并不稳定；相对于净利润，综合收益总额信息并不具有更高的价值相关性，但是分项列报其他综合收益各项目具有最高的解释力度。因此，其他综合收益信息需要区别于净利润单独列报，并且要对其构成项目进行分项列示。

【关键词】综合收益　其他综合收益　价值相关性

一、问题的提出

2009 年 6 月我国财政部印发了《企业会计准则解释第 3 号》（财会［2009］8 号），首次提出了在财务报表中引入综合收益指标，要求在利润表"每股收益"项下增列"其他综合收益"项目和"综合收益总额"项目，其他综合收益各项目及其所得税影响在附注中详细披露。此次对利润表列报内容与方式的调整，体现了我国会计准则与国际会计准则的趋同——由国际会计准则理事会（IASB）2007 年 9 月发布、自 2009 年 1 月 1 日开始生效的修订后《国际会计准则第 1 号——财务报表的列报》要求在一张报表或两张报表内列报综合收益，而不允许在所有者权益变动表中列报其他综合收益。

按照我国《企业会计准则第 30 号——财务报表列报》（2006）的规定，所有者权益变动表中应单独列示反映"净利润"和"直接计入所有者权益的利得和损失"项目，这已经在一定程度上体现了企业的综合收益，相当于综合收益列报的所有者权益变动表格式，只是"综合收益"这一概念尚未被正式提出。

一般认为，通过利润表格式列报"其他综合收益"比所有者权益变动表格式更显著。综合收益作为一种新的收益度量指标，其列报格式的变化，说明其日益受到准则制定者和报表使用者的重视。然而，以前文献对综合收益列报有用性的研究却没有得到一致的结论。这可部分归因于对 SFAS 130 实施前的其他综合收益进行事后的估计而导致的测量误差（Chambers et al. ，2007；Kanagaretnam et al. ，2009）。有鉴于此，本文以我国新会计准则实施后的 2007 年、2008 年沪深两市 A 股上市公司为样本，研究所有者权益变动表中实际披露的"直接计入所有者权益的利得和损失"（相当于其他综合收益）及其构成项目的价值相关性，检验综合收益信息在我国资本市场上的有用性，为评估我国新会计准则的实施效果以及今后如何与国

＊ 本文受到国家社科基金项目（项目编号：10BGL067）和国家自然科学基金项目（项目编号：71072103）的资助。

际会计准则趋同提供一定的经验证据。

二、研究背景及文献综述

从会计发展的历史过程来看，如何衡量企业的财务业绩，一直都是会计信息使用者和准则制定机构所关注的中心议题。在一个不断变化和复杂的全球商业环境中，什么样的收益确定模式才是最优的？当期经营观的支持者们认为净利润应该反映一个企业最根本的持续盈利能力，它源于经常发生的核心业务，以历史成本客观计量，遵循实现原则。那些本质上是暂时的、来源于非核心业务活动的企业价值的变化无益于报表使用者的投资决策，应该绕过利润表，直接在所有者权益中予以报告。持这种观点的人们认为，如果允许这些未实现的利得和损失流经利润表，会增加报告盈余的易变性，不利于对企业未来财务状况和经营成果进行预测。并且，这些所谓的"肮脏盈余"项目不能由管理层主观控制，从而不利于评价其受托责任。

20 世纪 90 年代以来，由于衍生金融工具和金融创新的日新月异，以及企业经营活动的日益复杂化，总括收益观开始受到越来越多的重视。这种观点认为净利润应该衡量除与所有者进行交易之外的企业所有的交易和事项所引起的企业经济价值的变化。这种总括收益观（"干净盈余"）要求一个企业所有资产和负债的价值变化都流经利润表并以市场价值衡量。这种方法的支持者认为满足这些条件的财务报表能全面及时地反映企业过去的财务业绩，更好地帮助信息使用者预测企业未来的盈利和现金流。以会计信息为基础的证券估价理论（Ohlson，1995；Feltham and Ohlson，1995）依据"干净盈余"推导出与基本股利折现模型等价的会计信息估价模型，为总括收益理论提供了间接的支持。另外，对已经发生的价值增值不予报告，可能会助长管理层的机会主义行为，误导会计信息使用者的投资决策（Watts and Zimmerman，1986；AIMR，1993；Beaver，1998；O'Hanlon and Pope，1999）。综合收益突破了当期经营观，是一定期间企业财务业绩的全面反映，只要是能引起所有者权益变动（除所有者与企业交易之外）的交易和事项，都属于其核算范畴，但是关于综合收益列报有用性的实证研究，并没有得到一致的结论。

（一）国外文献综述

Dhaliwal et al. (1999)使用美国公司 1994 年和 1995 年两年的数据，通过比较不同报酬模型之间的 R^2，发现与净利润相比，综合收益既没有与股票回报或市场价值更相关，也不能更好地预测企业未来的现金流或利润。综合收益中唯一提升了价值相关性的项目是"可供出售证券调整"（"外币折算调整"和"最低退休金负债调整"仅是增加了噪音），并且该结论只在金融行业样本公司中成立。其研究结果并不支持综合收益是一个更好的衡量企业业绩的指标。

同样是美国公司，Biddle 和 Choi(2006)使用 1994—1998 年的数据，发现 SFAS 130 定义的综合收益在解释股票回报上比净利润和完全的综合收益更优，但是净利润在契约运用中是有用的，并且在披露构成项目后，完全的综合收益在信息含量、预测能力和契约合同方面基本上都有最佳表现，因此披露综合收益的构成项目是有用的。

Kanagaretnam et al. (2009)同时采用价格模型和回报模型，使用同时在美国和加拿大上市的加拿大公司 1998—2003 年的数据，发现综合收益在解释能力上比净利润更优，但是净利润在预测未来净利润时更优，并且其他综合收益子项——可供出售金融资产和现金流量套期项目与股票价格、市场回报都显著相关。

O'Hanlon 和 Pope (1999)采用回报模型，使用不同的时间区间，以 1972—1992 年英国公司的数据为样本，没有发现排除在通常利润以外的其他项目或其他项目的任何组成部分具有价值相关性。

使用价格模型，以1992—1997年48家新西兰企业为样本，Cahan et al.（2000）发现综合收益总额比净利润更具价值相关性，但是没有发现证据表明，其他综合收益项目——资产重估增值和外币折算调整相对综合收益总额具有增量的价值相关性；他们也没有发现在单独的所有者权益变动表里披露其他综合收益信息相对于净利润有增量的价值相关性。

Wang、Buijink、Eken（2006）以1988—1997年荷兰上市公司为样本，检验了"肮脏盈余"（dirty surplus）的相对和增量的价值相关性。研究发现，"肮脏盈余"（相当于其他综合收益）总额不具有价值相关性，但其子项——资产重估增值和外币折算调整对股票回报具有解释能力；尽管净利润和综合收益都与回报相关，但净利润似乎是衡量企业价值更相关的指标。

Loftus和Stevenson（2009）基于2007年澳大利亚的上市公司样本数据，使用报酬模型检验了综合收益项目的价值相关性。研究发现，可供出售金融资产未实现的利得和损失具有价值相关性，而资产重估增值和外币折算调整并不具有。

Kubota et al.（2006）使用1998—2003年日本公司样本，发现在解释异常回报时净利润比综合收益更优；然而，二者在解释原始回报时没有显著的差别。

Hirst和Hopkins（1998）通过实验研究发现，披露SFAS130市场化证券组成能够增强买方证券分析师对股票的估价能力。他们认为：传统的有效市场假说认为SFAS130只是将原来的财务报告项目进行简单的重排（没有涉及新的确认与计量准则），不会对财务报表使用者的判断造成影响；但是从行为金融的角度来看，信息披露透明度会影响分析师的判断。随后进行的一项对银行分析师的风险和价值判断决策的研究得出了类似的结论（Hirst et al.，2004）。同样是用实验研究方法，Maines和McDaniel（2000）则发现，无论未实现利得和损失使用何种格式进行列报，非专业投资者都能恰当地获取和进行解释；但在利润表中列报时，非专业投资者会对其赋予较多的权重。

（二）国内文献综述

在旧会计准则体系下，国内学者研究了综合收益的价值相关性，但囿于当时公允价值计量所要求客观环境的缺失，其结论的有效性值得商榷。张鹏（2005）以我国2001—2003年上市公司为样本，发现我国综合收益信息并没有显著增强传统收益信息的有用性；除债务重组收益项目外，其他构成项目并没有显著的价值相关性。邓传洲（2005）使用价格模型和收益模型，基于非金融类B股市场数据，发现披露公允价值信息显著地增加了会计盈余的价值相关性，但证券投资持有利得具有微弱的增量价值相关性，而投资账面值的公允价值调整额缺乏增量价值相关性。

在新会计准则体系下，也有学者对综合收益的价值相关性进行了实证检验。程小可、龚秀丽（2008）采用回报模型，基于2007年沪市A股中报数据进行研究，发现综合收益的价值相关性水平不如净利润，但是综合收益分解模型的拟合优度比综合收益模型更高，并且除了"可供出售金融资产公允价值变动净额"和"权益法下被投资单位其他股东权益变动的影响"项目外，其他分解盈余项目对股票回报均无显著增量解释贡献，作者将其归因于投资者对利润表的关注程度远高于所有者权益变动表。赵自强、刘珊汕（2009）采用回报模型，利用沪深两市公司2006—2007年度的样本数据，对综合收益项目与股价收益率的价值相关性进行了检验，结果发现：新会计准则实施后，资本市场能够较好地理解其他全面收益项目的价值指示作用。具体来看，其他综合收益总额信息的引入使收益信息整体对股票回报的解释度有所提高，但分别引入其他综合收益各项目进行检验，发现只有"可供出售金融资产公允价值变动净额"具有增量的价值相关性。

综上所述，很难判断要求企业报告综合收益是否增加了会计信息的价值相关性，因为影响因素是多方面的，关键是看在特定的环境下它们各自的相对重要性。本文以我国新会计准则实施后两年的数据为样本，研究我国会计环境下，综合收益列报的价值相关性。

三、研究设计

(一)样本筛选

本文的数据来自巨潮资讯网、国泰安数据库。本文的初选样本为 2007 年和 2008 年所有 A 股上市公司，剔除"其他综合收益"各项均为 0 的公司，得到了 1719 个公司年样本，其中 2007 年 881 家，2008 年 838 家。另外，本文搜集了 2008 年、2009 年两年个股 4 月 30 日的收盘价，2007 年、2008 年两年 4 月 30 日的个股总市值，2007 年 5 月至 2009 年 4 月度个股回报率、月度市场回报率，2007 年、2008 年两年总股数计算相关指标。剔除缺失数据后，得到的样本为：价格模型中，2007 年 787 家，2008 年 790 家；报酬模型中，2007 年 719 家，2008 年 754 家。剔除 ST 公司后，最后得到的样本为：价格模型中，2007 年 732 家，2008 年 747 家；报酬模型中，2007 年 676 家，2008 年 721 家。

(二)模型选择及研究假设

Ohlson(1995)通过资产负债表和利润表这两大报表中最具综合性的会计数据——净资产账面价值和会计收益，建立起会计数据与企业价值之间的直接联系。价格模型和报酬模型就是由此模型演变来的。

对比两种模型，价格模型反映了会计信息对股价的累积影响，而报酬模型则研究会计信息是否在一段时间内对股价有影响。然而两种模型有各自的优缺点：(1)在报酬模型中，会计收益的解释能力通常很弱，并且如果股票市场预见到会计收益中的成分，并将这种预期反映在期初的股价上，盈余系数的估计将会为零，但是价格模型不会产生这样的偏差，因为股价反映了会计收益的累积影响(Kothari and Zimmerman，1995)。(2)虽然价格模型估计的斜率系数更无偏，但是其存在异方差的问题。Kothari 和 Zimmerman(1995)的建议是同时使用两种模型。Barth(2000)认为价格模型可以检验会计信息是否具有价值相关性，而报酬模型可以检验会计信息的这种相关性是否及时。事实上，现有评价会计信息价值相关性的大多数文献同时使用了两种模型(Amir et al.，1993；Barth and Clineh，1996；Kanagaretnam et al.，2009)。

借鉴现有文献，本文从计量观角度，建立如下价格模型检验综合收益信息的增量价值相关性：

$$P_{it} = \beta_0 + \beta_1 BVE\_S_{it} + \beta_2 NI\_S_{it} + \beta_3 OCI\_S_{it} + \varepsilon_{it} \tag{1}$$

$$P_{it} = \gamma_0 + \gamma_1 BVE\_S_{it} + \gamma_2 NI\_S_{it} + \gamma_3 SEC\_S_{it} + \gamma_4 INV\_S_{it} + \gamma_5 TAX\_S_{it} + \gamma_6 OTH\_S_{it} + \varepsilon_{it} \tag{2}$$

表 1 对模型(1)和模型(2)的主要变量进行了定义。

同时，与 Dhaliwal et al.(1999)、Kanagaretnam et al.(2009)、赵自强等(2009)相一致，本文建立以下报酬模型检验综合收益和股票回报间的关系，以增强研究结论的说服力。

$$RET_{it} = \delta_0 + \delta_1 NI\_V_{it} + \delta_2 OCI\_V_{it} + \varepsilon_{it} \tag{3}$$

$$RET_{it} = \lambda_0 + \lambda_1 NI\_V_{it} + \lambda_2 SEC\_V_{it} + \lambda_3 INV\_V_{it} + \lambda_4 TAX\_V_{it} + \lambda_5 OTH\_V_{it} + \varepsilon_{it} \tag{4}$$

表 2 对模型(3)和模型(4)的主要变量进行了定义。

表1   **价格模型主要变量定义**

因变量	P_{it}	公司下一年4月30日的收盘价(当t为2007年时,P_{it}取i公司2008年4月30日收盘价;当t为2008年时,P_{it}取i公司2009年4月30日收盘价)
自变量	BVE_S_{it}	公司i第t年每股账面净资产(除去直接计入所有者权益的利得和损失)
	NI_S_{it}	公司i第t年基本每股收益
	OCI_S_{it}	公司i第t年每股其他综合收益除以总股数
	SEC_S_{it}	公司i第t年可供出售金融资产公允价值变动净额除以总股数
	INV_S_{it}	公司i第t年权益法下被投资单位其他所有者权益变动的影响除以总股数
	TAX_S_{it}	公司i第t年与计入所有者权益项目相关的所得税影响除以总股数
	OTH_S_{it}	公司i第t年其他综合收益中的其他项除以总股数

表2   **报酬模型主要变量定义**

因变量	RET_{it}	市场调整后的、以月度计算的股票年度回报率①
自变量	NI_V_{it}	公司i第t年净利润除以$t-1$年总市值
	OCI_V_{it}	公司i第t年其他综合收益除以$t-1$年总市值
	SEC_V_{it}	公司i第t年可供出售金融资产公允价值变动净额除以$t-1$年总市值
	INV_V_{it}	公司i第t年权益法下被投资单位其他所有者权益变动的影响除以$t-1$年总市值
	TAX_V_{it}	公司i第t年与计入所有者权益项目相关的所得税影响除以$t-1$年总市值
	OTH_V_{it}	公司i第t年其他综合收益中的其他项除以$t-1$年总市值

根据以上分析,本文提出以下研究假设:

H1:其他综合收益总额具有增量的价值相关性,即$\beta_3 \neq 0$且$\delta_2 \neq 0$。

H2:其他综合收益各项目具有增量的价值相关性,即$\gamma_3 \neq 0$,$\gamma_4 \neq 0$,$\gamma_5 \neq 0$,$\gamma_6 \neq 0$且$\lambda_2 \neq 0$,$\lambda_3 \neq 0$,$\lambda_4 \neq 0$,$\lambda_5 \neq 0$。

为了寻找最优的收益衡量指标,本文通过比较各回归方程的R^2来检验综合收益指标(用CI表示)的相对价值相关性。

$$P_{it} = \omega_0 + \omega_1 BVE\_S_{it} + \omega_2 CI\_S_{it} + \varepsilon_{it} \tag{5}$$

$$P_{it} = \alpha_0 + \alpha_1 BVE\_S_{it} + \alpha_2 NI\_S_{it} + \varepsilon_{it} \tag{6}$$

$$RET_{it} = \mu_0 + \mu_1 CI\_V_{it} + \varepsilon_{it} \tag{7}$$

$$RET_{it} = \mu_0 + \mu_1 NI\_V_{it} + \varepsilon_{it} \tag{8}$$

H3:综合收益与净利润相比,更具有价值相关性,即方程(1)、方程(2)和方程(5)的拟合优度高于方程(6),且方程(3)、方程(4)和方程(7)的拟合优度高于方程(8)。

---

① 计算公式为:$RET_i = \prod_{k=1}^{12}(1+R_{i,k}) - \prod_{k=1}^{12}(1+R_{m,k})$。本文以5月开始到第二年4月为一年,$R_i$指月个股回报率(CSMAR:考虑现金红利再投资的月个股回报率),R_m指月度市场回报率(CSMAR:考虑现金红利再投资的月市场回报率(流通市值加权平均法))。

四、实证分析

（一）描述性统计

表 3、表 4 分别对价格模型、报酬模型中所用到的变量进行了描述性统计。

表 3   价格模型变量描述性统计

Var	year	N	Percent non-zero values	Mean	Std Dev	p_{25}	p_{50}	p_{75}	Mean absolute value
Price	2007	732	100%	15.7076	14.0558	8.1500	11.5250	18.1850	15.7076
	2008	749	100%	11.2543	7.8587	6.2900	8.5900	13.5000	11.2543
BVE_S	2007	732	100%	3.3837	1.9466	2.0847	3.0059	4.1627	3.3838
	2008	749	100%	3.5215	2.1768	2.0856	3.0417	4.3888	3.5215
NI_S	2007	732	100%	0.4100	0.5288	0.1051	0.2843	0.5394	0.4399
	2008	749	100%	0.2961	0.5749	0.0506	0.1944	0.4457	0.3872
OCI_S	2007	732	100%	0.2070	1.1329	-0.0018	0.0048	0.0969	0.2854
	2008	749	100%	-0.2054	0.7174	-0.1372	-0.0127	0.0007	0.2404
SEC_S	2007	732	47.81%	0.2302	1.1993	0.0000	0.0000	0.0456	0.2428
	2008	749	47.13%	-0.1721	0.7217	-0.0434	0.0000	0.0000	0.1834
INV_S	2007	732	35.52%	0.0252	0.2365	0.0000	0.0000	0.0001	0.0273
	2008	749	35.91%	-0.0098	0.1517	0.0000	0.0000	0.0000	0.0201
TAX_S	2007	732	28.14%	-0.0299	0.1766	0.0000	0.0000	0.0000	0.0312
	2008	749	27.24%	0.0216	0.1123	0.0000	0.0000	0.0000	0.0248
OTH_S	2007	732	55.87%	-0.0184	0.2885	-0.0008	0.0000	0.0000	0.0537
	2008	749	58.74%	-0.0451	0.2936	-0.0021	0.0000	0.0000	0.0660

从其他综合收益列报的量的角度看，在选取的样本中，价格模型和报酬模型的统计结果类似，而且两年间各构成项目比例比较相近。具体来看，"其他"项列报的最多，这是因为它涵盖的项目最多；接着是"可供出售金融资产公允价值变动净额"项，说明不少公司均持有该类金融资产；另两类相对较少，"权益法下被投资单位其他所有者权益变动的影响"项约为 35%，"与计入所有者权益项目相关的所得税影响"项不到 30%。

表4 报酬模型变量描述性统计

Var	year	N	Percent non-zero values	Mean	Std Dev	p_{25}	p_{50}	p_{75}	Mean absolute value
RET	2007	676	100%	−0.0915	0.4334	−0.3710	−0.2056	0.0560	0.3348
	2008	721	100%	0.1250	0.2461	−0.0376	0.0906	0.2510	0.1984
NI_V	2007	676	100%	24.6649	30.7260	9.9694	20.6824	35.8619	28.5567
	2008	721	100%	14.5447	36.5631	5.8286	17.6405	31.1193	27.9287
OCI_V	2007	676	100%	13.0611	49.6863	−0.1610	0.3990	8.2516	17.5924
	2008	721	100%	−17.4869	53.5569	−11.7318	−1.1979	0.0679	20.7603
SEC_V	2007	676	48.96%	14.4516	50.4729	0.0000	0.0000	4.4282	15.3108
	2008	721	48.13%	−15.0498	53.0260	−4.5683	0.0000	0.0000	16.0312
INV_V	2007	676	35.65%	1.5539	14.4691	0.0000	0.0000	0.0048	1.7495
	2008	721	36.20%	−0.9114	14.0877	0.0000	0.0000	0.0000	1.5474
TAX_V	2007	676	28.25%	−2.0098	9.1728	0.0000	0.0000	0.0000	2.0970
	2008	721	28.57%	1.9784	9.9373	0.0000	0.0000	0.0000	2.3038
OTH_V	2007	676	55.18%	−0.9346	15.9848	−0.0772	0.0000	0.0000	3.2827
	2008	721	57.56%	−3.5041	26.0809	−0.1241	0.0000	0.0039	5.7316

从其他综合收益列报的值的角度看，其他综合收益总额及其前两项构成子项2007年的均值均为正，而2008年的数值正好相反。这说明平均来看，2007年末公司有未实现的利得，而2008年末有潜在的预计损失，这与2007年股市大涨和2008年股市大跌有一定的联系。在2007年和2008年，相对净利润而言，其他综合收益的标准差更大、更具有波动性，这是由其暂时性、易变性的特点决定的；从表3和表4，我们看到其他综合收益绝对数的平均数与净利润平均数的比例为60%~70%，考虑到这部分潜在的利得和损失在将来会实现，报表使用者必须对这些项目予以足够的重视。

（二）实证结果及分析

1. 其他综合收益的增量价值相关性检验

表5是方程（1）、方程（2）的回归结果。价格模型中，所有者权益账面价值（不包括其他综合收益）与每股收益的回归系数均显著为正（1%的置信水平），说明现行财务报表提供的会计数据是具有很强的价值相关性的。2007年，其他综合收益总额不具有增量的价值相关性（方程（1）），各构成子项相对净利润也不具有增量的价值相关性（方程（2））。但是在2008年，其他综合收益的回归系数在1%的置信水平下显著异于0；分项目进行回归后发现，"可供出售金融资产公允价值变动净额"、"权益法下被投资单位其他所有者权益变动的影响"、"与计入所有者权益项目相关的所得税影响"的回归系数均显著为正，但"其他"项不显著。

表 5

股票价格与其他综合收益总额及其他项目的相关性检验

	2007 年				2008 年			
	模型（1）		模型（2）		模型（1）		模型（2）	
	Coef.	t-stat	Coef.	t-stat	Coef.	t-stat	Coef.	t-stat
Int	5.1927	4.70***	5.1447	4.53***	3.7394	6.89***	3.6559	6.91***
BVS	1.2673	2.97***	1.2843	2.97***	1.8124	8.37***	1.8437	8.76***
NI_S	15.3051	6.09***	15.2952	6.02***	5.2336	6.92***	4.9667	6.29***
OCI_S	−0.2361	−0.87			2.0309	4.05***		
SEC_S			−0.3724	−0.85			2.8440	8.26***
INV_S			0.0351	0.03			2.2088	2.31**
TAX_S			−1.1159	−0.40			7.6361	3.77***
OTH_S			0.1451	0.10			0.4152	0.21
N	732		732		747		747	
F-value	29.87		18.27		114.96		56.65	
Adj. R^2	50.96%		50.98%		56.63%		57.37%	

注：***、**、* 分别表示在 1%、5% 和 10% 的置信水平上显著，下同。

  2008 年的回归结果与假设 H1、H2 基本一致，"其他"项回归系数不显著的原因可能是它所包含的内容比较复杂，投资者无法进行有效的识别，而且其值较小（相对净利润的比重不到 20%），对价格的影响有限。2007 年的回归结果与假设不符，而且"可供出售金融资产公允价值变动净额"的回归系数为负；结合 2007 年和 2008 年的宏观经济形势分析，自 2008 年 1 月以后，受全球金融危机影响，我国股票市场一路走跌，金融资产大幅缩水，因而市场对可供出售金融资产公允价值的变动在未来是否能实现持消极态度，认为其并不能为公司带来未来现金流入，故"可供出售金融资产公允价值变动净额"项目不具有增量的价值相关性，又因为其占其他综合收益的比重最大（绝对值数占 68%），由此而导致其他综合收益总额的增量价值相关性也不高。

  表 6 是方程（3）、方程（4）的回归结果。报酬模型中，净利润的回归系数均显著为正（1% 的置信水平），与价格模型相一致；但是由于不包含净资产账面价值，方程的总体解释度较低（2007 年为 12% 左右，2008 年超过 2%）。

  2007 年，其他综合收益总额回归结果仍不显著；"可供出售金融资产公允价值变动净额"回归系数为负（与价格模型一致），且通过了显著性检验，说明在 1 年的时间窗口内（2007 年 5 月 1 日至 2008 年 4 月 30日），投资者不仅对其持悲观态度，而且给予了充分的关注。与 2008 年不同，"其他"项目在 2007 年 1 年的时间窗口内显著为正，具有增量的价值相关性，与 H2 相符。2008 年，其他综合收益总额并没有像价格模型中那样表现出显著的相关性；分项目进行回归后，"可供出售金融资产公允价值变动净额"和"与计入所有者权益项目相关的所得税影响"仍然显著为正，但"权益法下被投资单位其他所有者权益变动的影响"的价值相关性并不稳健。分析原因，该项目核算的是权益法下投资单位按投资比例确认的被投资单位除净损益以外所有者权益的其他变动，考虑到目前股票市场上投机行为较多，价格波动较大，因而投资者对这类短期内不能实现的收益关注程度较低。

表6   股票回报与其他综合收益总额及其他项目的相关性检验

	2007 年				2008 年			
	模型（3）		模型（4）		模型（3）		模型（4）	
	Coef.	t-stat	Coef.	t-stat	Coef.	t-stat	Coef.	t-stat
Int	−0.2041	−8.97 ***	−0.2026	−8.52 ***	0.1148	11.73 ***	0.1139	11.67 ***
NI_V	0.0047	5.91 ***	0.0050	5.99 ***	0.0009	3.70 ***	0.0010	3.82 ***
OCI_V	−0.0003	−1.27			0.0002	1.20		
SEC_V			−0.0006	−2.18 **			0.0003	1.65 *
INV_V			0.0003	0.25			0.0003	1.48
TAX_V			0.0006	0.33			0.0018	1.81 *
OTH_V			0.0020	3.36 ***			0.0004	1.31
N	676		676		721		721	
F-value	18.10		8.91		7.62		3.82	
Adj. R^2	11.40%		12.37%		2.03%		2.32%	

综合以上价格模型和报酬模型的回归结果分析,其他综合收益总额的增量价值相关性表现得并不稳定,它受宏观经济环境影响较大。从分项目回归的结果看,"可供出售金融资产公允价值变动净额"的价值相关性最强,除"权益法下被投资单位其他所有者权益变动的影响"未表现出显著相关性外,其余两项具有一定的价值相关性。

2. 不同收益列报格式的相对价值相关性检验

通过上述对其他综合收益信息的增量价值相关性的检验可以发现,其他综合收益信息的价值相关性在不同的年份里表现得并不稳定,这是由宏观经济环境不同和其他综合收益本身特点所致。接下来,本文对各种收益列报格式进行相对价值相关性检验,比较净利润和其他综合收益总额形式（Ⅰ,方程（1）和方程（3））、净利润和其他综合收益各项目形式（Ⅱ,方程（2）和方程（4））、综合收益总额形式（Ⅲ,方程（5）和方程（7））相对于净利润形式（Ⅳ,方程（6）和方程（8））的优劣。

从表5、表6、表7和表8可看出:2007 年,价格模型中,对比方程（1）、方程（2）、方程（5）与方程（6）的回归结果,拟合优度的排名依次是Ⅱ、Ⅰ、Ⅳ、Ⅲ,其中通过 Z-statistic 检验（Vuong,1989）发现,综合收益总额形式的 R^2 显著低于净利润形式（1% 的置信水平）;报酬模型中,对比方程（3）、方程（4）、方程（7）与方程（8）的回归结果,拟合优度的排名与价格模型的相符,其中Ⅱ的 R^2 显著高于Ⅳ（10% 的置信水平）。2008 年,价格模型中,对比方程（1）、方程（2）、方程（5）与方程（6）的回归结果,拟合优度的排名依次是Ⅱ、Ⅰ、Ⅲ、Ⅳ,其中Ⅱ、Ⅰ的 R^2 显著高于Ⅳ的（置信水平分别为 5% 和 10%）;报酬模型中,对比方程（3）、方程（4）、方程（7）与方程（8）的回归结果,拟合优度的排名与价格模型的略有不同,为Ⅱ、Ⅰ、Ⅳ、Ⅲ。

综上可以得出,净利润和其他综合收益各项目形式（Ⅱ）具有最高的解释力度,其次是净利润和其他综合收益总额形式（Ⅰ）,综合收益总额形式没有比净利润形式表现出更高的相关性。这说明投资者对净利润和其他综合收益信息的关注度及赋予的权重是不一样的,前者远高于后者,其他综合收益必须区别于净利润予以列报才是有用的,否则投资者不能很好地进行识别,并且分项列示其他综合收益的构成是必要的。

表7　　　　　　　　　　　股票价格与不同的收益列报形式的相对价值相关性检验

year	model	Int	BVS	NI_S	CI_S	Adj. R^2
2007	模型(6)	5.1716(4.67***)	1.2547(2.95***)	15.3421(6.10***)		50.93%
	模型(5)	1.3317(0.90)	4.0624(8.06***)		1.0205(1.87*)	35.98%
2008	模型(6)	4.7603(7.20***)	1.3270(5.36***)	6.1476(7.16***)		54.33%
	模型(5)	2.7198(7.10***)	2.3398(18.67***)		3.2507(10.78***)	55.13%

表8　　　　　　　　　　　股票回报与不同的收益列报形式的相对价值相关性检验

year	model	Int	NI_V	CI_V	Adj. R^2
2007	模型(8)	−0.2083(−9.18***)	0.0047(5.89***)		11.26%
	模型(7)	−0.1322(−7.05***)		0.0011(3.58***)	2.12%
2008	模型(8)	0.1116(12.31***)	0.0009(3.73***)		1.88%
	模型(7)	0.1262(13.70***)		0.0004(3.41***)	1.23%

3. 稳健性测试

为了控制其他因素对股票价格的影响，本文借鉴现有文献，在模型(2)中引入以下控制变量：(1)净资产倍率 P/B_{it}，作为对公司成长机会的度量，它以股东权益的市场价值与账面价值之比进行计算；(2)公司的规模 $SIZE_{it}$，用年末总资产的自然对数表示；(3)资产负债率 LEV_{it}，作为对公司资本结构的度量，用年末的总负债与总资产之比进行计算。加入控制变量后的模型表示如下：

$$P_{it} = \gamma_0 + \gamma_1 BVE\_S_{it} + \gamma_2 NI\_S_{it} + \gamma_3 SEC\_S_{it} + \gamma_4 INV\_S_{it}$$
$$+ \gamma_5 TAX\_S_{it} + \gamma_6 OTH\_S_{it} + \gamma_7 P/B_{it} + \gamma_8 SIZE_{it} + \gamma_9 LEV_{it} + \varepsilon_{it}$$

回归结果显示，2007年，其他综合收益各项目仍没有表现出显著的增量价值相关性，但方程的解释度由50.98%上升到51.74%；2008年，其他综合收益的前三个构成项目的系数仍在1%的置信水平上显著异于0，而且方程的解释度也由57.37%上升到63.18%。两年的回归结果中，公司规模均与股价表现出显著的负相关性，并且2007年资产负债率的回归系数显著为正。

另外，本文以1—12月的会计年度进行了测试，大部分结论与上述研究结果相符，只是2007年的回归模型中，"可供出售金融资产公允价值变动净额"回归系数显著为正(价格模型中仍显著为负)，对其解释是：2007年股指由2500多点大涨到6400多点，10月中旬以后才开始小幅下跌，由于证券投资收益的信息具有可预见性，市场可能提前反应，因而在价格模型中被视为利空消息，但在报酬模型中有一定的滞后性，故仍被视为利好消息；股指自2008年1月开始大跌，因而在以2008年4月30日为2007年会计年度结束日时，报酬模型才将这种消极信息充分地反映了出来(回归系数显著为负)。

五、研究结论及局限

(一)研究结论及建议

综上所述，其他综合收益总额信息受宏观环境影响较大，且其本身因各构成项目具有易变性而容易变动，它的增量价值相关性在不同年份里表现得并不十分稳定。从其各构成项目具体分析，"可供出售金融资产公允价值变动净额"项目不仅从数量角度看被列报的次数多，而且从数值的角度看占其他综合收益总额的比重大，在四个子项目中具有最高的价值相关性。"其他"项目虽然被列报的次数最多，但是其数值较小，价值相关性表现得不稳定。"与计入所有者权益项目相关的所得税影响"和"权益法下被投资单位其他所有者权益变动的影响"这两项因发生频率较低且数值相对较小，投资者对其反应系数较低，价值相关性并不十分显著。相对于净利润，综合收益总额信息不具有更高的价值相关性，但是净利润和其他综合收益各项目、净利润和其他综合收益总额两种列报形式对股价或回报的解释力度更高，其中分项列报的解释度最高。

因而，本文的建议是其他综合收益信息需要区别于净利润单独列报，并且要对其构成进行分项列示，否则，具有不同相关性的项目混在一起会降低收益信息与股价或回报间的相关度。现行准则对其他综合收益项目的分类并不十分恰当，除"可供出售金融资产公允价值变动净额"项目应该保留外，对其余项目的分类还有待探讨。

(二)研究局限及未来研究方向

本文选取所有者权益变动表中"直接计入所有者权益的利得和损失"项目进行了检验，实际上，它并不等同于真正意义上的"其他综合收益"；而且在所有者权益变动表中列报这部分信息，投资者可能不会对其赋予利润表中其他信息同样的权重。由于我国实施新会计准则时间不长，本文选取的年份太少，研究结论的有效性还需要进一步的证据来证实。

自 2009 年起，上市公司被要求在利润表中列报其他综合收益，在附注中对其各项目予以披露。未来的研究，可以对综合收益列报的利润表格式和所有者权益变动表格式进行对比分析，并对其他综合收益的各项目如何分类列示进行探讨，从而为综合收益在我国列报的价值相关性提供进一步的经验证据。

(作者电子邮箱：xie-hb@263. net)

参 考 文 献

[1]财政部. 企业会计准则解释第 3 号，2009-06-11.

[2]程春晖. 全面收益会计研究. 大连：东北财经大学出版社，2000.

[3]程小可，龚秀丽. 新企业会计准则下盈余结构的价值相关性——来自沪市 A 股的经验证据. 上海立信会计学院学报，2008，4.

[4]邓传洲. 公允价值的价值相关性：B 股公司的证据. 会计研究，2005，10.

[5]段建琴. 金融资产公允价值的价值相关性研究. 中山大学，2008.

[6]张鹏. 全面收益信息在我国的有用性研究. 北京工商大学，2005.

[7]赵自强，刘珊汕. 全面收益信息在我国的有用性研究——基于新会计准则的实证分析. 财会通讯·综合(下)，2009，9.

[8]Chambers, D., Linsmeier, T. J. Shakespeare, C., and Sougiannis, T.. An evaluation of SFAS No. 130 comprehensive income disclosures. Review of Accounting Studies, 2007, 12.

[9]Dan Dhaliwal, K. R. Subramanyam, and Robert Trezevant. Is comprehensive income superior to net income as a measure of firm performance?. Journal of Accounting and Economics, 1999, 26.

[10]Gary C. Biddle, Jong-Hag Choi. Is comprehensive income useful?. Journal of Contemporary Accounting and Economics, 2006, 2.

[11]Hirst, D., and Hopkins, P.. Comprehensive income reporting and analysts' valuation judgments. Journal of Accounting Research, 1998, 36.

[12] Hirst, D., Hopkins, P. E., and Wahlen, J. M.. Fair values, Income measurement, And bank analysis' risk and valuation judgments. The Accounting Review, 2004, 79.

[13] Janice Loftus, and Maxwell Stevenson. Components of Comprehensive Income under IFRS in the Earnings-return Relation: Some preliminary findings. http://accg. mq. edu. au/Accg_ docs/pdf/seminar_ papers/research_ seminars_ papers_ 2009/Loftus_ and_ Stevenson_ 2_ April_ 09. pdf, Jan 2009.

[14] John F. O' Hanlon, and Peter F. Pope. The value-relevance of UK dirty surplus accounting flows. British Accounting Review, 1999, 31.

[15] Kiridaran Kanagaretnam, Robert Mathieu, and Mohamed Shehata. Usefulness of comprehensive income reporting in Canada. Journal of Accounting and Public Policy, 2009, 28.

[16] Kubota, K., Kazuyuki, S., and Takehara, H.. Reporting of the current earnings plus other comprehensive income: Information content test of Japanese firms. Paper Presented at the AAA 2006 Annual Meeting.

[17] Maines, L., and McDaniel, L.. Effects of comprehensive income characteristics on nonprofessional investors' judgments: The role of financial-statement presentation format. The Accounting Review, 2000.

[18] Ohlson, J. A.. Earnings, Book values, and dividends in equity valuation. Contemporary Accounting Research, 1995, 11.

[19] Steven F. Cahan, Stephen M. Courtenay, Paul L. Gronewoller, and David R. Upton. Value relevance of mandated comprehensive income disclosures. Journal of Business Finance & Accounting, 2000, 27(9) & (10).

[20] Yue Wang, Willem Buijink, and Rob Eken. The value relevance of dirty surplus accounting flows in the Netherlands. The International Journal of Accounting, 2006, 41.

The Value Relevance of Comprehensive Income and Its Components

Xie Huobao[1]   Yin Xin[2]   Liu Boluo[3]

(1, 2, 3   Economics and Management School of Wuhan University, Wuhan, 430072)

Abstract: Based on the annual financial report data from Shanghai and Shenzhen A-share stock markets from 2007 to 2008 after the implementation of new accounting standards, this paper conducts an empirical test on the value relevance of comprehensive income and its components from "incremental" and "relative" perspectives by using both price model and return model. The results reveal that except for the net change in the fair value of available-for-sale investments, the incremental value relevance of the aggregate other comprehensive income and its components is not stable in different years. Compared to net income, the aggregate comprehensive income information is not more value-relevant, but disaggregating other comprehensive income into several items has the biggest explaining power. Therefore, other comprehensive income should be distinguished from net income and be presented separately, moreover, it should be disaggregated into several items to be presented.

Key words: Comprehensive income; Other comprehensive income; Value relevance

财务报告质量与公司投资效率：
文献综述与未来展望

● 李青原

（武汉大学经济与管理学院　武汉　430072）

【摘　要】财务报告质量不仅是会计监管和理论研究中的关键问题，而且其能否及如何影响资本市场资源配置决策对于理解会计对投资者的重要性及管理层的经管责任等也至关重要。本文从财务报告影响公司投资决策的机理入手，对公司投资效率的度量和实证研究做了详细的归纳与评析，文末提出了现有实证研究的局限，以及未来的研究方向。

【关键词】财务报告质量　公司投资效率

财务报告质量不仅是会计监管（含准则制定）和理论研究中的关键问题，而且其能否及如何影响资本市场资源配置决策对于理解会计对投资者的重要性及管理层的经管责任等也至关重要（Healy and Palepu，2001；Francis et al.，2006）。在有效资本市场条件下，托宾 q 理论认为托宾 q 应该是公司投资的充分统计量，但股票价格不仅受公司基本面信息所驱动，而且也会受市场套利力量无法消除的风潮（fads and fashions）所驱动，这种噪音会相应削弱股票价格机制自动实现对公司资源的配置（Baker et al.，2003）。尽管资本市场中幼稚的投资者对公司盈余数字存在"功能锁定"现象（Sloan，1996；Hirshleifer et al.，2004）及管理层对公司盈余数字的过分关注（Graham et al.，2005），但是公司财务报告依然是向资本供给者提供关于管理层经营绩效的主要信息渠道，它会及时向管理层和外部投资者传递日益变化的投资机会信息，促使自利的管理层实施价值最大化的投资项目（Bushman and Smith，2001）。正如 Stein（2003）所说的那样，一个完整的有效资本配置流程将包括公司融资和公司投资，其中公司融资环节只是整个流程的初始阶段，固然不可或缺，但也不是终极目的，融资的目的是配置资本，直至资本作为生产要素进入生产函数，显然投资决策是实现资本配置的最关键阶段，对公司资本配置效率至关重要。本文将从国内外的主流文献出发，首先阐述财务报告影响公司投资决策的机理，然后综述国内外度量公司资本投资效率的实证方法，最后述评国内外的实证研究，并指出其中的不足之处和未来的发展方向。

一、财务报告影响公司投资决策的机理

Dow 和 Gorton（1997）指出，股票价格的前瞻性（forward-looking）功能增加了公司管理层占有的信息集，使市场能筛选出优秀的公司和高效率的投资项目，并将社会资本及时配置到这些公司和投资项目，从而促进了社会资源的配置效率，但是股票市场信息效率既不是社会资源配置效率的充分条件，也不是必要条件。在信息不对称情形下，公司的投资决策很大程度上取决于管理层拥有的信息状况，如果管理层拥有全

部的相关信息，则很容易推导出最优投资规模，但现实中即便是最善于分析和观察的管理层也不可能拥有全部的相关信息，其制定投资决策将会不可避免地出现一定程度的扭曲，此时股票价格不仅通过价格机制动态地归集、处理交易者的私人信息以补充管理层拥有的信息，而且还通过托宾 q 效应（Tobin q effect）、融资约束效应（financial constraint effect）、市场压力效应（market pressure effect）等微观机制来纠正管理层可能做出的扭曲性投资决策。因此，财务报告就会通过某些渠道或机制在公司资本投资决策过程中发挥其应有的作用（Healy and Palepu，2001；Bushman and Smith，2001）。

为了使一国金融市场合理运行，该国金融系统需要明晰的法律、迅速的法律执行、透明的会计报告系统及保护消费者利益和控制风险的监管基础设施，其中一个国家会计报告系统的有效性对该国上市公司和证券市场发展的经济效率至关重要（Ball，2001）。现实世界中，税收和交易成本等因素的存在，使得市场不可能如此完美地运行，公司始终面临着投资不足或者投资过度的风险，从而影响公司投资效率（Stein，2003）。现有文献表明，高质量财务报告能通过三种机制减少公司投资不足和投资过度，从而提高公司投资效率。第一，透明的财务报告能通过改善契约和监督来降低道德风险和逆向选择，因而高质量财务报告能通过减少这些融资摩擦而提高公司投资效率（Bushman and Smith，2001；Biddle et al.，2009）。第二，公司管理层拥有一些私有信息（如盈利能力），但他们会通过发放股利（Miller and Rock，1985）、套利（Sapra，2002）或公司投资（Kanodia and Lee，1998）等经营活动来传递这些私有信息，若资本投资是一种发送信息机制，则公司会投资过度；反之若发放股利等消耗现金的经营活动是一种发送信息机制，则公司会投资不足，因此高质量财务报告能减少资本市场中的道德风险，减轻管理层通过公司投资来发送其私有信息的负担，从而提高公司投资效率，特别是能降低公司投资过度的几率。第三，McNichols 和 Stubben（2008）、Kedia 和 Philippon（2009）和 Beatty et al.（2009）等指出高质量财务报告也能帮助公司管理层形成更准确的未来成长和产品需求的预期，识别更好的投资机会，由此即使在无道德风险和（或）逆向选择的世界里也能提高公司投资效率。

二、公司投资效率的度量

西方学者对公司投资不足和投资过度判别的实证方法中，以 Vogt(1994) 的投资—现金流敏感性模型影响较广，也较为合理。Vogt(1994) 指出，若投资和现金流间的正相关性出现于具有低质量投资机会的公司，则公司存在过度投资；相反对投资机会具有较高价值的公司而言，两者间正相关性则表明其存在投资不足，然而 Vogt(1994) 检验模型仅能实证考察研究样本的投资效率，即不能直接度量特定公司（firm-specific）的资本配置效率，且投资和现金流间的高敏感性可能源于托宾 q 值的测量误差（Alti，2003）。实证研究中度量特定公司资本配置效率的替代指标包括平均托宾 q 比例、资本成本及资本成本率与投资报酬率之比等，目前越来越广泛用于直接、全面度量特定公司资本配置效率的指标主要包括边际托宾 q 模型、Wurgler(2000) 模型、Richardson(2006) 模型，尤其是 Richardson(2006) 模型为人们提供了一个较好地度量特定年度特定公司的资源配置效率的方法。

（一）边际托宾 q 模型

在无税收和交易成本的完美世界中，公司应该投资于投资回报率超过或等于资本成本的任何项目，边际递减的投资报酬率和完美的规模报酬意味着公司最优投资水平的标准是边际成本与边际收益之比等于 1，而边际收益与边际成本间的比率称为边际托宾 q 比率。实际边际托宾 q 比率与最优边际托宾 q 比率间的偏离度量了边际投资效率，同时实际边际托宾 q 与最优边际托宾 q 的偏离也是度量公司利益相关者间代理冲突的替代指标（Gugler et al.，2003；Durnev et al.，2004）。然而，边际托宾 q 比率不易观察，且因测量误差难以度量，故通常用平均 q 值来代替（Furstenberg，1977）。Mueller 和 Reardon（1993）使用公司市场价值的变化以反映所有公司未来利润的市场预期来估计投资报酬率。Gugler 和 Yurtoglu（2003）借鉴了 Mueller 和 Reardon（1993）的研究方法，提出了度量边际托宾 q 比率的方法。

如果公司每期都对某个项目投资相同的金额 I_t，且该投资产生永久收益率 r_t，那么该项目每期会产生相同的现值。第 t 期末公司市场价值 M_t 可以写成：

$$M_t = (1-\delta)M_{t-1} + I_t Q_m + \mu_t \tag{1}$$

其中，δ 为该公司总资本的市场预期折旧率，μ_t 为市场估计 M_t 的测量误差。

将式（1）进行一定的变换后可得：

$$\frac{M_t - M_{t-1}}{M_{t-1}} = -\gamma + Q_m \frac{I_t}{M_{t-1}} + \frac{\mu_t}{M_{t-1}} \tag{2}$$

按照 Gugler 和 Yurtoglu（2003）对 I_t 的定义，公司投资 I_t 是税后利润+折旧−股利+新发行债务和权益的筹资额+研发支出+广告支出。假定资本市场是有效的，μ_t 的预期值为零，Q_m 和 γ 在时间序列保持不变，则可以将式（2）重新写成一个可检验的回归方程，为：

$$\frac{\Delta M_t}{M_{t-1}} = -\gamma_0 + \gamma_1 \frac{I_t}{M_{t-1}} + \varepsilon \tag{3}$$

式（3）中 γ_1 反映了公司投资 I_t 产生的边际收益与边际成本间的比率，即估计的边际托宾 q 比率 $\hat{q}$，且该比率调整了公司间风险报酬率的差异。一般而言，假定最优边际托宾 q 比率 q^* 为 1 或其所在行业的平均边际托宾 q 比率，那么 $|q^* - \hat{q}|$ 或 $(q^* - \hat{q})^2$ 都是度量公司资本配置效率的替代指标（Durnev et al.，2004；Risberg，2006）。

实际上，现有的公司投资文献基本建立于托宾 q 理论（Hubbard，1998）。Hayashi（1982）指出，公司动态优化问题下投资选择最大化的一阶条件可推导出托宾 q 理论，且该一阶条件是边际投资调整成本等于资本的影子价格（Q_t），即：

$$Q_t = \Phi_I(I_t, K_t) = \partial\Phi(I_t, K_t)/\partial I \tag{4}$$

其中，I_t 是第 t 期投资，K_t 是第 t 期初现有的总资本，$\partial\Phi(I_t, K_t)/\partial I$ 是边际投资调整成本的偏导数。调整成本函数包括公司购买资本设备所支付的购买成本、公司销售资本设备所收到的价款以及固定资产调整的非负成本。Abel 和 Eberly（1995）、Eberly（1997）又基于托宾 q 理论考虑了一个具有调整成本的托宾 q 函数：

$$\Phi_I(I_t, K_t) = \frac{\lambda}{1+\lambda}\left(\frac{I_t}{K_t}\right)^{\frac{1+\lambda}{\lambda}} K_t, \quad \lambda > 0 \tag{5}$$

其中，λ 是一个外生参数。将式（5）对 I_t 求偏导数，然后将其代入式（4）可得：

$$I_t/K_t = Q_t^\lambda \tag{6}$$

再将式（6）进行适当变换可得：

$$\ln\left(\Delta\frac{I_t}{K_t}\right) = \lambda\ln\left(\frac{Q_t}{Q_{t-1}}\right) \tag{7}$$

式（6）和式（7）中，λ 度量了公司投资和托宾 q 间的函数关系。若 $\lambda = 1$，则公司投资和托宾 q 间呈线性；反之 $\lambda > 1$，则公司投资和托宾 q 间呈凸性。Eberly（1997）运用跨国数据估算式（7）发现，一般而言 λ 等于 1。不论如何，公司投资和托宾 q 间的函数关系仍未在现有的研究文献中予以明确的界定。

根据 Lamont（2000）等的研究，Eberly（1997）、Abel 和 Eberly（2002）、Bushman et al.（2010）等运用方程（7）进行实证模型设计时，将 $\ln\left(\Delta\frac{I_t}{K_t}\right)$ 替换成 $\ln\left(\frac{I_t}{I_{t-1}}\right)$，同时将 $\ln\left(\frac{Q_t}{Q_{t-1}}\right)$ 替换成股票收益率（Ret_t），此

时实证检验方程又变为：

$$\ln\left(\frac{I_t}{I_{t-1}}\right)=\beta_0+\beta_1\ln(1+\text{Ret}_t)$$

（二）Wurgler（2000）模型

资本配置效率是衡量金融市场运行效率的一个重要指标。资本配置效率的提高意味着在高资本回报率的行业（项目）继续追加投资，在低资本回报率的行业（项目）及时削减资金流入。Wurgler（2000）从这一思想出发得到了定量描述资本配置效率的方法，即：

$$\ln\left(\frac{I_{ic,t}}{I_{ic,t-1}}\right)=\alpha_c+\eta_c\ln\left(\frac{V_{ic,t}}{V_{ic,t-1}}\right) \tag{8}$$

其中，$I_{ic,t}$ 为国家 c 的行业 i 第 t 年固定资产净值年均余额，$V_{ic,t}$ 为国家 c 的行业 i 第 t 年工业增加值，η_c 为投资弹性系数，且 η_c 越高，资本配置效率相应越高。

Wurgler（2000）模型得到了理论界的认同和应用，该模型主要运用于度量某国家、地区或行业的资本配置效率（Beck and Levine，2002；Almeida and Wolfenzon，2005）。Li（2002）运用贝叶斯框架来模型化公司投资决策，结果发现现金流量的主要组成部分——会计盈余是投资机会的一个较好替代指标，因此投资—现金流量敏感性仅是理性投资的一种表现形式，进而证明了 Wurgler（2000）计算资本配置效率时运用会计数字（价值增加值）来度量公司投资机会的合理性。基于 Li（2002）的研究结论，Wang（2003）直接运用 Wurgler（2000）模型，通过公司时间序列数据来估算公司投资弹性系数以度量特定公司资本配置效率。与此同时，为了验证投资弹性系数度量特定公司资本配置效率的有效性，Wang（2003）又按照公司投资弹性系数的大小进行分组，结果发现高投资弹性系数组的未来三年股票回报率和会计收益率都一致性优于低投资弹性系数组指标，意味着公司投资弹性系数越高，公司越能实现资本最优配置，公司的未来价值和经营绩效相应越好，从而有力地支持了通过 Wurgler（2000）模型来估算特定公司资本配置效率的合理性。Wang（2003）的特定公司投资弹性系数估算模型为：

$$\ln\left(\frac{I_{i,t}}{I_{i,t-1}}\right)=\alpha_i+\eta_i\ln\left(\frac{V_{i,t}}{V_{i,t-1}}\right) \tag{9}$$

其中，$I_{i,t}$ 为公司 i 第 t 年固定资产净值，$V_{i,t}$ 为公司 i 第 t 年销售毛利，η_i 为特定公司投资弹性系数。

尽管 Wang（2003）通过公司时间序列数据，运用 Wurgler（2000）模型估算出特定公司投资弹性系数，但是该模型的估算需要较长的非遗漏时间序列数据，不可避免会导致样本的幸存性偏见（survival bias）；长时间窗口可能会忽略生产技术、市场条件和治理变化等的潜在影响；参数的估计缺乏稳定性，因此 Wang（2003）又运用 Wurgler（2000）模型来估算特定行业投资弹性系数以部分克服上述缺陷。总之，Wang（2003）运用 Wurgler（2000）模型，结合时间序列和横截面数据分别估算出了特定公司和特定行业的投资弹性系数，但是 Wurgler（2000）模型潜在的缺陷使该研究结论有待商榷。

（三）Richardson（2006）模型

Stein（2003）指出，任何处于完全竞争市场环境下的公司都存在一个最优投资需求水平，且在完美的资本市场条件下公司成长机会是公司投资需求的内在驱动因素（Hubbard，1998）。然而现实中，由于交易成本、税收等市场摩擦因素的影响，公司实际投资常会偏离最优水平，即可能出现投资过度或投资不足的非效率投资行为。尽管 Jensen（1986）等研究公司投资过度，但直接对投资过度进行定量化分析的文献却较为鲜见。Richardson（2006）基于 Hubbard（1998）的研究运用会计数据首次构建了一个公司投资过度和自由现金流量的定量化分析框架，将公司总投资支出分为维持当前业务所需的投资支出（简称"维持性投资"）

和项目的投资支出(简称"新增投资"),新增投资由两部分组成:一部分为预期的投资支出(简称"最优投资"),由公司的成长机会、融资约束、行业和其他因素决定;另一部分为非效率支出(投资过度或投资不足)。Richardson(2006)指出,公司非效率投资支出可能为正也可能为负,正的代表投资过度,负的代表投资不足。Richardson(2006)构建的量化投资过度和自由现金流量的估算模型分别为:

$$I_{\mathrm{New},\,t} = \alpha + \beta_1 \frac{V}{P_{t-1}} + \beta_2 \mathrm{Lev}_{t-1} + \beta_3 \mathrm{Cash}_{t-1} + \beta_4 \mathrm{Age}_{t-1} + \beta_5 \mathrm{Size}_{t-1} + \beta_6 \mathrm{Ret}_{t-1}$$

$$+ \beta_7 I_{\mathrm{New},\,t-1} + \sum \mathrm{YearDum} + \sum \mathrm{IndDum} + \varepsilon \qquad (10)$$

$$V_{\mathrm{AIP}} = (1-\alpha r)\mathrm{BV} + \alpha(1+r)X - \alpha rd \qquad (11)$$

$$\mathrm{FCF} = \mathrm{CFO} - I_{\mathrm{main}} + \mathrm{R\&D} - I_{\mathrm{New}}^* \qquad (12)$$

其中,$I_{\mathrm{New},t}$ 是公司第 t 年的新增投资,V/P_{t-1} 是市场预期的公司成长机会,而 V 由式(11)中 V_{AIP} 来代替,Lev_{t-1} 是公司资产负债率,Cash_{t-1} 是公司现金流量,Age_{t-1} 是公司上市年数,Size_{t-1} 是公司总资产对数,Ret_{t-1} 是股票年收益率,BV 是公司账面价值,r 是折现率,$\alpha = \omega/(1+r-\omega)$,且 ω 是固定的持续性参数,满足 $0 < \omega < 1$,d 是股利,R&D 是研发支出,FCF 是自由现金流量,CFO 是经营活动现金流,I_{main} 是维持性投资支出,I_{New}^* 是最优新增投资支出,也是式(10)的回归拟合值,ε 是模型(10)的回归残差,代表公司非效率投资支出,其中 $\varepsilon > 0$ 意味公司投资过度,$\varepsilon < 0$ 意味公司投资不足。

显然,Richardson(2006)的投资过度模型可以较好地度量公司特定的非效率支出,即能用于估算公司资本配置效率的高低,且运用截面数据回归能较好地避免边际托宾 q 模型与 Wurgler(2000)模型估算样本的幸存性偏见。然而,Bergstresser(2006)指出该模型存在一些潜在的问题,如式(10)中控制变量选择,模型假设残差均值为零以及现实动态环境下事后的投资过度意味着事前的投资不足。尽管该模型遭到一些学者的怀疑,但其在实证研究中日益得到运用,特别是近来许多学者运用该模型研究会计信息、薪酬契约和治理机制对公司投资决策和资本配置效率的影响。

三、相关的实证研究

从研究的现状来看,公司财务报告质量较高的地方是欧美发达国家和地区,而这些国家和地区也是对公司财务报告质量研究最活跃的地方。从掌握的文献资料来看,公司财务报告质量问题的理论研究兴盛于20世纪60—70年代,至今文献汗牛充栋,但是真正引起学者们广泛关注并不断发展完善的当属公司财务报告质量的影响因素和经济后果。目前公司财务报告质量影响因素的研究主要集中于公司披露动机、治理结构及公司特征等方面,其经济后果的研究则主要集中于流动性、资本成本、高管薪酬和高管变更等方面(Dechow et al.,2009)。尽管 Habib(2006)从资本成本的视角总结了公司财务报告质量的经济后果,但是在完善市场条件下,公司价值仅取决于公司投资的数量,而且实证研究也支持公司投资会显著地影响公司价值的结论(Aggarwal and Zong,2006)。Wang(2003)也指出公司投资对公司价值具有一阶的现金流量效应,且其对资本市场投资者和一国经济增长都至关重要。因此,本文重点从公司资本投资决策有效性的维度来回顾财务报告质量经济后果的实证研究。

Wang(2003)以1967—2000年美国上市公司为样本,运用 Wurgler(2000)投资弹性系数模型和 Richardson(2006)投资过度模型来度量公司投资效率,结果发现盈余及时性、持续性和准确性与行业和公司层次的投资效率显著正相关,而自愿披露和分析师预测等其他信息来源也会增强财务报告质量与公司投资效率间的正相关性。

Risberg(2006)以9个欧洲国家1990—2003年上市公司为样本,运用与最优托宾 q 比率的偏离程度来度量公司投资效率，同时又将盈余及时性分为总盈余及时性、损失及时性和盈利及时性三部分，结果发现：（1）盈利及时性（会计盈余与正股票收益率的拟合系数）与投资效率凸相关；（2）损失及时性（会计盈余与负股票收益率的拟合系数）与投资效率凹相关。

Biddle 和 Hilary（2006）利用 Bhattacharya et al.（2003）研究的 34 个国家为样本，以盈余激进性、损失避免性、收益平滑性和及时性构成一个度量财务报告质量的综合指数，运用 Fazzari et al.（1988）、Hovakimian 和 Hovakimian（2005）的投资—现金流敏感性模型来测度公司投资效率，结果发现跨国及每个国家的财务报告质量都与公司投资效率正相关，且这种正相关性在保持距离型融资的国家中更显著。

Li 和 Tang（2008）以美国 1985—2005 年上市公司为样本发现，基于公司面临的投资机会，公司第 t 期的固定资产投资会较少敏感于第 $t-1$ 期具有较高正操控性盈余的现金流量，同时给定公司第 t 期的固定资产投资水平，第 $t-1$ 期具有较高正操控性盈余的公司在第 $t+1$ 期的资产报酬率将会更低，这就意味着具有较高正操控性盈余的公司会错误配置资源，进而产生无谓的效率损失。

McNichols 和 Stubben（2008）以美国 1978—2002 年上市公司为样本发现，受到美国证监会调查、股东起诉和进行财务报表重述的三类公司在错误报告期存在大量的过度投资，但错误报告期后这些公司大量的过度投资又消失了，意味着纠正的会计信息会导致更有效的资本投资水平。

Biddle et al.（2009）以 1980—2003 年美国上市公司为样本，发现在其他条件一定的情况下，财务报告质量与处于易投资过度环境中的公司投资负相关，但其与处于易投资不足环境中的公司投资正相关。Durnev et al.（2009）运用 69 个国家 59 个行业数据发现，具有较好财产权保护的国家，公司透明度会通过减少信息不对称而改善投资效率，促进行业的成长。

Lara et al.（2009）以美国 1975—2006 年上市公司为样本发现，条件稳健性（conditional conservatism）与公司投资过度和不足负相关，同时条件稳健性与公司未来的盈利能力正相关，这意味着较稳健地披露财务报告的公司会投资于效率较高的项目。Srivastava 和 Tse（2009）以美国 1968—2007 年报告中止业务（discontinued operations）的上市公司为样本发现，及时确认损失能促使管理层及时中止亏损的经营项目，同时中止巨额亏损项目的公司又会在随后的年度增加损失确认的及时性，减少资本投资支出。

Kedia 和 Philippon（2009）以美国 1997—2002 年进行财务报表重述的上市公司为样本发现，财务报表受怀疑期间公司存在过度投资和超额雇员，但当错误报告被发现后这些公司的过度投资和超额雇员都消失了，由此改善了公司生产效率。Beatty et al.（2009）以美国 1995—2002 年 14 家发生财务丑闻的上市公司为样本发现，丑闻公司高估的经营绩效会向同行业的竞争对手传递错误的投资机会信息，提高了这些竞争对手对未来成长和产品需求的预期，从而导致其过度投资。

Bushman et al.（2010）以 25 个国家 1995—2003 年上市公司为样本发现，管理层在面对日益下降投资机会时的投资反应速度与会计损失确认及时性（TLR）显著正相关，同时 TLR 减少公司投资过度的作用在股权结构较分散的国家更明显。Beatty et al.（2010）以 2002—2005 年美国上市公司为样本发现，财务报告质量会降低获得银行信贷的公司的投资—现金流敏感性，同时由于银行能接触到借款者的私有信息，从而能更积极地监督借款者，故拥有的公司私人信息会降低高融资约束型公司的投资与现金流间的敏感性，此时私人信息的存在会降低公司财务报告质量的作用。

随着我国资本市场基础设施的日益完善和经济市场化进程的加速，国内学者对公司财务报告质量的研究之风日益兴起，不过他们对公司财务报告质量影响因素的研究主要集中于公司披露动机、治理结构及公司财务特征等方面，同时对公司财务报告质量经济后果的研究主要集中于资本成本和信息环境等方面（张程睿、王华，2006）。随着研究的深入，国内学者开始从投资效率的视角关注公司财务报告质量的经济后果。周中胜和陈汉文（2008）以 1999—2004 年沪深两市的上市公司作为样本发现，在控制了股票市场的流动性和规模后，会计信息披露透明度越高的行业，证券市场资源配置效率越好，同时会计信息透明度与产权、产品市场竞争等其他公司治理变量对资源配置效率的影响具有互补效应。李青原（2009）以2004—2006年我国沪深上市公司为研究样本，实证发现，财务报告质量与上市公司投资不足和投资过度显著负相关，其中应计质量和盈余平滑性与上市公司投资不足和投资过度间的负相关性最为显著。周春梅（2009）以2004—2007年沪深两市的上市公司为样本发现，财务报告质量的改善一方面能直接提高上市公司的投资效率，另一方面则能够通过降低代理成本间接促进上市公司投资效率的提高。尽管周中胜和陈汉文（2008）、周春梅（2009）等运用不同的研究方法和样本对财务报告质量与我国上市公司投资效率的关系直接进行了实证研究，得出了一些有益的结论，但是这些实证研究所提出的理论解释和政策建议往往从发达的市场经济制度出发，缺乏应用的兼容性，同时这些研究还存在样本选择、研究设计等诸多缺陷，值得我们进一步地修正和完善。

四、述评与未来展望

Wang（2003）、Biddle 和 Hilary（2006）、Biddle et al.（2009）和 Bushman et al.（2010）等主要基于 Bushman 和 Smith（2001）等的理论，从信息不对称和代理的角度来构建理论或实证的分析框架，得出了一些新颖的研究结论，为后续研究提供了较好的研究思路和研究方向，但是此领域的研究仍处于初始阶段，值得学者进行进一步的研究，同时这些研究并非尽善尽美。具体而言，主要缺陷包括：（1）与经济和金融的跨国研究文献相似，财务报告质量和公司投资效率间的跨国研究缺乏一个较完善的计量模型，即缺乏较完整又合理的控制变量，变量间存在较高的相关性及变量具有潜在的测量误差，从而导致我们无法明确地排除遗漏变量的潜在影响，进而使学者们仅能发现财务报告质量和公司投资效率间的相关性，而不能明确它们之间的因果关系。（2）学者们以发达国家上市公司特别是美国为对象，试图为财务报告质量影响公司投资效率的机理和渠道提供一般的分析框架及微观证据，但是这些分析框架及微观证据可能仅适用于发达国家（Durnev et al.，2009），而且这些经济发达国家中公司间财务报告质量差异较少，这会极大地降低单一的国家环境下财务报告质量对公司投资效率影响的回归解释能力（Bushman and Smith，2001）。

由于我国资本市场建立初期的整体环境和市场本身制度设计上的局限，政府监管部门陆续颁布的《公开发行股票公司信息披露实施细则》（试行）（1993）、《关于股票公开发行与上市公司信息披露有关事项的通知》（1993）等信息披露监管制度并未使会计信息发挥其有效配置上市公司资源的作用。自国务院《关于推进资本市场改革开放和稳定发展的若干意见》（2004）颁布以来，证监会制定了《上市公司信息披露管理办法》（2007），同时深沪交易所相继颁布了《深交所上市公司公平信息披露指引》（2006）及《上交所上市公司信息披露事务管理制度指引》（2007），财政部等五部委联合颁布了《企业内部控制规范》（2009）等，这些都标志着以真实、准确、完整、及时、公平信息披露原则为基础，以提高财务报告质量、保护投资者权益为主旨的我国上市公司信息披露监管框架基本形成。国务院颁布实施的《国务院关于投资体制改革的决定》（2004）进一步落实了公司的投资决策自主权，拓宽了投资项目的融资渠道，减少了政府对公司生产经营活动的直接干预，从而为高质量财务报告更好地发挥资源配置的作用奠定了良好的微观基础。

首先，资本市场自建立以来仅发展10余年，市场基础设施建设还相对滞后，上市公司信息披露制度不甚完善，强制性信息披露和自愿信息披露的力度及质量与美国等市场经济发达国家相比差距甚大且上市公司间差异相对较大，加之我国各地区市场化程度、公司治理结构、财务特征和公司投资效率等差异也相对较大，极大地增强了单一的国家环境下财务报告质量对公司投资效率影响的回归解释能力，从而为学术界提供了一个类似于跨国研究设计背景且不可多得的机会来论证在市场创建和经济转型过程中财务报告质量是否会影响公司投资效率。

其次，由于公司债券市场不够发达，银行贷款成为我国公司外部融资的一种最重要方式，特别是近年来我国商业银行持续深化改革，银行信贷市场化日益明显，加之新《破产法》(2007)对债权人利益保护的加强，银行监督对公司经营活动的影响将会越来越有效，但是国内学者甚少关注以银行融资为主导的金融系统下银行监督激励对公司财务报告质量的影响，同时考虑路径依赖型的政府干预对银行债务契约和公司财务报告质量的影响，特别是以 GDP 增长为主的绩效考核标准下地方官员政治激励的影响，以及债务期限、贷款性质(担保和信用)、限制性契约等银行债务契约特征，特别是资本支出限制性条款是否会影响银行监督激励与财务报告质量间的相关性。这些研究都会有效地联结融资来源、财务报告质量和公司资本投资。

最后，税收—会计的一致性会降低公司财务报告质量和扭曲公司投资决策，但是目前的研究并未有效地联结税收、财务报告质量和公司资本投资(Hanlon and Heitzman，2009)。处于转型经济中的中国正从税收—会计的一致性逐步走向税收—会计的差异性，这种特殊的税收—会计制度变迁，将促进我们进行联结税收、财务报告质量和公司资本投资的动态研究。

(作者电子邮箱：sichuanlqy@ sohu. com)

参 考 文 献

[1]李青原. 会计信息质量与公司资本配置效率，南开管理评论，2009，2.

[2]张程睿，王华. 公司信息透明度：经验研究与未来展望，会计研究，2006，12.

[3]周春梅. 盈余质量对资本配置效率的影响及作用机理，南开管理评论，2009，5.

[4]周中胜，陈汉文. 会计信息透明度与资源配置效率，会计研究，2008，12.

[5]Abel，Andrew B.，and Janice C. Eberly. A unified model of investment under uncertainty. American Economic Review，1994，84.

[6]Alti，A.. How sensitive is investment to cash flow when financing is frictionless？. Journal of Finance，2003，58.

[7]Baker，M.，Stein，J.，and Jeffrey Wurgler. When does the market matter? Stock prices and the investment of financially constrained firms，Quarterly Journal of Economics，2003，118.

[8]Ball，R.. Infrastructure requirements for an economically efficient system of public financial reporting and disclosure. Brookings Wharton Papers on Financial Services，2001.

[9]Beatty，A.，Liao，S. and Weber，J.P.. The effect of private information and monitoring on the role of accounting quality in investment decisions. Contemporary Accounting Research，2010，27(1).

[10]Beck，T.，and Levine，R.. Industry growth and capital allocation：Does having a marketor bank-based system matter？. Journal of Financial Economics，2002，64.

[11]Biddle，G.，and Hilary，G.. Accounting quality and firm-level capital investment. The Accounting Review，2006，81.

[12]Biddle，G.，Hilary，G. and Verdi，R.S.. How does financial reporting quality relate to investments efficiency？. Journal of Accounting and Economics，2009，48.

[13]Bushman，R.，and Smith，A.. Financial accounting information and corporate governance. Journal of Accounting Economics，2001，31.

[14]Bushman，R.，Piotroski，J.，and Smith，A.. Capital allocation and timely accounting recognition of economic losses. University of Chicago Working paper，2010.

[15]Daniel Bergstresser. Discussion of overinvestment of free cash flow. Review Accounting Study，2006，11.

[16] Dechow, P. , Ge. , W. , and Schrand, C. . Understanding earnings quality: A review of the proxies, Their determinants and their consequences. Journal of Accounting and Economics conference, 2009.

[17] Dow, J. , and Gorton, G. . Stock market efficiency and economic efficiency: Is there a connection?. Journal of Finance, 1997, 52.

[18] Durnev, A. , Morck, R. , and Yeung, B. . Value-enhancing capital budgeting and firmspecific stock return variation. Journal of Finance, 2004, 59(1).

[19] Durnev Art, Vihang Errunza, and Alexander Molchanov. Property rights protection, Corporate transparency, and growth. Journal of International Business Studies, 2009, 40(9).

[20] Eberly, J. C. . International evidence on investment and fundamentals. European Economic Review, 1997, 41.

[21] Fazzari, S. , Hubbard, R. G. , and Petersen, B. . Investment and finance reconsidered. Brookings Papers on Economic Activity, 1988, 19(1).

[22] Francis Jennifer, Per Olsson, and Katherine Schipper. Earnings Quality. Foundations and Trends in Accounting, 2006, 1(4).

[23] Graham, John, R. , Cam Harvey, and Shiva Rajgopal. The economic implications of corporate financial reporting. Journal of Accounting and Economics, 2005, 40.

[24] Habib Ahsan. Information risk and the cost of capital: Review of the empirical literature. Journal of Accounting Literature, 2006, 25.

[25] Hanlon, M. , and Heitzman, S. . A review of tax research. Journal of Accounting and Economics conference, 2009.

[26] Hayashi, F. . Tobin's marginal q and average q: A neoclassical interpretation. Econometrics, 1982, 50.

[27] Healy, P. , and Palepu, K. . Information asymmetry, Corporate disclosure, and the capital markets. Journal of Accounting and Economics, 2001, 31.

[28] Hirshleifer, D. , K. Hou, S. Teoh, and Zhang, Y. . Do investors overvalue firms with bloated balance sheets? . Journal of Accounting and Economics, 2004, 38.

[29] Hubbard, G. . Capital-market imperfections and investment. Journal of Economic Literature, 1998, 36.

[30] Jensen, M. . Agency costs of free cash flow, Corporate finance, and takeovers. American Economic Review, 1986, 76.

[31] Kanodia, C. , and Lee, D. . Investment and disclosure: The disciplinary role of periodic performance reports. Journal of Accounting Research, 1998, 36.

[32] Kedia Simi, and Thomas Philippon. The economics of fraudulent accounting. Review of Financial Studies, 2009, 22(6).

[33] Lamont, O. . Investment plans and stock returns. Journal of Finance, 2000, 55(6).

[34] Lara Juan Manuel García, Beatriz García Osma, and Fernando Penalva. Conditional conservatism and firm investment efficiency. Universidad Carlos III de Madrid Working Paper, 2009.

[35] Li, F. . Accounting information and corporate investment. Chicago University Working Paper, 2002.

[36] Li Kevin Ke, and Vicki Wei Tang. Earnings quality and future capital investment: Evidence from discretionary accruals. University of California Working Paper, 2008.

[37] McNichols, M. F. , and S. R. Stubben. Does earnings management affect firms' investment decisions? . The Accounting Review, 2008, 83.

[38] Mueller, D. C. , and Reardon, E. A. . Rates of return on corporate investment. Southern Economic Journal, 1993, 60(2).

[39] Richardson, S. . Over-investment of free cash flow. Review of Accounting Studies, 2006, 11.

[40] Sloan, R. . Do stock prices fully reflect information in accruals and cash flows about future earnings? . The Accounting Review, 1996, 71.

[41] Srivastava, Anup, Shyam V. Sunder, and Senyo Tse. Timely loss recognition and the early termination of loss making projects. Northwestern University Working Paper, 2009.

[42] Stein, J. . Agency, information and corporate investment. Handbook of the Economics of Finance. edited by George Constantinides, Milt Harris and René Stulz, Elsevier, 2003.

[43] Vogt, S. C. The cash flow investment relationship: Evidence from US manufacturing firms. Financial Management, 1994, 23(2).

[44] Wang, X. . Capital allocation and accounting information properties. Emory University working paper, 2003.

[45] Wurgler, J. . Financial markets and the allocation of capital. Journal of Financial Economics, 2000, 58.

Financial Reporting Quality and Corporate Investment Efficiency: A Review and Suggestions for Future Research

Li Qingyuan

(Economics and Management School of Wuhan University, Wuhan, 430072)

Abstract: Financial reporting quality is a key question of financial reporting and disclosure regulation as well as theoretical research. Moreover, how financial reporting quality influences capital market resource allocation decisions is fundamental to understand why and how accounting matters to investors and others, including those charged with stewardship responsibilities. This paper surveys the measure and empirical literature of corporate investment efficiency through the mechanism of financial reporting quality's effect on corporate investment decision. This survey puts forward weakness of current empirical literature and concludes with some suggestions for future research.

Key words: Financial reporting quality; Corporate investment efficiency

转型经济下员工薪酬满意度的维度及其与情感承诺、离职倾向的关系研究[*]

● 贺　伟[1]　龙立荣[2]

（1，2　华中科技大学管理学院　武汉　430074）

【摘　要】薪酬满意度是员工对薪酬的主观态度，对个体与组织产出影响重大。本文从我国转型经济特殊时期 464 名企业员工为样本，采用两步研究法先对 Heneman 和 Schwab 开发的薪酬满意度问卷（PSQ）的维度结构进行了跨文化检验，结果表明：我国员工对薪酬满意度的认知结构与 PSQ 的传统四因子模型一致，包括薪酬水平、福利、加薪、薪酬结构/管理满意度。此外，研究通过层级回归和优势分析进一步验证了四类薪酬满意度与员工情感承诺和离职倾向的关系及内在作用机制，发现薪酬结构/管理满意度对员工情感承诺的正面影响最大，薪酬水平满意度则是唯一对员工离职倾向产生直接负面影响的维度，并且受到情感承诺的完全中介作用。本文最后讨论了研究的理论和实践意义及未来研究方向。

【关键词】薪酬满意度　优势分析　情感承诺　离职倾向

一、引言

薪酬满意度（pay satisfaction）是员工对薪酬的主观态度，Miceli 和 Lane 定义其为个体对他们薪酬积极或消极情感的总和。[①] 较高的薪酬满意度可以显著提升员工的组织支持感、组织承诺和组织公民行为[②]，较低的薪酬满意度则会引发员工的高离职倾向与行为[③]；在组织层面，员工薪酬满意度的提高不仅可以显著提升员工感知的社会支持感，同时还能促进组织财务与市场绩效的共同增长。[④] 大量实证研究表明，企业支付的各种经济性薪酬只有通过影响员工的态度，才能最终影响员工的行为，薪酬水平与个人和组织产出间的关系是以薪酬满意度为中介的。[⑤] 可见，薪酬满意度对个体与组织产出具有直接影响效果，是研究

* 本文是国家自然科学基金"组织中员工经济性薪酬的心理计量机制研究"（项目编号：70871047）的阶段性成果。

① Dulebohn, J. H., and Werling, S. E.. Compensation research past, Present, and future. Human Resource Management Review, 2007, 17：191-207.

② Micell, M. P., and Mulvey, P. W.. Consequences of satisfaction with pay systems：Two field studies. Industrial Relations, 2000, 39（1）：62-87.

③ Tekleab, A. G., Bartol, K. M., and Liu, W.. Is it pay levels or pay raises that matter to fairness and turnover? Journal of Organizational Behavior, 2005, 26：899-921.

④ Schneider, B., Hanges, P. J., Smith, D. B., and Salvaggio, A. N.. Which comes first：Employee attitudes or organizational financial and market performance? . Journal of Applied Psychology, 2003, 88：836-851.

⑤ Williams, M. L., McDaniel, M. A., and Nguyen, N. Y.. A meta-analysis of the antecedents and consequences of pay level satisfaction. Journal of Applied Psychology, 2006, 91（2）：392-413.

企业薪酬激励与个体态度、行为间关系的纽带。

薪酬满意度的多维度本质已经得到西方学术界的普遍认同，但具体维度结构存在较大争议，所以西方学术界关于薪酬满意度的研究主要包括维度结构、影响因素和结果变量三个部分。其中，用 Heneman 和 Schwab 开发的薪酬满意度问卷（Pay Satisfaction Questionnaire，PSQ）探索薪酬满意度的维度无疑是所有研究的基础，更是当前研究的热点。贺伟和龙立荣（2009）在薪酬满意度维度研究的综述中发现，PSQ 的维度结构在不同研究方法、研究样本和文化背景下差异较大，从单一因子到五因子间的各种模型都有涉及，跨文化检验是明确薪酬满意度维度结构的重要途径。① 遗憾的是，中国文化背景下的探索性研究十分匮乏，其研究结论也并不一致。

事实上，我国正处在改革开放和经济转型的特殊时期，薪酬体制改革是我国企业应对经济全球化竞争压力的重要举措：在分配方式上，从"大锅饭"时期的平均分配向"绩效导向"的按劳分配转型；在工资体系上，从传统的岗位工资制向技能工资转型；在薪酬结构上，从"低工资、高福利"的保障型薪酬模式向更具激励性的绩效薪酬体系转型。这些变化对员工的心理与行为产生了深远影响，那么转型经济下我国员工的整体薪酬满意度怎样？对薪酬满意度的认知结构如何？薪酬满意度对员工心理态度的影响又如何？探明上述问题对我国企业在同等人工成本下提升薪酬激励的效果意义重大。

二、理论背景

在早期的研究中，薪酬满意度作为工作满意度的一个组成部分，被认为是一个单维度构念，在测量上主要有工作描述指标量表（Job Descriptive Index，JDI）和明尼苏达满意度调查问卷（Minnesota Satisfaction Questionnaire，MSQ）两种方法。随着企业薪酬支付形式的日益多元化，对薪酬满意度的单维度界定严重制约了人们对其作用机制与影响因素的深入研究，也弱化了其对企业管理实践的指导意义。尽管 Locke 早在 1976 年就提出薪酬满意度是一个多维度构念的假设，但 Heneman 和 Schwab 分别在 1979 年和 1985 年才对薪酬满意度的多维度本质进行了清楚的阐述与验证，开发出的薪酬满意度问卷（PSQ）对该领域的研究具有开创性意义。

（一）薪酬满意度的维度结构

Heneman 和 Schwab 最初假设薪酬满意度包含薪酬水平、加薪、福利、薪酬结构和薪酬管理满意度五个方面，但在实证检验过程中，通过对初始问卷的反复修改后发现：将薪酬结构与薪酬管理满意度合并后的四维度共 18 个项目的模型拟合效果更好。② 随后，许多学者选取了不同样本对薪酬满意度的维度进行了探索与验证，但结果并不稳定：Ash 等人以法官为样本得出了三维度模型，分别是薪酬水平满意度、薪酬结构/管理满意度和福利满意度，加薪满意度的项目分别归到薪酬水平和薪酬结构/管理两个维度中③；Mulvey 等人运用验证性因子分析的方法分别对上述三因子、四因子和五因子模型进行比较，结果发现四因子模型与五因子模型的拟合情况都很好④；此外，Carraher 分别采用正交和斜交旋转两种方法进行了探

---

① 贺伟，龙立荣. 薪酬满意度的维度及其作用研究评述. 软科学，2009，23(11)：87-91.

② Heneman, H. G. III., and Schwab, D. P.. Pay satisfaction: Its multidimensional nature and measurement. International Journal of Psychology, 1985, 20: 129-141.

③ Ash, R. A., Dreher, G. F., Bretz, and R. D., Jr.. Dimensionality and stability of the pay satisfaction questionnaire. Paper presented at the Second Annual Conference of the Sociasty for Industrial and Organizational Psychology, Atlanta, G. A., 1987.

④ Mulvey, P. W., Miceli, M. P., and Near, J. P.. The pay satisfaction questionnaire: A confirmatory factor analysis. The Journal of Social Psychology, 1991, 132(1): 139-141.

索性因子分析，发现薪酬结构/管理满意度的项目并不完全独立于薪酬水平满意度这一维度，加薪满意度的项目也分别落到不同的维度上，其结构受到个体认知和情境因素的调节。[1] Judge[2] 以及 Judge 和 Weobourne[3] 合作撰写的文章分别通过结构方程模型、时间序列研究和多组样本等更为严格的研究方法，证明 PSQ 的原始四维度结构依然具有最好的信度和效度。

在跨文化研究方面，Lam 以中国香港地区的一线工人为样本，通过为期10周的先后两次测试，证明了 PSQ 具有较高的重测信度，但在维度结构上发现薪酬满意度仅区分为薪酬水平满意度和福利满意度两个维度。[4] 在中国内地，刘帮成等人[5]以政府公务员为样本的研究发现，在中国背景下公务员的薪酬满意度是一个单一维度的构念，该结论与 Liu 等[6]以我国西部地区一大型企业为样本的研究结果完全一致。上述研究成果表明，我国员工对薪酬满意度的认知结构与西方人相比更为简单。但是，选取公务员群体或同一企业中的员工作为研究对象都存在样本局限性问题，无法代表我国普通企业员工对薪酬满意度的真实认知规律。在美国文化背景下的研究也发现，公务员（法官）认知的薪酬满意度的维度数量要普遍少于企业员工。毕竟，营利性组织在员工薪酬激励的形式上更为丰富，投入的成本也相对更高，所以员工对薪酬满意度的认知结构更加复杂。

事实上，我国社会正处在经济转型的重要时期，为了适应经济全球化的激烈竞争压力，我国企业正逐步通过薪酬体制的改革来吸引和激励优质员工，薪酬体系制度更加规范，薪酬激励形式更加丰富，员工对企业薪酬激励的心理认知过程也逐步发生转变。于海波、李永瑞和郑晓明（2009）在最新的实证研究中选取了159家企业的2426名员工作为样本，证明了我国员工的薪酬满意度呈现四维度结构，即包括薪酬水平、福利、加薪和薪酬管理满意度4个部分[7]，与 PSQ 的传统四因子模型一致。鉴于此，我们认为，在市场经济环境下，我国普通企业员工对薪酬满意度的认知结构应当符合经典的四维度模型，具体假设如下：

H1：我国企业员工的薪酬满意度包括薪酬水平满意度、福利满意度、加薪满意度和薪酬结构/管理满意度四个维度。

（二）薪酬满意度与情感承诺的关系

组织承诺体现了个人与组织间关系的心理状态，包括情感承诺（affective commitment）、工具性承诺（instrumental commitment）和规范性承诺（normative commitment）三个不同的因素。[8] 其中，情感承诺被 Poter 定义为"个人对特定组织的认同和卷入程度"，更能体现组织员工激励的效果，是组织承诺的核心组成部分，也是相关理论研究中涉及最多的部分。因此，本研究将只关注员工的情感承诺。国内外学者对于

① Carraher, S. M.. A validity study of the pay satisfaction questionnaire (PSQ). Educational and Psychological Measurement, 1991a, 51: 491-495.

② Judge, T. A.. Validity of the dimensions of the pay satisfaction questionnaire: Evidence of differential prediction. Personnel Psychology, 1993, 46: 331-355.

③ Judge, T. A., and Weobourne, T. M.. A confirmatory investigation of the dimensionality of the pay satisfaction questionnaire. Journal of Applied Psychology, 1994, 79: 461-466.

④ Lam, S. S. K.. A validity study of the pay satisfaction questionnaire in Hong Kong. The Journal of Social Psychology, 1998, 138(1): 124-125.

⑤ 刘帮成，王慧，杨文圣. 薪酬满意度的测量及其作用机制研究：以政府雇员为例. 心理科学，2008，31(3): 717-721.

⑥ Liu, B. C., Tang, N. Y., and Zhu, X. M.. A validity study of the pay satisfaction question are in the Mainland of China. XXIX International Congress of Psychology, Berlin, Germany, 2008.

⑦ 于海波，李永瑞，郑晓明. 员工薪酬满意度及其影响实证研究. 经济管理，2009，31(9): 93-99.

⑧ Meyer, J. P., and Allen, N. J.. A three-component conceptualization of organizational commitment. Human Resource Management Review, 1991, 1(1): 61-89.

情感承诺的原因变量进行了大量研究，Meyer 和 Allen 将情感承诺的原因变量归纳为个人特征、工作特征、工作经历和组织结构特征四类[1]，薪酬激励则是组织结构特征中的重要组成部分。

根据社会交换理论，企业向员工提供薪酬回报以换取员工对组织在情感与行为上的投入。因此，员工对薪酬的满意度越高，个人对组织的认同与卷入程度也越高。Lum 等[2]和 Lee 等[3]分别运用 MSQ 和 JDI 量表来测量员工的工作满意度，结果均发现员工对工作报酬的满意度与情感承诺呈显著正相关。尽管上述研究都证明了薪酬满意度对员工情感承诺的正向作用关系，但在操作上仍将薪酬满意度作为单维变构念，在内涵上仅等同于 PSQ 中的薪酬水平满意度。事实上，薪酬满意度的不同维度反映了员工对组织薪酬体系不同方面的态度评价，对个体心理与行为的影响理应存在差异，尤其是制度层面的薪酬结构/管理满意度。例如，Micell 和 Mulvey 对照薪酬结构/管理满意度提出了薪酬系统满意度的概念，发现薪酬水平和薪酬系统满意度都会对员工的情感承诺产生正向影响，但薪酬系统满意度的解释力明显更强。毕竟，企业的薪酬结构与管理体现了组织薪酬分配的标准、制度与程序，对员工的分配公平感有重要影响，而员工在社会比较过程中感知的分配公平又是形成高情感承诺的关键。刘小平等针对我国特殊的社会文化背景，从社会交换理论视角研究了组织承诺的形成机制，发现组织内部的社会比较过程对员工的情感承诺影响重大，如现状与期望的比较、现状与选择机会的比较、人际关系与福利待遇等。[4] 张勉等以我国 IT 业技术员工为样本的实证研究也证明了分配公平感对员工情感承诺的重要预测作用。[5] 自古以来，"不患寡而患不均"的强烈社会比较倾向主导着我国员工在组织中的各种心理反应与行为模式，由此我们推断，尽管薪酬满意度的四个维度都会影响员工的情感承诺，但薪酬结构/管理满意度的作用效果更强，具体假设如下：

H2：在控制了人口学变量后，薪酬水平满意度、福利满意度、加薪满意度、薪酬结构/管理满意度都对员工的情感承诺有显著正向影响，薪酬结构/管理满意度的解释效果最大。

（三）薪酬满意度与情感承诺、离职倾向的整合模型

薪酬激励的主要目的之一是保持组织的人力资源储备，降低员工的离职率。员工离职倾向作为离职行为的直接前因变量，一直都是人力资源管理领域研究的热点结果变量。大量实证研究表明，对工作报酬不满是员工高离职倾向的主要原因。Price 在期望理论基础上提出的离职倾向路径模型对解释上述作用机制有重要启示。Price 模型认为当员工的期望在组织中能够满足时，会感到满足和对组织的依附感，进而保持组织成员的身份。其中，员工期望包括对内部工作条件的期望（结构化变量）和对外界环境条件的期望（环境变量）两方面，薪酬收入是众多结构化变量的代表。[6] 张勉等（2003）以及张一驰等（2005）分别以我国 IT 企业的技术员工和外资医药企业的员工为样本对 Price 模型进行了本土化验证，都发现工作报酬满意度对员工的离职倾向有显著解释作用。张勉等的研究还发现，组织承诺对员工离职倾向的预测作用要强于工作满意度（包括薪酬满意度），这一结论对深入挖掘薪酬满意度对离职倾向的作用机制有重要启示。

根据 Price 的离职倾向路径模型可知，员工对工作条件期望的满足增强了满意度，会进一步加强个体

① Meyer, J. P., and Allen, N. J.. Links between work experiences and organizational commitment during the first year of employment: A longitudinal analysis. Journal of Occupational Psychology, 1988, 61(2): 195-209.

② Lum, L., Kervin, J., Clark, K., Reid, F., and Sirola, W.. Explaining nursing turnover intent: Job satisfaction, Pay satisfaction, or organizational commitment?. Journal of Organizational Behavior, 1998, 19: 305-320.

③ Lee, K. S., and Gao, T.. Studying organizational commitment with the OCQ in the Korean retail context: Its dimensionality and relationships with satisfaction and work outcomes. International Review of Retail, Distribution and Consumer Research, 2005, 15 (4): 375-399.

④ 刘小平，王重鸣，Pauvers, B. C.. 组织承诺影响因素的模拟实验研究. 中国管理科学，2002，10(6): 97-100.

⑤ 张勉，张德，李树苗. IT 企业技术员工离职意愿路径模型实证研究. 南开管理评论，2003，4: 12-20.

⑥ Price, J. L.. Reflections on the determinants of voluntary turnover. International Journal of Manpower, 2001, 12: 115-141.

对组织的情感依附，从而愿意持续保持组织成员的身份。因此，薪酬满意度（工作条件期望）与员工离职倾向的负向关系可能是以情感承诺为重要中介的。Vandenberghe 和 Tremblay 分别以两个独立样本证明了三者间的整合作用关系，结果表明：员工的整体薪酬满意度对情感承诺有显著正向作用，对离职倾向有显著负向作用，员工的情感承诺不仅对离职倾向有负向作用，而且对整体薪酬满意度与离职倾向间的负向关系还有完全中介作用。① 研究中尽管运用了 PSQ 量表，但是在研究薪酬满意度与组织承诺和离职倾向间的关系时仍将薪酬满意度作为单维度构念进行了测量。

可见，目前学术界关于薪酬满意度与情感承诺、离职倾向关系的单向研究较多，缺少整合模型的验证；而在薪酬满意度的测量上仍采用单维度构念假设，仅等同于探讨薪酬水平满意度与情感承诺及离职倾向的关系，弱化了对企业薪酬管理实践的指导意义。实际上，员工离职倾向的产生不仅因为内心期望未能满足，同时还会受到离职交易成本的影响，包括个人自身的人力资本优势和外部劳动力市场的状况，所以薪酬满意度的不同维度并非都能显著影响个体的离职倾向。提高薪酬水平是组织吸引和保持员工的重要方式，对员工离职倾向的负向影响已得到大量实证检验。② 另外，企业通过完善的福利体系向员工传递关心，增强员工对组织的情感依附，所以也有研究发现福利满意度与员工离职倾向之间呈显著负相关。③ 我国企业在改革开放前一直实行"低工资、高福利"的保障型薪酬体系，无形中强化了员工对组织福利的预期。相比之下，加薪和薪酬结构/管理满意度则是员工对组织薪酬制度的态度评价。对制度的不满具有普适性，在员工的社会比较过程中并非突出矛盾，所以可能不足以激发个人的离职倾向。尤其是在当前全球金融危机的宏观环境下，较高的离职成本从整体上降低了员工的离职倾向。基于上述理论分析，本文提出以下假设：

H3：在控制了人口学变量后，薪酬水平满意度对员工的离职倾向有显著负向影响，个人情感承诺对此影响有中介作用。

H4：在控制了人口学变量后，福利满意度对员工的离职倾向有显著负向影响，个人情感承诺对此影响有中介作用。

三、研究方法

（一）研究样本

因薪酬调研话题比较敏感，故本研究采用方便抽样方法选择调研企业，选择的标准包括：（1）与本课题组有过合作经历，并在告知研究目的后愿意接受此次问卷调研的企业；（2）企业有完备的薪酬管理制度，包括工资奖金制度、福利制度和加薪制度等。来自我国长三角、珠三角和中部地区共 6 个城市的 14 家企业参与了本次调查。其中国有企业 5 家、民营企业 5 家、合资或外资企业 4 家，涉及的行业包括电力服务、传统制造、工艺设计和金融保险等多个领域。研究采取现场问卷调研的方法，共发放问卷 483 份，实际回收问卷 481 份，回收率为 99.6%，其中存在部分空白或不完整问卷，删除后得到有效问卷 464 份，问卷的有效率为 96.1%。其中，男性 253 人（54.5%），女性 211 人（45.5%）；25 岁以下 69 人（14.9%），

---

① Vandenberghe, C., and Tremblay, M.. The role of pay satisfaction and organizational commitment in turnover intentions: A two-sample study. Journal of Business Psychology, 2008, 22: 275-286.

② 张一驰，高莹，刘鹏. 个人—组织匹配在外资医药企业员工离职倾向决定中的调节效应研究. 南开管理评论，2005，3：37-41.

③ Blau, G., Merriman, K., Donna, S. T., and Sally, V. R.. Antecedents and consequences of basic versus career enrichment benefit satisfaction. Journal of Organizational Behavior, 2001, 22(6): 669-688.

26～30 岁 103 人（22.2%），31～35 岁 120 人（25.9%），36～40 岁 87 人（18.8%），41～45 岁 43 人（9.2%），46～50 岁 26 人（5.6%），50 岁以上 16 人（3.4%）；专科以下学历 141 人（30.4%），专科学历 206 人（44.4%），本科及以上学历 117 人（25.2%）；一般员工 292 人（62.9%），基层管理者 108 人（23.2%），中高层管理者 64 人（13.9%）；一线操作工人 141 人（30.4%），专业技术类 120 人（25.8%），市场类 61 人（13.2%），管理类 142 人（30.6%）；在家庭经济负担方面，很轻 23 人（4.8%），较轻 49 人（10.6%），一般 276 人（59.5%），较重 89 人（19.2%），很重 27 人（5.9%）。

（二）变量的测量

本研究所涉及变量的测量全部来自已有文献，全部英文问题由人力资源与英语专业的博士采用"对译"的方式转成中文版问卷，以 Likert5 点量表技术进行测量。薪酬满意度采用 Heneman 和 Schwab 开发的 18 个条目的薪酬满意度问卷（PSQ），其中薪酬水平满意度 4 题，如"我对目前的工资总额"，福利满意度 4 题，如"我对公司给我的整体福利感到"，加薪满意度 4 题，如"我对公司上次（最近一次）给我的加薪"，薪酬结构/管理满意度 6 题，如"我对公司薪酬的组成部分"；情感承诺选取 Moday 开发的量表，包括"我愿意花比一般期望更大的努力来帮助单位获得成功"、"我会和朋友说这是一个值得为之工作的很不错的单位"、"我为了坚持为单位工作而接受任何类型的工作任务"、"我感到自己的价值观和单位的价值观十分相似"、"当我告诉别人我是这个单位中的一员时会感到很骄傲"、"这个单位确实在工作表现方面激起了我最佳的工作状态"、"在我刚加入这个单位时，比别人更感到高兴"、"我确实很关心单位的命运如何"共 8 项，内部一致性系数 $\alpha = 0.791$；离职倾向选取 Konovsky 和 Cropanzano 开发的问卷，包括"我明年可能会寻求别的公司（单位）的工作"、"我可能会继续留在本单位工作（反向计分）"、"我经常想到辞去目前的工作"共 3 项，内部一致性系数 $\alpha = 0.796$。

四、研究结果

（一）薪酬满意度的结构

本研究通过验证性因子分析对薪酬满意度问卷的四维度模型进行验证。此外，根据刘帮成等关于我国员工薪酬满意度的单维度研究结论，将单一因子模型作为竞争模型与四因子模型进行拟合比较，具体拟合指数见表 1。

表 1　　　　　　　　薪酬满意度各模型验证性因子分析的拟合指数（$N = 464$）

模型	df	χ^2	χ^2/df	RMSEA	GFI	NNFI	IFI	CFI	SRMR
虚模型	153	4433.94	28.98						
一因子模型	135	1553.08	11.50	0.15	0.68	0.63	0.67	0.67	0.15
四因子模型	129	368.57	2.86	0.06	0.91	0.93	0.94	0.94	0.05

从表 1 验证性因子分析结果可以看出，四因子模型的各项拟合指数均达到拟合标准，并且明显优于一因子模型，说明我国员工薪酬满意度的四因子结构得到了数据支持，与西方的主流研究结论一致，故假设 H1 得证。

（二）薪酬满意度与情感承诺、离职倾向的关系

1. 描述性统计分析

表 2 显示了本研究主要变量的平均值、标准差、相关系数和内部一致性系数。结果表明：薪酬满意度各维度的内部一致性系数处于 $0.791 \sim 0.903$，具有良好的信度；四维度之间具有显著的正相关，且相关系数在 0.5 左右，与西方的研究数据基本一致。此外，人口学变量与薪酬满意度具有一定程度的相关性：女性员工与加薪和薪酬结构/管理满意度有弱正相关；年龄与福利满意度有弱负相关，与薪酬结构/管理满意度有中度的负相关；教育背景与薪酬水平、福利满意度有弱正相关；职位层次与福利和薪酬结构/管理满意度有弱正相关，与薪酬水平和加薪满意度有中度正相关；家庭经济负担与薪酬满意度的四个维度都有中度的负相关。由此可见，不同人口学变量与薪酬满意度不同维度间的相关性差异显著，说明我国员工对薪酬满意度感知的四维度结构具有良好的区分效度。另外，薪酬满意度四个维度与员工的情感承诺均有显著的正相关，而与员工离职倾向都有显著的负相关，说明其良好的效标关联效度，但为了进一步验证假设 H2 至假设 H4，需要进行层级回归分析和优势分析（dominance analysis）。

2. 层级回归分析

本研究采用层级回归分析验证薪酬满意度与情感承诺、离职倾向的作用关系：在模型 AC 中，以情感承诺为因变量，先将人口学变量纳入回归模型的第一层进行控制，再将薪酬满意度的四个因子作为预测变量纳入模型的第二层；模型 TI 1 与模型 AC 类似，因变量改为员工离职倾向；模型 TI 2 检验情感承诺对薪酬满意度与员工离职倾向关系的中介效应，第一层控制人口学变量，第二层纳入情感承诺，第三层纳入薪酬满意度的四个维度，具体结果见表 3。

从模型 AC 和模型 TI 1 的结果可知，在控制了人口学变量后，薪酬水平满意度（$\beta = 0.116$，$p \leqslant 0.05$）、福利满意度（$\beta = 0.155$，$p \leqslant 0.01$）、加薪满意度（$\beta = 0.109$，$p \leqslant 0.05$）和薪酬结构/管理满意度（$\beta = 0.324$，$p \leqslant 0.001$）四个维度都对员工情感承诺有显著的正向作用，仅有薪酬水平满意度对员工离职倾向产生显著的负向作用（$\beta = -0.168$，$p \leqslant 0.05$）。为了进一步比较四类满意度对情感承诺作用效果的强弱，需要进行优势分析。

3. 优势分析

在多元回归模型中，优势分析考察所有可能的回归模型，并且把这些模型中各个自变量的解释力进行分解，然后按照模型的层次分别进行平均，最后把各个模型层次的解释力分别汇总，进而比较各自变量对因变量的作用效果强弱。在本研究中，有薪酬水平满意度、福利满意度、加薪满意度、薪酬结构/管理满意度四个预测变量对情感承诺产生显著影响，故总共产生了 15（即 $2^4 - 1$）个回归模型，其中包括 4 个单变量模型、6 个双变量模型、4 个三变量模型，以及 1 个四变量模型。

优势分析的结果如表 4 所示，薪酬水平满意度对情感承诺影响强度的贡献值为 0.050，占总贡献的 18.6%；福利满意度的贡献值为 0.051，占总贡献的 19.0%；加薪满意度的贡献值为 0.049，占总贡献的 18.2%；薪酬结构/管理满意度的贡献值为 0.119，占总贡献的 44.2%。由此可见，薪酬结构/管理满意度对员工情感承诺的作用效果明显强于其他三类满意度，故本研究的假设 H2 得证。

在中介效应的验证方面，已知薪酬水平满意度对员工离职倾向有显著负效应，对情感承诺有显著正向作用（$\beta = 0.419$，$p \leqslant 0.001$，回归结果未显示）；由表 3 中模型 TI 2 的第二步结果可知，员工情感承诺对离职倾向有显著的负向作用（$\beta = -0.456$，$p \leqslant 0.001$），但在第三步控制情感承诺后，薪酬水平满意度对员工离职倾向的负向影响不再显著（$\beta = -0.117$，$p = 0.057$），说明存在完全中介效应，故本研究的假设 H3 得证。因为在控制了人口学变量后，福利满意度对员工离职倾向的作用效果并不显著，故本研究的假设 H4 未能得证。

表2

研究中主要变量的描述性统计结果（$N = 464$）

	M	SD	1	2	3	4	5	6	7	8	9	10	11
1 GEN	0.46	0.499	—										
2 AGE	3.15	1.544	-0.152**	—									
3 EDU	1.95	0.747	0.088	-0.212**	—								
4 POS	1.51	0.726	-0.131**	0.149**	0.205**	—							
5 FIN	3.11	0.848	-0.175**	0.032	-0.157**	-0.186**	—						
6 PLS	2.74	0.711	0.000	-0.069	0.098*	0.248**	-0.199**	(0.903)					
7 BS	3.06	0.622	0.032	-0.112*	0.095*	0.100*	-0.170**	0.508**	(0.830)				
8 PRS	2.91	0.700	0.099*	-0.072	0.051	0.174**	-0.165**	0.575**	0.406**	(0.850)			
9 PSMS	2.85	0.588	0.043	-0.151**	0.008	0.117*	-0.170**	0.533**	0.438**	0.546**	(0.791)		
10 AC	3.47	0.536	-0.028	0.038	-0.135**	0.105*	0.065	0.380**	0.365**	0.366**	0.476**	(0.791)	
11 TI	2.28	0.684	-0.026	-0.040	0.154**	0.037	-0.030	-0.211**	-0.160**	-0.219**	-0.182**	-0.428**	(0.796)

注：①GEN 为性别，AGE 为年龄，EDU 为教育背景，POS 为职位层次，FIN 为家庭经济负担，PLS 为薪酬水平满意度，BS 为福利满意度，PRS 为加薪满意度，PSMS 为薪酬结构／管理满意度，AC 为情感承诺，TI 为离职倾向；②性别的参照组是男性，各薪酬满意度的取值为所包含项目的平均值；③** 表示 $p \leqslant 0.01$，* 表示 $p \leqslant 0.05$；④括号内表示内部一致性系数。

表3   薪酬满意度与组织情感承诺、离职倾向的层级回归分析结果（N=464）

变量	模型 AC		模型 TI 1		模型 TI 2		
	第1步	第2步	第1步	第2步	第1步	第2步	第3步
控制变量							
性别	0.012	0.002	−0.032	−0.027	−0.036	−0.030	−0.030
年龄	−0.045	0.048	0.001	−0.033	0.007	−0.014	−0.006
教育背景	−0.191***	−0.159***	0.177***	0.166**	0.176***	0.089	0.097
职位层次	0.134*	0.027	0.012	0.084	0.012	0.073	0.097
工作性质							
专业技术人员	0.042	0.005	−0.066	−0.042	−0.058	−0.039	−0.033
市场人员	0.027	−0.030	−0.065	−0.017	−0.056	−0.044	−0.022
管理人员	0.115	0.095	−0.017	−0.009	−0.008	0.044	0.040
家庭经济负担	0.078	0.182***	−0.035	−0.087	−0.035	0.001	−0.007
情感承诺						−0.456***	−0.441***
主效应							
薪酬水平满意度		0.116*		−0.168*			−0.117
福利满意度		0.155**		−0.057			0.016
加薪满意度		0.109*		−0.102			−0.058
薪酬结构/管理满意度		0.324***		−0.046			0.094
R^2	0.058**	0.343***	0.034	0.115***	0.034	0.230***	0.244***
ΔR^2		0.285***		0.081***		0.196***	0.014

注：①表中显示了标准化回归系数；②性别的参照组是男性，工作性质的参照组是操作工人；③*** 表示 $p \leqslant 0.001$，** 表示 $p \leqslant 0.01$，* 表示 $p \leqslant 0.05$。

表4   薪酬满意度的四维度对情感承诺影响强度的增值贡献、平均贡献及总平均贡献

模型中的预测变量	R^2	增值贡献（ΔR^2）			
		PLS	BS	PRS	PSMS
空集或 K=0 时，平均贡献	**0**	**0.144**	**0.133**	**0.134**	**0.227**
PLS	0.144	—	0.036	0.034	0.105
BS	0.133	0.051	—	0.057	0.128
PRS	0.134	0.043	0.053	—	0.102
PSMS	0.227	0.023	0.030	0.022	—
K=1 时，平均贡献		**0.039**	**0.040**	**0.038**	**0.112**
PLS & BS	0.180	—	—	0.025	0.085
PLS & PRS	0.189	—	0.025	—	0.071
PLS & PSMS	0.255	—	0.015	0.010	—
BS & PRS	0.187	0.017	—	—	0.073

模型中的预测变量	R^2	增值贡献（ΔR^2）			
		PLS	BS	PRS	PSMS
BS & PSMS	0.261	0.009	—	0.012	—
PRS & PSMS	0.250	0.011	0.020	—	—
$K=2$ 时，平均贡献		**0.012**	**0.020**	**0.016**	**0.076**
PLS & BS & PRS	0.216	—	—	—	0.061
PLS & BS & PSMS	0.269	—	—	0.007	—
PLS & PRS & PSMS	0.265	—	0.012	—	—
BS & PRS & PSMS	0.273	0.004	—	—	—
$K=3$ 时，平均贡献		**0.004**	**0.012**	**0.007**	**0.061**
PLS & BS & PRS & PSMS	0.277	—	—	—	—
总平均贡献		**0.050**	**0.051**	**0.049**	**0.119**
所占百分比（%）		**18.6**	**19.0**	**18.2**	**44.2**

综上所述：薪酬满意度的四个维度均对员工的情感承诺有正向预测作用，其中薪酬结构/管理满意度的解释力度最大；薪酬水平满意度则是四个维度中唯一对员工离职倾向产生直接负面影响的，并且受到情感承诺的完全中介作用。

五、结论与讨论

本文以我国 14 家企业中的 464 名员工为样本，对 Heneman 和 Schwab 开发的薪酬满意度问卷（PSQ）的四维度结构进行了跨文化验证，并对薪酬满意度与员工情感承诺、离职倾向的关系及其作用机制进行了实证检验。本文的主要结论包括：

第一，在我国经济转型时期，普通企业员工对薪酬满意度的认知结构与西方理论界经典的四因子模型一致，包括薪酬水平满意度、福利满意度、加薪满意度和薪酬结构/管理满意度。由此可见，三十多年的改革开放迫使我国企业不断改革薪酬体制来应对市场经济下的激烈竞争压力：企业薪酬激励的形式逐步多元化，薪酬管理体系逐步规范化，员工对薪酬激励的认知结构也逐步复杂化。基于此，企业管理者在员工激励方面不应仅局限于提升薪酬水平，应当从薪酬结构与管理、全面薪酬体系等方面入手，通过满足员工差异化的需求最大化薪酬激励的效果。

第二，由层级回归分析的结果可知，在控制了个体的人口学变量后，薪酬满意度的四个维度都会显著影响员工的情感承诺，对变异增加的解释量高达 28.5%，充分说明其良好的效标关联效度。优势分析的结果表明，薪酬结构/管理满意度对情感承诺的解释力最强，标准化回归系数达到 0.324，占所有解释量的 44.2%，与 Micell 和 Mulvey 的研究结果类似。可见，在我国经济转型过程中，提高薪酬水平固然是企业激励和保持员工的重要方式，但公正合理的薪酬分配制度与科学有效的薪酬管理体系是企业在人工成本固定的条件下增强员工情感承诺最有效也最经济的方式。

第三，本研究还证明薪酬水平满意度对员工离职倾向有显著解释作用，但福利满意度的解释效果并不显著，与 Blau 等人在西方的研究结论①矛盾，这可能与我国员工的薪酬满意度现状有关：在四个维度中，我国员工的福利满意度最高(M=3.06)，薪酬水平满意度最低(M=2.74)，两者差异显著。由差异理论可知，薪酬满意度是员工对期望收入与实际收入差异的感知②。改革开放以来，我国员工的整体薪酬水平尽管在逐步提升，但增长速度远不能满足人们日益增长的内心需求，造成期望与实际水平的差距加大，导致员工对薪酬水平的整体满意度较低，所以更容易激发离职倾向。相反，受长期计划经济的影响，我国大多数企业仍然保留了相对全面的福利体系，员工对福利的整体满意度较高，所以对福利的相对不满可能尚未达到促发个体离职倾向的心理阈值。然而，全球金融危机的爆发也加大了员工的离职成本，员工对组织福利问题的关注可能不如在薪酬水平问题上突出，这也可能是造成上述研究结果的重要原因之一。

第四，中介模型的检验结果表明：员工情感承诺对薪酬满意度与离职倾向的负向关系具有完全中介作用。这一结论与 Lum 等将薪酬满意度作为单维度构念(薪酬水平满意度)的研究结果③完全一致。这对管理实践的最大启示在于：企业通过提高薪酬水平来保持员工的做法既不经济也并非完全有效。企业管理者通过规范组织的薪酬分配制度与管理体系，增强员工的收入分配公平感，或是通过改善员工的工作环境、增加工作的丰富性与自主性、营造和谐的组织文化等其他途径来提升员工的情感承诺④，才是保持员工并对其进行长期激励的最佳管理实践。

六、研究贡献及未来研究方向

本研究首次在我国转型经济的社会背景下对薪酬满意度的四维度本质进行了实证检验，并通过优势分析和层级回归揭示了不同维度的满意度对员工情感承诺和离职倾向的作用关系强弱及其内在机制，对今后在我国深入开展薪酬激励的相关理论研究具有重要启示。本研究对管理实践的贡献在于揭示了我国员工对企业薪酬激励的多维度认知本质，企业管理者需要从薪酬水平、福利待遇、加薪、薪酬结构与管理等多个方面来改善员工的薪酬满意度，进而提升个人与组织的绩效。另外，提高薪酬水平固然是在短期内吸引和激励员工的有效方式，但在组织人工成本固定的条件下，薪酬结构/管理才是影响员工情感承诺并对员工进行长期激励最经济也是最有效的方式。因此，企业管理者一方面需要规范组织的薪酬管理制度和奖励分配体系，另一方面也需要通过准确洞察员工的需求，在公正、公平的前提下有针对性地进行个性化薪酬激励，将钱发到员工的心坎上，才能以最经济的方式最大化薪酬激励的效果。

当然，本研究最大的缺陷在于共同方法偏差(common method variance)问题，这也是所有离职研究的共同难题。⑤另外，随着市场竞争的日趋激烈，企业的薪酬体系与支付形式在不断变革，传统 PSQ 的内容已经远远落后于组织薪酬管理的实践。因此，Heneman 和 Judge 呼吁学者们不要把过多的精力投入到对 PSQ 信度、效度的检验上，而是应该顺应时代步伐，探索出新的维度对薪酬满意度进行补充和

---

① Blau, G., Merriman, K., Donna, S. T., and Sally, V. R.. Antecedents and consequences of basic versus career enrichment benefit satisfaction. Journal of Organizational Behavior, 2001, 22(6): 669-688.

② Dulebohn, J. H., and Werling, S. E.. Compensation research past, Present, and future. Human Resource Management Review, 2007, 17: 191-207.

③ Lum, L., Kervin, J., Clark, K., Reid, F., and Sirola, W.. Explaining nursing turnover intent: Job satisfaction, Pay satisfaction, or organizational commitment?. Journal of Organizational Behavior, 1998, 19: 305-320.

④ Meyer, J. P., and Allen, N. J.. Links between work experiences and organizational commitment during the first year of employment: A longitudinal analysis. Journal of Occupational Psychology, 1988, 61(2): 195-209.

⑤ 张一驰，高莹，刘鹏. 个人—组织匹配在外资医药企业员工离职倾向决定中的调节效应研究. 南开管理评论，2005，3：37-41.

完善①，比如扩充福利满意度的内涵、补充奖金满意度等。可见，从不同文化背景、选取不同研究样本、采用不同研究方法，对薪酬满意度的不同模型进行反复比较与验证仍将是未来薪酬满意度的主要研究方向。

（作者电子邮箱：ljglpl@ 163. com）

参 考 文 献

[1]Dulebohn, J. H. , and Werling, S. E. . Compensation research past, Present, and future. Human Resource Management Review, 2007, 17.

[2] Micell, M. P, and Mulvey, P. W. . Consequences of satisfaction with pay systems: Two field studies. Industrial Relations, 2000, 39(1).

[3]Tekleab, A. G. , Bartol, K. M. , and Liu, W. . Is it pay levels or pay raises that matter to fairness and turnover? . Journal of Organizational Behavior, 2005, 26.

[4]Schneider, B. , Hanges, P. J. , Smith, D. B. , and Salvaggio, A. N. . Which comes first: Employee attitudes or organizational financial and market performance? . Journal of Applied Psychology, 2003, 88.

[5] Williams, M. L. , McDaniel, M. A. , and Nguyen, N. Y. . A meta-analysis of the antecedents and consequences of pay level satisfaction. Journal of Applied Psychology, 2006, 91(2).

[6]张一驰，高莹，刘鹏. 个人—组织匹配在外资医药企业员工离职倾向决定中的调节效应研究. 南开管理评论，2005, 3：37-41.

The Dimensionality of Pay Satisfaction and Its Effects on Employees' Affective Commitment and Turnover Intention in Transitional Economy

He Wei[1]   Long Lirong[2]

(1, 2 Management School of Huazhong University of Science and Technology, Wuhan, 430074)

Abstract: Pay satisfaction is employees' subjective attitude regarding organizational compensation system, which has important effects on both individual and organizational outputs. Based on 464 employees of different demographic and organizational attributes, this study applied a two stage method, firstly tested the dimensionality of pay satisfaction questionnaire (PSQ) in transitional economy of China, and then explored the effects of each dimension of pay satisfaction on affective commitment and turnover intention. The results of confirmatory factor analysis show that the widely accepted four-dimension model of pay satisfaction, including pay level satisfaction, benefit satisfaction, pay raise satisfaction, and pay structure/management satisfaction, has been proved in Chinese employees in the very transitional economy. The results of hierarchy regression and dominance analysis show that of the four dimensions, pay structure/management satisfaction has the strongest positive effect on employees' affective commitment, while pay level satisfaction is the only dimension having a negative effect on employees' turnover intention. The results also show that affective commitment plays a fully mediated role in the relationship of pay level satisfaction and turnover intention. The results imply that organizational managers should focus more on pay

---

① Heneman, R. L. , Greenbergr, D. B. , and Fox, J. A. . Pay increase satisfaction: A reconceptualization of pay raise satisfaction based on changes in work and pay practices. Human Resource Management Review, 2002, 12: 63-74.

structure, system and management, which are more powerful and economical in employee motivation than pay level. We summarized and discussed the future research directions of pay satisfaction in the end.

Key words: Pay satisfaction; Dominance analysis; Affective commitment; Turnover intention

顾客导向、组织创新与时基绩效关系的实证研究[*]
——以汽车行业为例

● 胡　杨[1,2]　刘群慧[3]

（1　武汉大学经济与管理学院　武汉　430072；2　湖南理工学院经济与管理学院　岳阳　414006；

3　湛江师范学院法政学院管理系　湛江　524048）

【摘　要】时基绩效的中心任务一是快速响应，二是满足顾客的个性化需求。顾客导向作为一种理念或文化，并不能直接对组织时基绩效产生影响，必须借助于某些活动（比如组织创新或生产运作）来发挥对时基绩效的驱动作用。为验证顾客导向、组织创新与时基绩效三者之间的关系，本研究以我国汽车行业 167 家企业为调查对象进行了实证研究。研究结果表明，顾客导向对管理创新和技术创新具有显著的直接效应；技术创新对时基绩效具有显著的直接效应；管理创新通过作用于技术创新对时基绩效产生显著影响。

【关键词】顾客导向　组织创新　时基绩效

时间作为一种等价于金钱、生产率、质量，甚至革新的有效武器，由于它的简单性、相对无偏性，以及对组织产出的可预测性而引起了人们的广泛关注①。正如 Stalk 所言，"今天，时间正处于关键边缘，企业在生产、新产品开发及推出、销售等方面管理时间的方式意味着一种最有效的新型竞争优势"。在高频率快节奏变化的竞争环境下，企业若能以最短的时间响应市场变化并满足顾客需求，就能赢得在市场竞争中的主导地位②。时基绩效（time-based performance）反映了企业在产品研发、生产、销售及服务等整个价值创造过程的各个环节为争取速度和压缩时间所做出的努力和取得的成就，是衡量企业竞争优势的重要指标，对组织整体绩效和竞争能力具有重要影响。

时基绩效的核心任务是提高产品和服务价值创造过程的速度，尽量减少顾客的等待时间。这就要求企业密切关注顾客需求和市场环境的变化，并将捕捉到的相关信息在企业内部即时分享以据此对变化做出正确又迅速的反应，即时为顾客提供产品和服务。由此可见，顾客导向既是现代企业的基本经营理念，更是影响企业时基绩效的一个重要因素。与此同时，顾客需求日益呈现出主体化、个性化和多样化的趋势，在考验企业的速度与灵活性之际，也对组织创新提出了更多、更高的要求。企业围绕顾客和市场需求确定组织目标和组织结构的同时，还必须进行持续不断的管理和技术上的创新，实施一系列基于时间竞争的新技

---

* 本文是中国博士后科学基金资助项目（项目编号：20090460995）的阶段性成果。

① Chen Chung. Balancing the two dimensions of time-based competition. Journal of Managerial Issues, 1999（Fall）：299-314.

② Stalk，G.. Time-the next source of competitive advantage. Harvard Business Review, 1988, 66（4）：41-51.

术、新方法，乃至新战略和组织变革，才能及时有效地提供产品和服务，满足快速变化的顾客需求。因此，组织创新对企业时基绩效水平的高低存在重要影响。

问题在于，顾客导向只是一种理念或文化，它并不能直接对组织时基绩效产生影响，必须借助于某些活动（比如组织创新或生产运作）来发挥对时基绩效的驱动作用。顾客导向、组织创新与时基绩效三者之间到底存在什么样的关系，这正是本研究试图探讨的问题。

一、理论基础与研究假设

（一）顾客导向与组织创新

目前已有大量关于顾客导向的研究，且不同学者对其定义不尽相同。Deshpande 等认为顾客导向是指企业为了持续获利而将顾客利益放在优先于所有者、管理者和员工利益的第一位①。Slater 认为，顾客导向是一种重视为顾客创造价值并把它当成一种至高无上的组织目标以提供组织发展规范及舆论的组织文化②。Rindfleish 等认为顾客导向是指优先考虑顾客利益并不断创造顾客价值的一系列行为和信念③。Nahm 等则认为，顾客导向是指企业关注和顾客建立密切联系、识别其要求并努力为顾客提供高水平服务和高质量产品的程度④。综合上述学者提出的观点，顾客导向实际上是一种价值观念和经营理念，是一种深层次的组织文化。顾客导向意味着企业的发展战略和营销战略都应以满足多重顾客的需要为出发点和落脚点，要求企业在有限资源的条件下尽一切努力（但不能以牺牲所提供的产品或服务的质量为代价）快速识别、满足顾客的需要和愿望。

顾客导向对组织创新是促进还是抑制作用，学者们对此有不同的看法。一些学者认为顾客导向有时会束缚企业的产品开发和创新活动，指出一些企业在工业化初期由于过分关注顾客而失去在行业中的领导地位⑤，因为过于倾听顾客的声音将会使企业囿于维持现状，导致无法关注突现的技术和新材料的利益⑥。甚至有学者指出，过于关注当前市场会阻碍企业的技术商业化⑦。而另一些学者则持与之相反的观点，认为顾客导向有利于组织创新，且有少数学者运用实证方法检验二者之间的关系。如 Gatignon 和 Xuereb⑧、Han 等⑨、

① Deshpande, R. et al.. Corporate culture, Customer orientation, and innovativeness in Japanese firms: A quadrad analysis. Journal of Marketing, 1993, 57(1): 23-37.

② Slater, S. F., and Narver, J. C.. Market orientation and the learning organization?. Journal of Marketing, 1995, 59(7): 63-74.

③ Rindfleisch, A., and Christine Moorman. Interfirm cooperation and customer orientation. Journal of Marketing Research, 2003, 11: 421-436.

④ Nahm, A. Y., Vonderembse, M. A., and Koufteros, X. A.. The impact of organizational structure on time-based manufacturing and performance. Journal of Operations Management, 2003, 21: 281-306.

⑤ Christensen, C. M., and Bower, J. L.. Customer power, Strategic investment, and the failure of leading firms. Strategic Management Journal, 1996, 17: 197-218.

⑥ Ulwick, A. W.. Turn customer input into innovation. Harvard Business Review, 2002, 80(1): 91-97.

⑦ Leonard-Barton. Wellsprings of knowledge: Building and sustaining the sources of innovation. Boston: Havard Business School Press, 1995: 210.

⑧ Gatignon, Hubert, and Jean-Marc Xuereb. Strategic orientation of the firm and new product performance. Journal of Marketing Research, 1997, 34(1): 77-90.

⑨ Han, J., K., and Srivastava, R. K.. Market orientation & Organizational performance: Is innovation a missing link. Journal of Marketing, 1998, 62(4): 30-45.

Lukas 和 Ferrell① 分别对美国企业、银行进行调查研究,并得出较为一致的结论,即企业以顾客导向为指导所采取的行动和做出的努力可以直接或间接提高组织创新能力。Salavou 和 Lioukas 认为以顾客为导向的企业面临着更加残酷的市场竞争,能够更加积极主动地进行组织创新②。Makoto Matsuo 探讨了顾客导向对组织创新的作用机理,认为顾客导向与任务冲突正相关,而任务冲突与组织创新正相关③。

以顾客导向为主的企业更关注顾客的态度、行为,能充分了解顾客心目中产品的独特价值以及预测顾客需求变化。企业既要重视为现有的顾客扩展产品种类,也要追求更深层次的对现有和潜在顾客的潜在需求的认识和再认识,并在新市场中发现机会、创新产品。这意味着企业必须采取持续创新战略,加大研究开发投入,通过改善产品包装、式样,提高产品性能或者服务质量,以及开发新产品和新服务,来满足不断变化的顾客需求。为了达成满足顾客需求、更好地服务于顾客的目标,企业必须投资于能够促进创新的设施和装备,进行组织变革,支持跨部门工作,进行系统性创新思维和决策,变革管理模式,赋予基层管理较多的决策权以启发员工更多的创新意识④,运用信息和沟通技术去搜集更多、更及时关于市场需求的信息,在产品研发/生产/销售/服务等重要环节上进行更多的创新。基于此,本文提出以下假设:

H1:顾客导向对管理创新具有显著的直接正向影响⑤。

H2:顾客导向对技术创新具有显著的直接正向影响。

(二)顾客导向与时基绩效

时基绩效用于衡量时基竞争环境下企业在产品研发、制造、交货及客户服务等方面做出的努力和取得的成就,其竞争要点是压缩从产品开发阶段到生产最后到交付给顾客的整个周期的每一个环节的时间,以取得竞争优势⑥⑦。在提高时基绩效的实践活动中,部分企业较为关注加快产品开发和投放市场的速度,而另一些企业则重点考虑压缩制造、交货和客户响应时间。在理论界,一些学者也针对时基绩效展开了研究和探索,大多数集中探讨有助于提高时基绩效的实践方法,且具体研究结果存在不一致性。考虑到企业整体价值链(研究→产品开发→制造→市场→交货)的不同阶段及产品交付周期的各个环节,Vickery 等提出了用于衡量企业时基绩效的不同内容,他们将企业整体价值分配系统分为产品开发周期、新产品推出时间、生产周期及交货速度等四个维度,提出在时基竞争环境下应该主要从这四个方面出发来考察企业的时基绩效。在较少有实证研究的前提下,他们以家具产业为例,检验了时基绩效和财务、市场绩效指标的关

① Bryan A. Lukas, and Ferrell, O. C.. The effect of market orientation on product innovation. Journal of the Academy of Marketing Science, 2000, 28(2): 239-247.

② Salavou, H., Baltas, G., and Lioukas, S.. Organisational innovation in SMEs, The importance of strategic orientation and competitive structure. European Journal of Marketing, 2004, 38(9/10): 1091-1112.

③ Demanpour(1989)将组织创新分成技术创新和管理创新:管理创新指组织利用新方法或系统运作对组织结构、管理构成、管理策略、管理程序、管理方案及人力资源等组成要素进行的创新;技术创新是关于产品、技术、工作流程与产品创意的创新。

④ Makoto Matsuo. Customer orientation, Conflict, and innovativeness in Japanese sales departments. Journal of Business Research, 2006, 59: 242-250.

⑤ Doll, W. J., and Vonderembse, M. A.. The evolution of manufacturing systems: Towards the post-industrial enterprise. OMEGA, 1991, 19(5): 401-411.

⑥ Droge, C., Jayaram, J., and Vickery, S. K.. The effects of internal versus external integration practices on time-based performance and overall firm performance. Journal of Operations Management, 2004, 22: 557-573.

⑦ 刘群慧,胡蓓等. 组织结构、创新气氛与时基绩效关系的实证研究. 研究与发展管理, 2009, 21(5): 47-56.

系①。随后，Droge 等又将时基绩效分为产品投放市场时间、产品完成时间及客户响应能力三个维度（见表1），并检验了企业整合与时基绩效及组织绩效的关系②。

表1　　　　　　　　　　　　　　时基绩效的维度及定义

维　度		定　　义
产品投放市场时间	新产品开发周期	最小化新产品开发时间的能力
	新产品推出时间	最小化改良已有产品、增加现有品种、推出新产品时间的能力
产品完成时间	采购周期	最小化采购周期（从订单安排到采购项目的交付时间，包括供应商提前期、运输、收货和检验）的能力
	制造周期	最小化制造提前期（从订单发放到生产区至产品完成的时间）的能力
	交货速度	交付速度最大化（从接受订单到最后交付的时间尽可能为0）的能力
客户响应能力	售前客户服务	在顾客购买前为顾客的购买决策过程服务的能力
	售后产品支持	产品售出后提供支持以保证客户持续满意的能力
	对客户的快速响应	最小化迎合顾客需求时间（通过快速的订单确认处理和顾客投诉处理，最小化获得顾客信息提前期）的能力

以顾客导向为经营理念的企业，致力于建立并维持与顾客间长期且互利的关系，密切关注顾客的需求和市场环境的变化，努力识别顾客的态度和行为，了解顾客的现实需求与潜在需求，并将捕捉到的相关信息在企业内部即时分享以据此做出正确又迅速的反应。企业对顾客的需求越了解，其满足顾客需求的意愿就会越强烈。为了赶在竞争对手之前满足顾客的需求以赢得竞争优势和市场地位，企业本着明确的目标，顶着时间的压力争取速度，以柔性的生产及管理为基础，采用基于时间的新技术和新方法，在保证高质量与低成本的前提下，提高对市场和顾客需求的响应能力。这意味着，在顾客导向经营哲学的指导下，企业将努力加快新产品/服务的研发及现有产品和设备的改良，加快新产品的推出，压缩产品生产周期，并提高客户服务速度。因此，顾客导向既是现代企业的基本经营理念，更是影响企业时基绩效的一个重要因素。基于此，本文提出如下假设：

H3：顾客导向对时基绩效具有显著的直接正向影响。

（三）组织创新与时基绩效

在竞争激烈、动态变化的市场环境下，组织创新的重要性更加突出。在组织创新领域的研究中，越来越多的学者将创新和组织绩效联系在一起，认为不管是在何种产业，创新均会导致更好的组织绩效，建议

---

①　Vickery, S., Droge, C., and Germain, R.. The relationship between product customization and organizational structure. Journal of Operations Management, 1999, 17: 377-391.

②　Droge, C., Jayaram, J., and Vickery, S. K.. The effects of internal versus external integration practices on time-based performance and overall firm performance. Journal of Operations Management, 2004, 22: 557-573.

企业必须进行创新以赢得生存和发展的竞争优势①。组织创新是企业在适应复杂多变的竞争环境中，通过不断的变革与创新来提高管理能力和组织绩效的有效行为，可以使企业成为一个具有选择能力与进化机制的动态组织。组织创新有利于企业时基绩效水平的提高。就管理创新而言，一方面通过管理模式、运作方式和人力资源管理等方面的创新与变革，促进员工个体乃至组织整体与客户进行直接交流并以灵活的方式适应环境变化；另一方面在组织结构、业务流程等方面为压缩产品研发时间和产品生产周期、提高顾客响应能力提供便利。因此，管理创新致力于创造更流畅的管理系统和组织体系，为提高时基绩效创造良好的组织环境和管理基础。就技术创新而言，通过改良及创造产品生产工艺、流程、技术和服务，为提高时基绩效打造技术层面的有利条件。企业的技术创新能力越强，就越有可能快速进行产品研发和产品生产，也越有能力快速推出新的产品或服务，向顾客提供增值服务并有效应对不断变化的市场和顾客需求。因此，组织创新对企业的时基绩效具有重要影响。本文提出如下假设：

H4：管理创新对时基绩效具有显著的直接正向影响。

H5：技术创新对时基绩效具有显著的直接正向影响。

（四）管理创新与技术创新

Demanpour 对组织创新理论进行归纳②，提出将组织创新分为"管理创新"与"技术创新"的双核心模式观点，并得到大多数学者的认同与采纳。作为组织创新的两个重要构成内容，管理创新和技术创新存在相互影响作用，二者协同运作，共同推动组织创新绩效。管理创新着眼于组织策略、组织结构及管理程序等方面创新，是改进性的；技术创新着眼于产品、服务和生产过程技术等的创新，为企业的组织创新提供物质技术条件，形成相应的技术能力保障机制，是根本性的。技术创新是一个技术与经济、环境有机结合并一体化发展的系统过程，存在很多不确定性因素。技术创新的开展需要一个诱导机制，且其实施过程也需要监督与协调机制，而这些都离不开组织管理创新。管理创新推动企业建立先进的管理模式和科学的决策程序，对技术创新的研究开发直至商业化的一系列复杂过程的各个环节进行科学合理的计划、组织、领导、协调与控制等，降低技术创新中的不确定性，加快技术创新的进程。因此，管理创新是推动技术创新成功的关键因素。本文提出如下假设：

H6：管理创新对技术创新具有直接正向影响。

在上述理论研究基础上，结合个案访谈以及小组讨论，考虑顾客导向、组织创新与时基绩效的关系，建立本文的研究模型（见图 1）。模型包含了顾客导向、组织创新的两个构面（管理创新、技术创新）以及时基绩效。我们将讨论模型中各因素的相互关系，研究顾客导向、组织创新对企业时基绩效产生影响的路径与机制。

二、研究设计

（一）研究样本

本研究以我国汽车行业整车生产企业及零部件供应企业作为研究对象。20 世纪 90 年代中期以来，国

---

① 林义屏. 市场导向、组织学习、组织创新与组织绩效间关系之研究：以科学园区资讯电子产业为例. 中山大学企业管理学系博士学位论文，2001，5.

② Damanpour, A. et al.. The relationship between types of innovation and organizational performance. Journal of Management Studies, 1989, 11: 587-601.

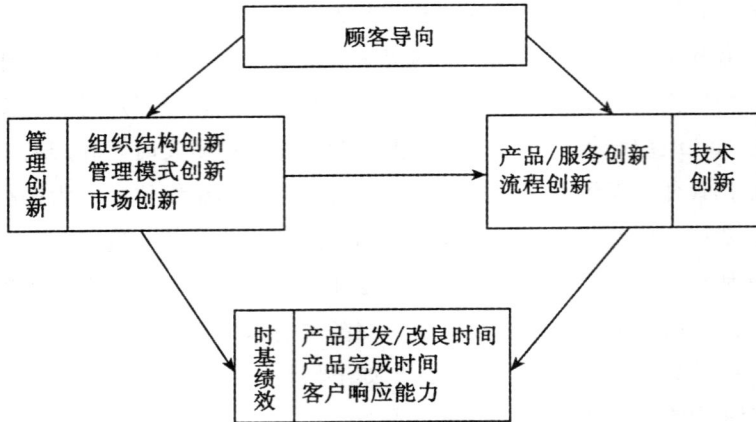

图1　本文的研究模型

际汽车市场竞争格局发生重大变化,我国汽车行业面临越来越激烈的竞争。在全国上规模的汽车整车及零部件企业中,经营规模、技术实力及跨国经营经验都处于世界领先水平的外资企业占有相当大的比重,它们以其雄厚的资本、高技术产品和丰富的运作经验在我国汽车市场竞争中占据绝对的制高点。近几年的残酷竞争,促使众多汽车行业企业在研发、设计、制造、销售及服务等重要环节上不断推陈出新以寻求生存的空间。汽车行业产品生命周期日益缩短,客户需求个性化增强,速度和时间成为与产品质量、成本同等重要的关注焦点,时基绩效毋庸置疑地成为衡量企业竞争能力的重要标准。本研究以我国汽车行业为背景,研究在时基竞争环境下顾客导向、组织创新对企业时基绩效的影响,有助于明确这些变量之间相互作用的机制和路径,可以为我国汽车行业企业参与国际竞争、提高时基绩效提供参考。

设计问卷时,我们对2家大型汽车企业进行现场调查,并和6名中高层管理人员及汽车行业专家进行了深度访谈以确定问卷设计的可行性。正式调研之前,经过了预调研,由30名MBA学生对问卷进行预填,并根据反馈的意见对存在的问题进行多次讨论和反复修改,形成最终的问卷定稿。由于研究的需要,问卷所涉及的很多问题需要填写人从企业整体或事业单元的层面回答才能搜集到较为可信的信息,所以,调研的对象选定为企业中高层管理人员,包括高层管理者、职能部门或事业单元负责人,以及分公司和子公司负责人。本次问卷调研共历时6个月,总计发放300份问卷,收回有效问卷167份,回收率为55.67%。

167份有效问卷涉及的企业主要分布于湖北、江苏、浙江、天津、广东、北京、重庆、四川、安徽、河南、广西等十几个省(市/区)。其中,汽车整车生产企业为35家(占20.9%),零部件生产商为132家(占79.1%)。从企业设立的年限来看,样本企业包括成立不到3年的新企业,也包括长达20年以上的老企业,其中以10年左右的企业居多。从企业员工人数来看,800人以上企业54家,约占32.4%;300～800人企业73家,占43.7%;300人以下企业40家,占23.9%。从企业性质来看,国有企业51家(占30.5%),民营企业45家(占26.9%),三资企业70家(占42.6%)。问卷填写人有17.9%为企业高管,56.9%为部门经理或部门负责人,25.2%为团队或项目负责人。从样本特征来看,本研究样本覆盖范围较为广泛,具有较好的代表性。

(二)变量测量

为确保测量工具的效度和信度,本研究尽量采用国内外现有研究开发使用的量表,并根据研究目的和行业特点进行适当调整（见表2）。

表2

表2　　　　　　　　　　　　　　变量的信度和效度检验结果

变量及量表			Cronbach's α 值	因子载荷	可解释方差百分比
组织创新	管理创新	组织结构 配合环境的需求变更各部门的职权分工	0.69	0.82	63.13%
		根据环境及客户需求的变化调整人员配置		0.85	
		依据顾客的需求改变服务流程及服务方式		0.83	
		市场 确定创新性市场战略	0.70	0.85	63.50%
		善于以特别的产品/服务来开拓新市场		0.88	
		善于利用价格工具来应对竞争和开拓市场		0.86	
		管理模式 引进新的管理知识和创新管理技术	0.88	0.91	79.99%
		以开明的领导方式带领部属发挥团队能力		0.90	
		采用新的管理方式达到激励部属及提高士气的目的		0.89	
	技术创新	产品/服务 公司有相当高的利润来自新开发的产品或服务	0.93	0.85	87.36%
		公司经常开发一些能被市场接受的新产品或服务		0.82	
		员工经常采用一些新产品组件或服务项目以提高公司绩效		0.81	
		流程 员工经常想出许多改善产品制程或作业流程的方法	0.91	0.87	84.84%
		公司经常引进一些可以改善产品制程或作业流程的新技术		0.85	
		公司会添购新工具或设备，对生产效率的提高很有帮助		0.87	
时基绩效	产品开发/改良时间	能快速开发新产品/服务	0.77	0.90	81.288%
		能快速改良已有产品/增加现有产品品种/引进新产品		0.90	
	产品完成时间	发出采购订单后能很快收到所采购货物	0.80	0.88	71.708%
		生产订单发放到生产厂区后能很快生产出产品		0.83	
		接受客户订单后能马上交货或提供服务		0.83	
	客户响应能力	售前客户服务能力	0.83	0.90	74.299%
		售后客户服务能力		0.85	
		快速获得顾客信息，进行订单确认和处理顾客投诉		0.84	
顾客导向		公司在顾客服务方面有规范的测量标准	0.93	0.86	74.48%
		公司的产品和服务开发基于良好的市场及顾客信息		0.87	
		公司非常了解顾客如何评价其产品及服务		0.88	
		公司比其他竞争对手更关注顾客，顾客利益永远是第一位		0.87	
		员工相信企业存在的主要目的是为客户服务		0.87	
		公司的产品和服务是最好的业务		0.85	

1. 顾客导向

不同学者研究顾客导向时给出不同的定义，同时也提出了与其定义相一致的具体度量标准，如 Stalk
（1988）、Deshpande（1993）和 Damanpour（1989）等都建立了顾客导向的测量量表。考虑到本研究的目的，选择 Damanpour(1989)提出的顾客导向测量量表中的 6 个题项对顾客导向进行测度,该量表采用 Likert7 级打分法。

2. 组织创新

本研究从管理创新和技术创新两个维度对组织创新进行研究。参考 Damanpour(1989)及 Li Minchuang① 提出的组织创新量表,并根据汽车行业访谈对象对组织创新的看法进行适当调整,设计组织创新量表。该量表由 15 个问题项组成,采用 Likert7 级打分法进行测量。技术创新包含产品/服务、流程创新,分别采用 3 个题项进行测度;管理创新则是组织结构与管理方式创新,指组织在规划、组织、用人、领导、控制及服务方面的创新,其中又分为组织结构创新、市场创新与管理模式创新三个构面,各采用 3 个题项进行测量。

3. 时基绩效

Droge 等(2004)提出的时基绩效三维度既考虑了研发、生产与交货,同时也涵盖了售前、售后及订单处理等价值链的所有环节,具有全面性和可操作性,兼顾了定性和定量指标。本研究借鉴 Droge 等人的研究工作,将时基绩效分为产品开发/改良时间、产品完成时间和客户响应时间三个维度进行测量。其中,产品开发/改良时间采用新产品开发周期、新产品推出时间 2 个题项进行度量,产品完成时间采用采购周期、制造周期和交付速度 3 个题项进行度量,客户响应能力采用售前客户服务、售后客户服务、订单处理和对客户的响应速度 3 个题项进行度量。

(三)变量的因子分析与信度分析

利用 SPSS11.5 对本研究所涉及的各变量进行信度检验,剔除变量中 item-to-total 相关系数小于 0.35 的指标,并对变量进行确定性因子分析,结果见表 2。由表 2 可以看出,除了组织结构创新的 Cronbach's α 系数为 0.69,其他各变量的系数均大于 0.7,因子载荷系数和可解释方差百分比的数值均很高,符合要求,表明本研究整体具有较高的信度。

对顾客导向的 6 个题项进行 EFA 分析(特征根大于 1)的结果显示,它们具有单维度特点,KMO 值为 0.93(大于 0.7),各题项的载荷系数分别为 0.86、0.87、0.88、0.87、0.87 和 0.85(均大于 0.5),顾客导向的信度和效度检验结果比较好。

运用 AMOS7.0 软件对管理创新、组织创新和时基绩效进行二阶验证性因子分析(CFA),以确认构建效度。管理创新的 CFA 分析结果为:GFI = 0.924,CFI = 0.985,TLI = 0.980,RMR = 0.021,RMSEA = 0.053,$x^2(45)$ = 82.126,p = 0.008,管理创新的效度检验结果比较好。技术创新的 CFA 分析结果为:GFI = 0.961,CFI = 0.990,TLI = 0.981,RMR = 0.014,RMSEA = 0.046,$x^2(8)$ = 18.9,p = 0.015,技术创新的效度检验结果比较好。时基绩效的 CFA 分析结果为:GFI = 0.943,CFI = 0.965,TLI = 0.943,RMR = 0.031,RMSEA = 0.065,$x^2(17)$ = 42.267,p = 0.029,时基绩效的效度检验结果很好。

三、模型的验证分析

综合上述分析可以看出,本研究样本中各变量的信度、效度均达到可接受的水平,所以用单一衡量指标取代多重指标是可行的。因此,本文在对管理创新、技术创新和时基绩效的衡量模式上,以第一级各因素衡量项得分的均值作为该因素的值,再以第一级各因素作为第二级变量的多重衡量指标。如管理创新为

---

① Li Minchuang. An empirical study of the construction of measuring model for organizational innovation in Taiwanese High-tech enterprises. Journal of American Academy of Business, 2005, 6(1):299.

潜在变量时，其观测变量为组织结构创新、市场创新和管理模式创新三个因素，这样可以有效缩减衡量指标的数目。之后，我们运用结构方程分析这些变量间整体的相互影响关系，统计软件使用 AMOS7.0。本文的理论模型如图 2 所示，潜在变量以椭圆形表示，观测变量以矩形表示。

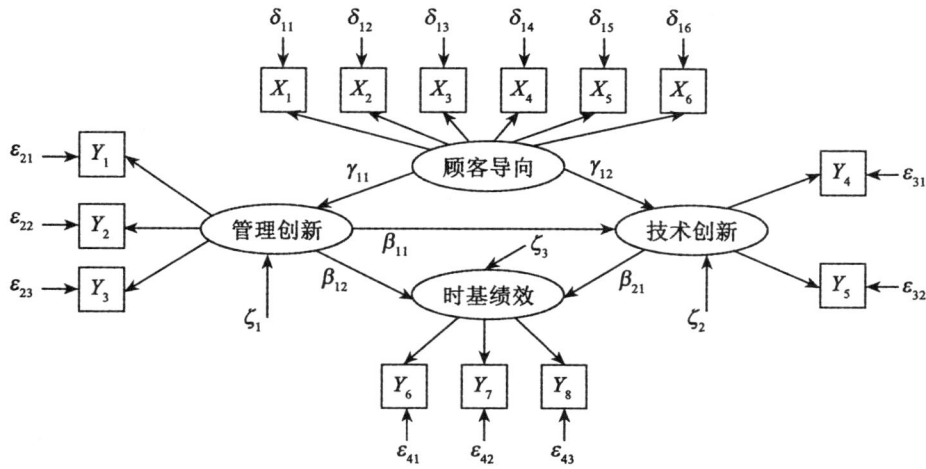

图 2　整体理论模型

我们从基本拟合标准以及整体模型拟合度来对本研究模型适用性进行验证①。基本拟合标准结果见表 3，各个变量的因素负荷量都位于 0.5～0.95 的标准状态，且达到了显著性水平，说明本研究模型符合基本拟合标准。对管理创新、技术创新、时基绩效进行信度分析，组合信度都大于 0.65，因素分析累积解释量都大于 50%，本文所提出的整体理论模型具有较好的信度和内部一致性。

表 3　　　　　　　　　　　　　　　　　整体理论模型的检验结果

变量	估计参数		组成信度	因素分析累计解释量
	因素负荷量	衡量误差		
管理创新			0.662	60.867%
组织结构创新	0.600 ***	0.269		
市场创新	0.890 **	0.192		
管理模式创新	0.570 ***	0.501		
技术创新			0.957	95.964%
产品/服务创新	0.961 ***	0.058		
过程创新	0.952 ***	0.074		
时基绩效			0.957	90.440%
产品开发/改良时间	0.944 ***	0.066		
产品完成时间	0.948 ***	0.175		
客户响应能力	0.876 ***	0.065		

注：*** 表示 $p<0.001$，** 表示 $p<0.01$，* 表示 $p<0.05$。

---

① Bagozzi, R. P., and Yi, Y.. On the evaluation of structural equation models. Academy of Marketing Science, 1988, 6：76-94.

整体模型拟合度指标用来检验整体模型与观察数据的拟合程度，一般将拟合度衡量标准分为三种类型：绝对拟合指数、相对拟合指数、简约拟合指数。如表4所示，本文模型的绝对拟合指数 RMR 和 RMSEA 均达可接受的范围，AGFI 略小于 0.9 的标准，基本可以接受；相对拟合指数 CFI、IFI、NFI、RFI 和 TLI 都非常好，大于 0.9 接近 1；简约拟合指数 PNFI 和 PCFI 大于 0.7，基本上可以接受。从整体上看，本研究的理论模型拟合度非常理想，可以用来检验本文提出的理论假设。

表4   模型拟合指数

衡量指标	拟合指标	模型估计	解　　释
绝对拟合指数	x^2（概度比率卡方考验值）	106.6（df=72)	
	GFI（良性拟合指标）	0.918	很好，大于 0.90
	AGFI（调整的良性拟合指标）	0.880	基本可以接受，大于 0.80
	RMR（残差均方根）	0.022	非常好，小于 0.05
	RMSEA（近似误差均方根）	0.054	很好，小于 0.08
相对拟合指数	CFI（比较拟合指标）	0.987	非常好，大于 0.90 接近于 1
	IFI（增值拟合指标）	0.987	非常好，大于 0.90 接近于 1
	NFI（规范拟合指标）	0.960	非常好，大于 0.90 接近于 1
	RFI（相对拟合指标）	0.949	非常好，大于 0.90 接近于 1
	TLI（Tucker-Lewis 指标）	0.983	非常好，大于 0.90 接近于 1
简约拟合指数	AIC（阿凯克信息标准）（理论模型）	172.552	理论模式 AIC 值小于饱和模式和独立模式的 AIC 值
	AIC（阿凯克信息标准）（饱和模式）	210.000	
	AIC（阿凯克信息标准）（独立模式）	2693.678	
	PNFI（简约规范拟合指标）	0.760	很好，大于 0.5
	PCFI（简约比较拟合指标）	0.781	很好，大于 0.5
	x^2/df（卡方值与自由度的比值）	1.481	$1 < x^2/df < 3$

理论模型的路径系数和假设检验结果见表5。从表5可以看出，H1、H2、H4 和 H5 的 p 值都小于 0.001，可见这些假设获得了支持。H3（时基绩效←管理创新）的 p 值大于 0.05，未获得支持，说明管理创新并不能直接促进时基绩效水平的提高。因为管理创新主要着眼于组织结构变革、管理方案及管理策略创新，它能够改进企业的组织环境和文化氛围，提高技术创新的管理水平，为技术创新作用于时基绩效提供良好的运行环境，所以，它必须通过某些中间变量如技术创新的作用间接提升时基绩效。

表5   理论模型的路径系数与假设检验结果

假设	变量间关系	标准路径系数	显著性水平	检验结果
H1	管理创新←顾客导向	0.202 ***	0.000	支持
H2	技术创新←顾客导向	1.168 ***	0.000	支持
H3	时基绩效←管理创新	0.033	0.545	不支持
H4	时基绩效←技术创新	0.929 ***	0.000	支持
H5	技术创新←管理创新	0.155 ***	0.009	支持

注：*** 表示 $p < 0.001$，** 表示 $p < 0.01$，* 表示 $p < 0.05$。

针对 H3（时基绩效←管理创新）未能通过验证的情况，考虑到管理创新对时基绩效的影响可能更多地通过作用于技术创新间接实现，因此本研究将此路径删除，对初始模型进行调整并修正，修正后整体理论模型及变量间的关系如图 3 所示。

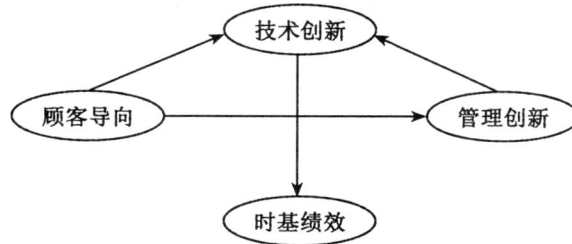

图 3 修正后的理论模型

四、结论与建议

本文通过文献研究、调查和访谈来构建研究模型，并选择我国汽车行业企业作为调查对象，研究顾客导向、组织创新和时基绩效的关系。分析结果表明：

（1）顾客导向对管理创新、技术创新具有显著的直接正向影响，但对时基绩效没有直接的正向影响。这说明组织创新需要相应的文化理念支撑，顾客导向的组织文化和经营理念将引导组织创新活动围绕顾客进行，并推动管理创新和技术创新水平不断提升，从而更好地服务于组织快速响应不断变化的顾客需求的经营目的。另外，顾客导向不会直接提升组织时基绩效水平，而必须通过作用于组织创新来促进时基绩效的提高。这与 Damanpour（1989）指出的以顾客导向为主要内容的市场导向是一种组织文化，这种文化能更有效地创造必要的行为为顾客创造卓越的价值，以及其他学者提出的顾客导向是管理模式、组织结构、产品创新活动和绩效的重要前提的观点是相似的。

（2）管理创新对技术创新有显著的直接正向影响，它不能直接提升企业时基绩效。管理创新利用新方法或通过创新性系统运作为企业灵活适应、敏捷行动创造了组织结构、管理构成及管理策略等方面的重要条件，对于提高企业时基绩效至关重要。但是管理创新并不能直接推动时基绩效的提升，必须通过技术创新或其他中间要素将管理创新的努力进行转化进而提高时基绩效。在实践中企业必须充分重视这些变量相互之间的影响机制，在强调技术创新的重要性的同时，亦要注重通过管理创新与技术创新的协同作用来提升企业的时基绩效水平。

（3）在顾客导向作为前置变量的前提下，技术创新是推进时基绩效提高的重要力量。对于企业实践而言，必须树立顾客导向的经营观念和组织文化，将满足顾客需求和为顾客创造卓越价值放在重要位置，围绕顾客需求和响应能力进行技术创新，才能切实有效地提高时基绩效水平。

上述主要研究结论深刻揭示了顾客导向、组织创新对时基绩效的影响机制和路径，扩展了现有认识，丰富了现有的理论研究。从以上结论我们可以得到一些重要启示：

第一，要积极培育和倡导顾客导向的组织文化和经营理念，并贯穿整个经营活动的始终。顾客导向是企业进行有效的组织创新、提高时基绩效的一个重要前提，为组织内部个体、部门活动和项目提供了共同的目标。为了实施顾客导向，企业的发展战略、营销战略和创新战略都应以满足多重顾客的需要为出发点和落脚点，围绕顾客进行经营活动的组织，关注不断变化的顾客需求并在有限资源的条件下尽一切努力快速识别、服务和满足顾客的需要和愿望。

第二，把握组织创新中技术创新和管理创新两个维度的关系，发挥其协同作用，推动时基绩效水平的提升。本研究证实，管理创新和技术创新对时基绩效都具有积极影响，虽然管理创新是通过技术创新间接作用于时基绩效，但二者缺一不可，技术创新水平的提升与管理创新的作用息息相关。只有更好地从事管理创新活动，才能大力推动技术创新水平的提升，并更有效地作用于时基绩效。因此，在通过组织创新活动提高时基绩效水平的同时，应注重管理创新和技术创新两个构面的均衡发展，并通过它们相互之间的关系积极提升企业时基绩效。

虽然本研究获得了一些有价值的发现，但仍存在一些不足。例如，本研究的样本数据来自于中国汽车行业，具有一定的产业局限性，后续研究可以选择其他产业进一步验证该模型的适用性。此外，在探讨三者关系的过程中，囿于文章篇幅没有考虑不同类型企业间的比较，后续研究将针对不同企业性质和企业规模进行更深入的探讨。

（作者电子邮箱：drhuyang@ 163. com）

参 考 文 献

[1] Chen Chung. Balancing the two dimensions of time-based competition. Journal of Managerial Issues, 1999 (Fall).

[2] Stalk, G.. Time-the next source of competitive advantage. Harvard Business Review, 1988, 66(4).

[3] Deshpande, R. et al.. Corporate culture, Customer orientation, and innovativeness in Japanese firms: A quadrad analysis. Journal of Marketing, 1993, 57(1).

[4] Slater, S. F., and Narver, J. C.. Market orientation and the learning organization?. Journal of Marketing, 1995, 59(7).

[5] Rindfleisch, A., and Christine Moorman. Interfirm cooperation and customer orientation. Journal of Marketing Research, 2003, 11.

[6] Nahm, A. Y., Vonderembse, M. A., and Koufteros, X. A.. The impact of organizational structure on time-based manufacturing and performance. Journal of Operations Management, 2003(21): 281-306.

[7] Christensen, C. M., and Bower, J. L.. Customer power, Strategic investment, and the failure of leading firms. Strategic Management Journal, 1996, 17.

Relationship among Customer Orientation, Organizational Innovation and Time-based Performance

Hu Yang[1,2]   Liu Qunhui[3]

(1. School of Economics and Management, Wuhan University, Wuhan, 430072;

2. School of Economics and Management, Hunan Institute of Science and Technology, Yueyang, 414006;

3. School of Law and Politics, Zhanjiang Normal University, Zhanjiang, 524048)

Abstract: This paper investigated relationship among customer orientation, organizational innovation and time-based performance based on the empirical research on 167 enterprises in Chinese automobile industry. Results showed that customer orientation has a direct effect on both managerial innovation and technological innovation; technological innovation has a direct effect on time-based performance; and managerial innovation has an indirect effect on time-based performance by improving the technological innovation.

Key words: Customer orientation; Organizational innovation; Time-based performance

环境规制中政府与企业行为的博弈分析

● 朱兴龙

（南开大学经济学院　天津　300071）

【摘　要】从 20 世纪 70 年代环境保护运动开始，人们开始加强环境规制，治理工业污染。同时，人们发现实施环境规制政策可能给经济增长、产业绩效和产业国际竞争力等带来影响。因此，人们对政府的环境规制给予了极大的关注。政府的环境规制是否有效，要看企业对此环境规制政策的反应以及政府的激励机制和监督惩罚机制。本文通过一个博弈模型对政府和企业的行为进行了分析，认为政府在环境规制中对企业的激励机制十分重要，同时对违规企业也要进行监督和惩罚，并提出了进一步完善环境规制制度的建议。

【关键词】环境规制　博弈　环境污染

20 世纪 70 年代以来，随着环境污染问题日益严重以及人们环境保护意识的增强，世界各国政府在大规模放松经济规制的同时，把环境规制①作为一个主要的规制领域。科斯（1960）和张五常（1970）认为，环境污染等外部性问题存在的原因在于，空气、海洋、河流等自然环境资源产权没有明确界定，或者虽然产权确定但交易成本太高。因此，使用环境资源这种行为的成本和收益，不能在市场上被权衡，从而导致了对环境资源的过度使用，即严重的环境污染问题。针对这种"市场缺失"，政府可以通过直接干预、征税、排污权交易等各种环境规制政策措施加以解决，但这并不必然意味着政府的规制政策一定是有效率的。"市场缺失"仅仅是政府实施环境规制的必要条件，而非充分条件，因为政府实施的规制政策也可能导致更高的成本。环境污染问题的解决，从根本上讲是政府和企业在博弈过程中的成本与收益的比较，只有从实施环境规制政策中获得的社会收益大于社会成本，才意味着政府的规制政策是有效率的；另一方面，企业在决定是否遵守政府的规制政策时，也要充分考虑它自身的成本与收益，政府和企业之间需要进行一系列的重复博弈才能最终决定一项规制政策是否可行。所以，成本—收益的比较分析可以作为评估政府环境规制政策实施可行性的标准之一。对环境规制政策实施带来的成本与收益进行比较，能够对环境规制的强度和政策工具的有效性进行评估，并为提高环境规制政策的效率提供一定的依据。

一、引言：关于环境规制政策选择的一个综述

Baulnol 和 Oates（1975）证明，在完全竞争的经济中，对污染者征收等于其对所有受害者造成的边际损害额的税收，同时对受害者进行损害赔偿可以实现帕累托最优。虽然征收庇古税保证了帕累托最优条件的满足，但最优税率的确定显然要求规制者拥有削减污染的成本函数和收益函数方面的完全信息，而在实际中信息往往是非对称的。

---

① 环境规制，也称环境管制，通常包括污染控制和自然资源管理，我们这里主要指污染控制。

在信息非对称的情况下，规制者在估计削减污染的成本与收益时，具有很大的不确定性。在信息不完全或不对称的情况下，规制者必须在各种向污染者提供激励的政策中进行选择。Weitzman(1974)考虑了不确定性对规制政策选择的影响。在这一模型中，规制者在纯税收政策和纯数量标准政策之间进行选择，但并不了解被规制企业削减污染的边际成本函数和削减污染的边际收益函数。最终的选择结果依赖于边际成本曲线和边际收益曲线的斜率。当边际成本曲线相对边际收益曲线平缓时，数量规制相对于价格规制偏离最优状态的程度较小；当边际成本曲线相对边际收益曲线陡峭时，价格规制则优于数量规制。

Laffont(1977)在Weitzman模型的基础上提出了第三种政策选择，即对消费者进行价格规制，使消费者通过数量选择影响生产者。在同时存在规制者与生产者、规制者与消费者的信息差异时，Laffont指出，价格规制在一般情况下要优于数量规制。

在现实中，规制者对边际成本和边际收益函数往往存在一定的未知性，规制者并不能据此选择某一具体的规制政策。为了克服这种困难，Roberts和Spence(1976)提出了一种模型，即通过发放排污许可证加排污费或补贴的政策来激励企业削减污染。在运用这一政策时，规制者发放一定数量的可交易污染许可证，市场交易形成许可证的均衡价格，当污染者排污量超出其持有的许可证限额时，规制者对每单位污染征收排污费；当排污量小于许可证限制时，则对未使用的许可证限额给予补贴。Roberts和Spence认为，这一混合政策能以较低的成本实现较高的预期福利。

对于Roberts和Spence提出的排污许可证，Kwerel(1977)认为，在可交易许可证政策下，企业会夸大削减污染的成本；在实行排污费政策时，企业则倾向于少报削减污染的成本。因此，使用单一的价格或数量规制不能诱使企业报告真实的成本。Kwerel认为，在许可证市场完全竞争且不同企业的排放物在社会收益函数中可完全替代时，使用企业报告的成本值和规制者估计的边际收益值设计一种污染许可证与补贴的混合政策，可以使企业报告真实值成为纳什均衡。

Dasgupta、Hammond和Maskin(1980)认为Kwerel模型所要求的许可证市场完全竞争和企业排放物在社会收益函数中完全可替代在现实中是难以实现的。他们对Kwerel模型进行了完善，把企业税收支付界定为自身报告值与其他相关企业报告值的混合函数，以满足激励相容条件，从而使报告真实成本成为企业的占优策略。

以上关于规制政策选择的分析都是以规制者追求社会福利最大化并能独立运用规制政策为前提的，但是在现实中这两个前提条件很难同时满足。Stigler(1971)和Peltzman(1975)都认为规制是利益集团寻求私利的结果。规制者由于被利益集团所俘虏，规制目标和规制政策也就体现了相关利益集团的要求。Neumang和Nelson(1982)、Pashigian(1984)、Bartel和Thomas(1985)则发现规制通常将成本强加给小企业，而使大企业获益。

通过上述对环境规制政策选择的分析发现，很多学者对政府规制政策的设计均存在一定的假设条件，但在现实中这些假设条件往往很难实现。因此，学者们不断修正和完善规制政策的设计。但是，即便如此，模型本身还是存在一定的瑕疵，模型的假设条件在现实中还是难以实现。究其根本原因在于政府对环境规制政策的选择和企业对相关规制政策的反应均存在一定的不确定性，政府和企业在衡量自身的成本与收益时均进行着反复的博弈。因此，研究环境规制问题中政府和企业的博弈行为便显得尤为重要。下面将充分考虑企业在面临不同环境规制政策时的反应，通过模型全面分析政府和企业在环境规制问题上的博弈行为，以此为政府环境规制制度的完善提出相关建议。

二、模型假设及参数说明

政府选择规制的比例为x，选择不规制的比例为$1-x$：（1）选择不规制的时候，政府损失或支付的费

用为 B，即得益为 $-B$。(2)选择规制的时候，政府支出一笔费用 W，那么，当企业成功构建闭环供应链[①]时，政府不用支出 B，政府可以给予企业奖励 θW，从而可得益 $-(1+\theta)W$；当企业构建闭环供应链但是产生了亏损时，政府需要补贴 λB，从而政府得益为 $-\lambda B-W$。

一旦政府选择规制，要求企业构建闭环供应链，则企业必须接受，因此本模型不考虑企业是否接受的选择阶段。为了简化模型，假设企业可以选择努力构建并应用闭环供应链和偷懒不实际应用闭环供应链（此处可以理解为一些污染企业有净化设施，有些会实际使用，有些则作为掩饰并不实际使用），企业选择努力的比例为 y，选择偷懒的比例为 $1-y$。(1)当政府不规制的时候，企业不用构建闭环供应链，其得益为 C。(2)当政府选择规制的时候，假设企业努力，则其要付出 e，其得益为 $-e$，如果其偷懒则为 0；这样企业努力并且能够盈利的时候得益为 $(1+\theta)W-e$，努力但企业亏损的时候得益为 $W-e$；偷懒并且企业盈利的时候得益为 $(1+\theta)W$，偷懒但企业亏损的时候得益为 W。

当企业努力时，企业盈利的概率是 p，亏损的概率是 $1-p$；而当企业偷懒时，其盈利的概率为 $1-p$，亏损的概率为 p，则得益矩阵表示为：

企业

		努力	偷懒
政府	规制	$-W(1+p\theta)-\lambda B(1-p)$，$W(1+p\theta)-e$	$W(p\theta-1-\theta)-\lambda Bp$，$W(1+\theta-p\theta)$
	不规制	$-B$，C	$-B$，C

为了分析的简化，我们将在复制动态的演化博弈框架内着重对 θ 即激励因素作重点分析。

（一）对单个个体的博弈分析

1. 对政府的分析

政府采用规制策略的比例的动态变化以如下复制动态方程表示：

$$\frac{\mathrm{d}x}{\mathrm{d}t}=x[u_{1e}-\overline{u_1}]=x(1-x)[(\lambda B-\theta W)(2p-1)y-W(1+\theta-p\theta)-B(\lambda p-1)]$$

设 $u=\dfrac{W(1+\theta-p\theta)+B(\lambda p-1)}{(2p-1)(\lambda B-\theta W)}=\dfrac{(1+\theta)W-B}{(2p-1)(\lambda B-\theta W)}+\dfrac{p}{2p-1}$，则此复制动态方程的稳定状态及相应的相位图为：

若 $y=u$，则所有 $\mathrm{d}x/\mathrm{d}t$ 始终为 0，意味着所有 x 水平都是稳定状态，见图1。

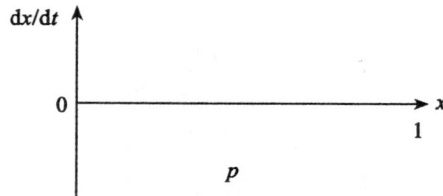

图1

---

① 闭环供应链（Closed Loop Supply Chains，CLSC）是 2003 年提出的新物流概念，是指企业从采购到最终销售的完整供应链循环，它的目的是对物料的流动进行封闭处理，减少污染排放和剩余废物，同时以较低的成本为顾客提供服务。

若 $y \neq u$，则 $x^* = 0$ 和 $x^* = 1$ 是两个稳定状态。

$y < u$ 时，$dx/dt < 0$，$x^* = 0$ 即政府选择不规制是进化稳定策略 ESS，见图2。

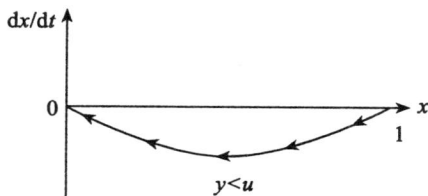

图2

$y > u$ 时，$dx/dt > 0$，$x^* = 1$ 即政府选择规制是进化稳定策略 ESS，见图3。

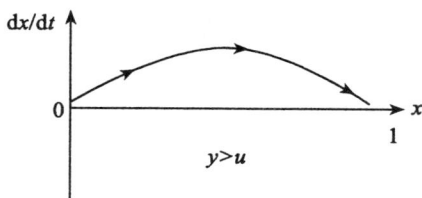

图3

2. 对企业的分析

企业采用"努力"策略类型比例的动态变化以如下复制动态方程表示：

$$\frac{dy}{dt} = y[u_{2e} - \overline{u_2}] = y(1-y)x[\theta W(2p-1) - e]$$

设 $t = \theta W(2p-1) - e$，则此复制动态方程的稳定状态及相应的相位图为：

在 $x > 0$ 的情况下（若 $x = 0$ 即意味着政府在第一阶段选择不规制，博弈结束）：

（1）若 $t = 0$，则所有 dy/dt 始终为 0，意味着所有 y 水平都是稳定状态，见图4。

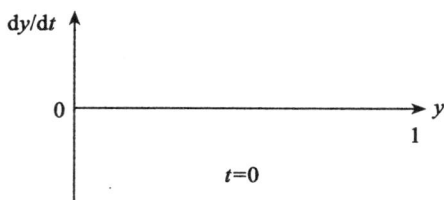

图4

（2）若 $t \neq 0$，则 $y^* = 0$ 和 $y^* = 1$ 是两个稳定状态：

$t < 0$ 时，$dx/dt < 0$，$y^* = 0$ 即企业选择偷懒是进化稳定策略 ESS，见图5。

$t > 0$ 时，$dx/dt > 0$，$y^* = 1$ 即企业选择努力是进化稳定策略 ESS，见图6。

接下来，我们把上述两个群体类型比例变化复制动态的关系在以两个比例为坐标的坐标平面上表示出来，并考察当模型中诸变量变化时，双方进化稳定策略的变化趋势。

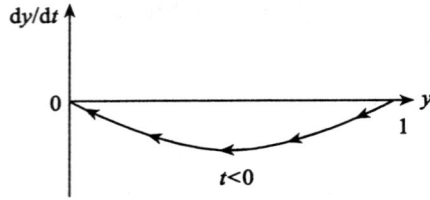

图 5

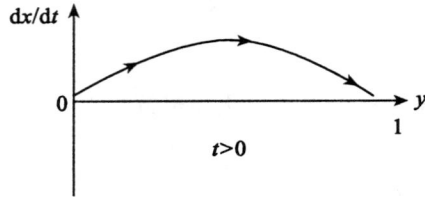

图 6

（二）两博弈群体的分析

1. 在普遍有环保意识之初博弈的演化稳定策略

在改革之初，假设 $(1+\theta)W-B<0$①，λ 较小，因此：

$$u=\frac{(1+\theta)W-B}{(2p-1)(\lambda B-\theta W)}+\frac{p}{2p-1}<0$$

$$\lambda<\frac{B-(1+\theta)W}{pB}+\frac{\theta W}{B}，\ y\in[0,\ 1]>u，\ \frac{\mathrm{d}x}{\mathrm{d}t}>0，\ x\to 1$$

同时，因 p、θ 较小，$t=\theta W(2p-1)-e<0$，$\frac{\mathrm{d}y}{\mathrm{d}t}<0$，$y\to 0$。

由图 7 可见，此时博弈唯一的进化稳定策略为 $x^*=1$，$y^*=0$，即（规制，偷懒）。

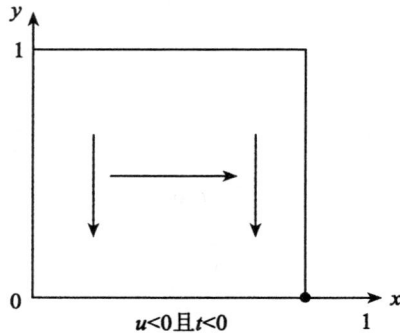

图 7

---

① 在以下的分析中，一直保持此假设成立。原因在于：$(1+\theta)W$ 与 B 的比较其实是比较政府选择规制且企业盈利时的支付（负得益）与政府选择不规制时的支付（负得益）。若前者大于后者，则政府的选择显然应是不规制。

对模型的解释如下：

（1）企业选择偷懒（$y \to 0$）：模型清晰地说明了，沿袭重视环保之前低效的微观激励机制（θ 值小），缺乏竞争性外部市场（p 值小），在普遍具有环保意识之初的制度环境下，"偷懒"策略的期望收益 $W(1+\theta-p\theta)$ 大于"努力"策略的期望收益 $[W(1+p\theta)-e]$，因而"偷懒"成了可回收产品企业的必然选择。

（2）政府选择规制（$x \to 1$）：政府在发展经济之初采用环保等政策规制是自然的行政选择。模型中政府选择规制，意味着当时可回收产品企业亏损现象尚不严重，政府给予的补贴 λB 不大，因而尚没有动机（incentive）去改变规制策略。然而，由于企业普遍"偷懒"（$y \to 0$）和竞争的加剧，进入 20 世纪 80 年代后期，企业整体经营业绩不断下降，亏损程度日益加剧（λ 变大），这促使政府采取新的激励策略。

2．对微观激励机制的策略

在 p 不变的条件下，θ 变大，$u = \dfrac{(1+\theta)W-B}{(2p-1)(\lambda B-\theta W)} + \dfrac{p}{2p-1}$，由于 $\dfrac{\partial u}{\partial \theta} < 0$，$u$ 逐渐变小，由大于 0 变为小于 0（条件：$\theta > \dfrac{B(1-\lambda p)-W}{(1-p)W}$），$y \in [0, 1] > u$，$\dfrac{\mathrm{d}x}{\mathrm{d}t} > 0$，$x \to 1$。

同时，$t = \theta W(2p-1)-e$ 逐渐变大，由大于 0 变为小于 0（条件：$\theta > \dfrac{e}{W(2p-1)}$），$\dfrac{\mathrm{d}y}{\mathrm{d}t} > 0$，$y \to 1$。

由图 8 可见，此时博弈唯一的进化稳定策略变为 $x^* = 1$，$y^* = 1$，即（规制，努力）。

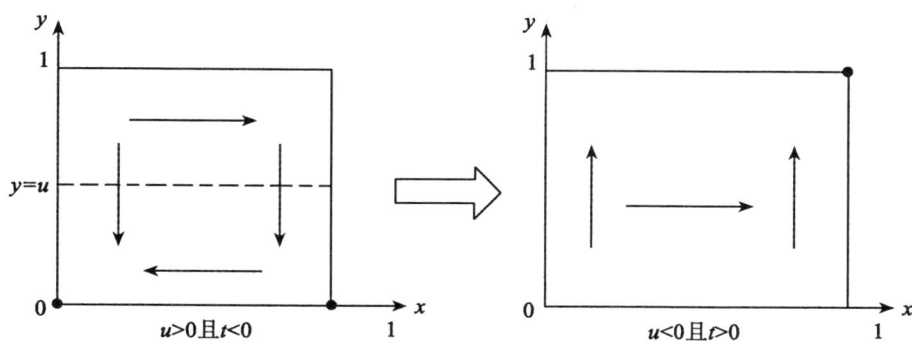

图 8

对模型的解释如下：

（1）企业偷懒→努力（$y \to 0$ 到 $y \to 1$）：随着环境污染以及环保意识的增强，以及环境保护和产品回收一系列政策的施行，部分企业开始认识到其产品回收的好处与社会责任，同时微观激励机制亦日益改善（θ 变大）。

模型表明：随着奖励变大，微观激励的效率渐增，企业选择"努力"的期望收益 $[W(1+p\theta)-e]$ 上升。于是，更多的企业选择努力构建和运用产品回收的供应链。

（2）政府不委托→委托（$x \to 0$ 到 $x \to 1$）：这表明政府采用激励性规制的方式在人们环保和社会责任意识增强的情况下是更为有效的。

结论：从以上分析可以得出，政府的环境规制对企业的行为有非常重要的影响。在政府实施环境规制之初，企业的环保意识低下，微观激励机制低效（θ 值小），竞争性外部市场缺乏（p 值小），在普遍具有环保意识之初的制度环境下，"偷懒"策略的期望收益 $W(1+\theta-p\theta)$ 大于"努力"策略的期望收益 $[W(1+p\theta)-e]$，因而"偷懒"成了可回收产品企业的必然选择。当政府对企业进一步采取微观激励机制时，随着企业环保意识的增强，以及环境保护和产品回收这一系列政策的施行，部分企业开始认识到其产品回收的好处与社会责任，同时**微观激励机制亦日益改善**（θ 变大），企业的行为选择由偷懒转为努力。因此，我们可以看出，政府若想保证环境规制政策得到企业的贯彻实施，那么必须加大对企业的激励力度。

三、进一步完善环境规制制度的建议

通过环境规制问题中政府和企业的博弈分析我们得出结论，要使环境问题得到有效解决，必须保证博弈中政府和企业能够达到共赢，即政府和企业在自身的成本—收益博弈中都能够获得最大利益，从而达到环境规制的帕累托最优。为此政府必须具有充足的制度供给能力，而企业也必须具备一定的环保意识并从制度设计上降低参与环境保护的成本。环境规制政策的制定与有效实施依赖于环境规制供给能力和企业的社会道德标准。环境规制供给能力不足和企业的社会道德标准低下是目前我国环境规制制度的主要缺陷，因此制度建设应以增强政府的规制供给能力和企业的社会责任感为目标。具体应在以下几个方面加强规制制度建设：

（一）加大政府对企业的激励力度

从上面的模型分析可以看出，政府若想使企业的行为符合自己环境规制政策的要求，即企业按照政府的意图去履行责任，那么政府必须给予企业一定的激励，这样，企业和政府在进行重复博弈时才可能实现共赢，即企业由偷懒变为努力（$y\to 0$ 到 $y\to 1$），政府由不委托变为委托（$x\to 0$ 到 $x\to 1$）；同时，政府的激励行为也可以不断增进企业的环保意识。如果政府对企业缺乏激励机制，那么，政府和企业只能处于博弈的第一阶段，虽然政府还是对企业进行规制，但此时企业的最优选择是偷懒，即企业不履行政府的规制政策，可见此时政府的环境规制是无效率的。

（二）增进监督处罚能力

以上模型对环境规制政策选择问题的考虑未涉及监督问题，这并不意味着监督问题无关紧要。在政府与企业的博弈过程中，监督与激励同样重要。Grossman 和 Hart（1983）、Pralt 和 Zeckhauser（1985）都认为当获取可靠的信息很困难或成本很高时，委托人①应采用高强度激励；而当高强度激励不可能或成本很高时，委托人应选择加强监督。环境规制中规制者与污染企业之间的关系是委托—代理关系，这就需要作为委托人的规制者考虑监督以及与之伴随的处罚问题。

Becker（1968）建立了关于监督与处罚的模型。在模型中规制者决定监督的频率和罚款的水平，可能的污染者则追求服从规制的成本与罚款之和最小化。Becker 的结论是处罚越严厉越好，而监督的频率则可以降低。

Russell 等（1986）、Harrington（1988）和 Russell（1990）研究了规制者与企业之间相互作用的动态过程。他们认为，违规者在第一期不罚款，而一旦被发现违规，在后续时期对违规的预期罚款将非常高。在高额罚款的威胁下，未来时期的违规行为被有效消除。

由此我们可以看出在环境规制问题中，政府对违规企业的监督和处罚同样是必不可少的。当前，我国环境规制机构受资金、人员、技术和规制制度的制约，监督处罚能力有限。增进监督处罚能力一方面需要为规制机构提供更多的资金、技术、人员，另一方面要减少规制机构与污染企业之间出现串谋、寻租、规制俘虏等问题的可能性。

---

① 这里我们把政府比作社会环境的委托人，而把需要规制的企业比作社会环境的代理人。

（三）提高环境规制机构独立性

我国环境规制机构缺乏独立性，表现为机构的双重管理和对企业规制中的多重委托人。在我国，环境规制机构要受到来自地方政府甚至同级政府中经济主管部门的制约，当经济发展与环境规制存在冲突时，环境规制会被迫放松。环境规制政策往往与经济主管部门的政策不协调，这大大降低了规制的效率。因此，必须增强环境规制机构的独立性，以保证环境规制政策的可行性和有效性。

（四）完善环境诉讼制度

为了防止环境规制机构滥用权力导致的寻租、规制俘虏等问题，必须强化对规制机构的监督与激励。完善环境诉讼制度是对环境规制机构进行监督激励的最有效方式，即用环境诉讼形成的对污染企业的事后监督来为环境规制提供监督与激励。环境规制与环境诉讼的竞争还可以提高对企业的激励强度。

（五）提高企业的环保意识

企业环保意识的提高也是政府环境规制政策有效实施的一个重要因素。因此，必须通过各种方式来影响企业，以增强其社会责任感，具体途径如下：（1）在企业内部加大环境保护教育力度。（2）把推动这项工作的开展及给企业带来的社会效益和经济效益作为考核企业各级领导干部和业务骨干岗位业绩的重要指标，并同其职务晋升和岗位收益紧密地结合起来。（3）把强化绿色环保意识作为一项长期的战略任务。

（作者电子邮箱：ljglpp@163.com）

参 考 文 献

[1]保罗·R.伯特尼，罗伯特·N.史蒂文斯.环境保护的公共政策（第2版）.上海：上海人民出版社，2004.

[2]曹东，王金南等.中国工业污染经济学.北京：中国环境科学出版社，1999.

[3]丹尼尔，F.史普博.管制与市场.上海：上海人民出版社，1999.

[4]李挚萍.20世纪政府环境管制的三个演进时代.学术研究，2005，6.

[5]傅京燕.环境规制与产业国际竞争力.北京：经济科学出版社，2006.

[6]彭海珍，任荣明.环境保护私人供给的经济学分析.中国工业经济，2004，5.

[7]沈满洪.环境制度经济学的构建.生态经济，2000，2.

[8]赵红.环境规制对中国产业绩效影响的实证研究.山东大学博士学位论文，2007.

[9]郭庆.中国企业环境规制政策研究.山东大学博士学位论文，2006.

[10] Batabyal, A. A.. Leading issues in domestic environmental regulation: A review essay. Ecological Economics, 1995, 12.

[11]Dasgupta, N.. Greening small recycling firms: The case of lead-smelting units in Calcutta. Environment and Urbanization, 1997, 9(2).

[12]Demougin, D., and Fluet, C.. Monitoring versus incentives. European Economic Review, 2001, 45.

[13]Dinda, S.. Environmental Kuznets curve hypothesis: A survey. Ecological Economics, 2004, 49.

[14]Heyes, A.. Implementing environmental regulation: Enforcement and compliance. Journal of Regulatory Economics, 2000, 17.

Game Analysis of Behavior of Government and Enterprises in Environmental Regulation

Zhu Xinglong

(Economics School of Nankan University, Tianjin, 300071)

Abstract: Along with the environmental protection movement from 1970s, people start to enhance environmental regulation and control industrial pollution. Meanwhile, it is found that implementing environmental regulation policy would exert influence on economic development, industry performance and industrial international competitiveness. Therefore, great attention is paid to environmental regulation of government. However, whether the regulation is effective depends on reaction of corporations to the regulation and on mechanism of motivation, supervision and punishment. This paper analyzes the behavior of corporations and government by a game model, and finds that government's environmental regulation is important to corporations. In the meantime, corporations that break laws and regulations should be supervised and punished. Furthermore, we propose further suggestions that perfect environmental regulation system.

Key words: Environmental regulation; Game; Environment pollution

公共信用评价指标体系构建初探*

● 严清华[1]　高　璇[2]

（1，2　武汉大学经济与管理学院　武汉　430072）

【摘　要】 在我国社会信用体系构建中，公共信用作为关键一环，渐已成为人们普遍关注的研究热点。本文基于公共信用供给的视角，从有效发挥评价指标体系的评估功能、预测功能、警示功能和导向功能的目标出发，以评价政府、企业、民间组织和个人四大公共信用供给主体为对象，以影响四大供给主体供给公共信用的制度因素、行为因素和绩效因素三大因素为内容，通过选取科学的评价指标和采用科学的评价方法，尝试性地构建了公共信用评价指标体系，并运用这一体系对中国现阶段公共信用供给状况进行了初步的验证分析，以期为我国社会信用体系的完善拓展新的思路并探求新的路径。

【关键词】 公共信用　制度指标　行为指标　绩效指标　指标体系

一、引言

毋庸讳言，进入 21 世纪以来，尽管我国整体信用状况逐渐得到了改善，但是，公共生活领域中却不断出现一些严重的公共信用缺失现象，如曾轰动一时、备受关注的"全国牙防组事件"、"华南虎事件"和"三鹿奶粉事件"等。如何评价这些现象，用什么标准衡量一个社会公共信用缺失的程度及现有水平的高低，我们急需建立一套客观、完整、公正的公共信用评价指标体系，用以准确测评社会公共信用缺失的现状，清晰认识公共信用建设中存在的突出问题，明确加强公共信用建设需要努力的方向。

公共信用（public trustworthiness）是指发生在公共生活领域的信用，是公共生活领域中特定个人或组织，在与作为泛利益相关群体的公众通过不完全契约或者隐形契约进行交往或交易过程中，获得公众信任，建立公共信誉的意愿、行为和绩效。学术界已注意到公共信用问题，譬如很早以前哲学家霍布斯（1651）就描述了公共生活领域中人与人之间没有任何信任时所面临的困境，认为其结果必然导致"所有人反对所有人的战争"①；经济学鼻祖亚当·斯密在其《道德情操论》（1759）中也指出，"经济活动是基于社会习惯和道德之上，如果离开这些习惯和道德，人们之间的交易活动就会受到重大的影响，交易基础就会动摇"②；社会学家福山也在其《信任：社会美德与创造经济繁荣》（1995）一书中指出，"尽管新古典经济学理论对现实的解释在大部分场合仍然有效，但它不能解释的'百分之二十'的缺憾需要文化作为补充，其中社会成员之间的信任乃是文化对经济的影响途径和表现形式，它会直接影响甚至

＊ 本文为国家自然科学基金项目"第三配置与信用公共品的有效提供及管理研究"（项目编号：70773085）的阶段性研究成果。

① 托马斯·霍布斯. 利维坦. 北京：商务印书馆，1985：95.
② 亚当·斯密. 道德情操论. 北京：商务印书馆，1997：218.

决定经济效率"①。但是，无论哲学家、社会学家还是经济学家，都只是描述了这一问题的存在及其危害性，只对这一问题进行了定性分析，不曾设计一个在社会信用体系大背景下的公共信用定量分析框架，也不曾设置一套以这一定量分析框架为核心的公共信用评价指标体系。

公共信用评价指标是用于评价公共信用状况和水平高低的衡量标准，是反映社会公共信用效果的测评系统。这一指标体系应既包括单个主体供给的公共信用的指标，又反映整体公共信用效果的指数。它应是一个局部问题和整体效果有机联系的动态与静态相结合的指数，它的建立应该使得公共信用的研究迈出重要的一步，从以往的理论分析框架范式跨越到理论—应用分析框架范式。

二、相关文献综述

据笔者查阅的相关资料来看，以往学术界对信用问题的研究多集中在一般意义的信用，尤其是关系信用和契约信用问题上，对公共信用的研究较少涉猎；在公共信用的相关文献中，也没有一篇系统研究公共信用评价指标的文献可资参考。之所以如此，笔者认为其主要原因有二：一是以往学者大多未明确将发生在特殊人际联系下的关系信用和发生在市场交易中的契约信用与发生在公共生活领域中的公共信用区分开来，以公共信用为特定对象的研究还属起步阶段，故现有文献中，关于公共信用问题的直接研究成果犹如凤毛麟角；二是由于公共信用的评价涉及一些公众认可的软指标，其评价确实存在一定难度，特别是相关指标的筛选实属不易。现有文献中虽然没有公共信用评价指标的直接文献可供参考，但部分文献的研究方法和研究思路仍给笔者以启迪，下面笔者就此作一简要综述。

关于信用评价指标体系的研究，最早始于美国征信体系的建立。其征信体系包括政府信用、企业征信和消费者信用，并分别建立了相应的数据库。在美国，政府信用评估最为成熟和流行的是"标准普尔"政府信用等级评估体系，它是对各国（或地区）政府按期偿还债务的能力和意愿，即对所谓的信用风险所做的评估，通过分层进行评估，该体系不仅可以得到总的信用状况，更能清楚地看到各部分的信用问题。企业信用评级是美国信用评级最早涉及的领域，至今已有100多年的历史，其成熟度可想而知，目前国际上比较权威的评价体系主要有穆迪（Moody's Investors Service）、标准普尔（Standard & Poor's Corporation）和邓白氏集团（Dun & Bradstreet）的信用指标体系。消费者信用数据库是指包含消费者个人信用指标数据的集合体。美国三大信用局 Equifax、Experian 和 Trans Union 提供的数据最为全面。美国信用评级体系并非是针对公共信用问题而建立的，不能将之作为直接评价公共信用的指标体系，但其研究方法却值得借鉴，从个体到总体的评估框架，再从总体到个体的评估结果分析，正是公共信用评价指标体系所要具备的功能和达到的效果。

就我国学者研究状况而言，信用评价体系领域也不乏研究成果。这些研究成果主要是按其主体进行分类研究的，如政府信用评价指标体系、企业信用评价体系、社会组织评价体系、个人信用评价体系等。现将相关文献中较有借鉴意义的文献综述如下：

首先，关于政府信用评价指标。李长江（2003）从政府的结构和功能的角度，提出政府信用的两大评价指标：政府资质（由学历结构和年龄结构两因素构成）、政府行为（由政府政策决策效果和政策履约率两因素构成）。刘军（2004）提出评价政府信用的三大指标：生产力水平提高指标，主要包括：储蓄和投资的规模与构成，中央及地方政府收入、支出和盈余、赤字趋势，经济运行模式，经济增长的速度和结构；人民生活水平提高指标，主要包括：人均国内生产总值、恩格尔系数、城镇人均可支配收入或农村居民家庭人均纯收入、货币的稳定性等；人民根本利益保障指标，包括：政治制度的稳定性与合法性，公众参与政

---

① 弗朗西斯·福山. 信任：社会美德与创造经济繁荣. 海口：海南出版社，2001：16.

治的程度，政党政府的决策能力和领导能力，国家政策和国家战略的科学性、稳定性和透明度，收入分配的差距等。郑婷等(2004)提出评价政府信用的四大指标：政府行为的法治化程度、政府政策的稳定性、政府工作人员的道德水平、政府工作的公开度。张俊东(2004)主张对地方政府公信力进行评估应从行政体制、行政管理、政府实力和绩效等三个方面着手，并提出相应的10项评估指标：(1)行政公开机制；(2)行政决策机制；(3)政府责任机制；(4)政策系统性和稳定性；(5)行政执法的公平和公正；(6)市场管理的规范性；(7)政府承诺的履行和兑现；(8)行政人员的道德品质；(9)政府财力；(10)地方经济发展。这些文献中，包含政府公信力的评价指标对笔者提出政府在供给公共信用中的评价有一定的借鉴作用，因为它能全面地评价政府供给公共信用的大小。

其次，关于企业信用评价体系。最近几年的研究开始关注企业社会责任的评价，徐颖、牛杰(2010)提出了企业社会责任评价指标体系的构建，认为经济效应、环境效应、社会效应已成为企业发展的三大支柱体系。

再次，关于社会组织信用评价。社会组织是不以获取利润为目的，不履行政府行政职责，为社会公益服务的独立组织。这一组织的公信力直接关系到该组织供给的信用是否获得公众认可，从现有文献来看，最具代表性的是邓国胜(2004)提出的社会组织公信力的评估标准。

最后，关于个人信用评价。从现有文献来看，对个人信用评价的研究已经达到了很高的水平，但大多数的评价局限于技术层面，如传统的5C评价法、基于数据挖掘技术的个人信用评价方法、使用Logistic回归方法构建个人信用分类模型、使用决策树技术构建个人信用分类模型、使用神经网络技术构建个人信用分类模型，等等，而个人信用对于社会效应的指标基本没有文献涉及。

综上所述，公共信用评价指标体系的研究目前还缺乏系统的成果和分析框架，不能完全揭示公共信用的构成或缺失要件，从而使得公共信用建设缺乏明确的目标与测评标准。本文试图在总结前人研究成果的基础上构建我国公共信用评价指标体系，为构建系统的公共信用定量分析框架奠定扎实的基础，为加强公共信用建设提供科学的依据。

三、公共信用评价指标体系构建原则与思路

(一)公共信用评价指标体系构建原则

公共信用的评价指标体系是供给主体对公众供给信用的可信度的客观评价与反映，构建这一评价体系既要遵循构建指标体系的一般原则，又要符合构建公共信用评价指标体系的特殊要求。具体来说，公共信用评价指标体系的构建应遵循以下原则。

(1)科学性原则。公共信用评价指标体系的设计必须符合公共信用的客观要求，能科学体现公共信用的基本特征，并能对现状做出客观的评价。指标选取时必须充分考虑指标的整体性和局部性，既要体现公共信用总体水平的高低，又要反映各系统运行的局部状况，从而发挥指标体系对社会公共信用的警示作用和导向功能。

(2)可操作性原则。公共信用评价指标体系的构建，最终目的是希望被决策部门所采用，为政策制定和科学管理服务，因此指标体系的建立必须具有可操作性。

(3)动态性与稳定性原则。公共信用评价是一个动态过程。其动态性主要表现在两个方面：一是指标设置的动态性，二是指标权重的动态性，指标的设置及其权重计算应随着经济、社会、科技的发展不断进行调整；但指标体系在一定时期内必须相对稳定，所以，设计指标体系需要兼顾静态指标和动态指标。

(4)3G原则。从公共信用的基本特征出发，公共信用评价指标的选取还需具有公共性、公众性和公

正性。公共性和公众性是公共信用的基本特征，公正性则是蕴含其中的道德要素与伦理准则。因此，3G原则是构建公共信用评价指标体系必须遵循的基本原则。

（二）公共信用评价指标体系构建思路

公共信用评价指标体系构建的关键在于厘清构建思路。厘清构建思路可以避免选取的指标之间缺乏联系、减少指标取舍的主观性和随意性等缺陷。本文试图从指标产生机理和方法提出指标体系的构建思路，具体步骤如图1所示。

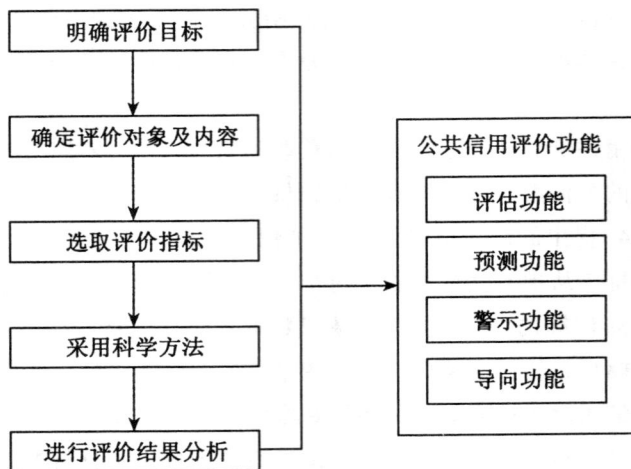

图1 公共信用评价指标体系构建思路

（1）明确评价目标。构建公共信用评价指标体系必须首先明确为何要构建这一指标体系，这就需要明确公共信用指标体系构建的目标。其基本目标应是能对社会公共信用现状做出客观准确的评价，并能科学预测其未来发展趋势，及时发现其中存在的突出问题，发挥有效的导向作用，也就是说，科学的公共信用评价指标体系应该具备有效的评估功能、预测功能、警示功能和导向功能。

（2）确定评价对象及内容。明确公共信用指标体系构建目标后，接下来就要说明其评价对象及研究内容，即指标体系评价谁、评价什么。公共信用指标体系的评价对象是公共信用的供给主体，包括政府、企业、民间组织和个人这四大主体及由这四大主体组成的公共信用供给群；公共信用指标体系的评价内容则是影响这些供给主体供给公共信用的各种因素，这些因素可划分为制度因素、行为因素以及绩效因素。

（3）选取评价指标。评价对象及内容一旦确定，就需要选取指标来进行度量。本研究分别沿着两条路径来进行评价指标的选取：其一，根据公共信用评价对象即供给主体来确定公共信用的一级指标；其二，对评价内容即影响公共信用供给的制度因素、行为因素和绩效因素进行归纳分类，选择公共信用评价的二级指标。选取评价指标的路径如图2所示。

（4）采用科学方法。科学的评价方法是评价指标体系具有科学性的根本保证。本文借鉴了标准普尔对政府绩效进行系统评价的方法以及其他相关方法，首先对指标值进行标准化处理并确定各级指标的权重，然后运用专家打分法等确定各指标的权数，并运用线性加权法等计算公共信用供给的综合指数，以科学地评价公共信用的供给指数。

（5）进行评价结果分析。进行评价结果分析是将所构建的评价指标体系运用于实践进行检测验证，根据评价体系及方法对现有公共信用状况进行分析测评，得出公共信用总体水平和各部分运行状况的结论，

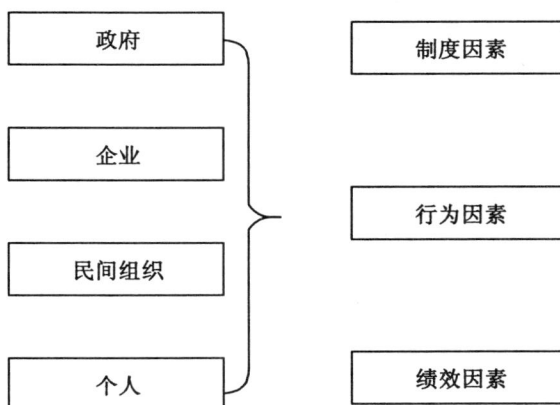

図 2   公共信用评价指标选取路径系统

并根据所得结论,提出有针对性的提高公共信用水平的政策建议。

四、公共信用评价指标体系的具体构建

根据上述公共信用指标构建原则和思路,公共信用评价指标体系的具体构建至少包括三级指标:第一级指标反映的是公共信用供给主体的综合评价指数,由该指数的高低可以直接判断出整个公共信用供给水平的高低;第二级指标反映的是公共信用指数的主要影响因素即制度因素、行为因素和绩效因素,相应地将这些因素细化为具体的指标即制度指标、行为指标和绩效指标,这一级指标的评估指数可以反映公共信用某部分的运行状态;第三级指标涉及的是各影响因素的若干分项指标,具体构建如表 1 所示。

表 1   公共信用评价指标体系

政府的公共信用	制度指标	政府自身是否有独立的信用监管部门
		政府政策的稳定性
		政府政策的独立性
	行为指标	公务员人数占本地区人口总数的比例
		检查部门查处的腐败案件涉案人数占政府工作人员的比例
		政府政务的透明化程度
	绩效指标	上访案件及时回复率
		公共信任度
企业的公共信用	制度指标	监管部门是否严格监管
		内部监管与企业自律机制是否建立健全
	行为指标	参与公共事业次数
		是否有拖欠税款行为
		是否财务披露作假
	绩效指标	广告信任度
		合同履约率
		该企业在行业中的影响力

民间组织的 公共信用	制度指标	组织机构设立是否具有独立性 是否有专门的监管机构 其组织是否具有非营利性质
	行为指标	非利益相关者占从业人员比例 腐败案件涉案者占从业人员比例
	绩效指标	被取消服务资格的民间组织占非政府组织的比例 公共生活中民间组织的曝光率 公共信任度
个人的 公共信用	制度指标	是否有监管机构监管 社会信用环境建设状况
	行为指标	是否履行隐形承诺和公共生活准则 是否有弄虚作假行为
	绩效指标	个人在所在领域的影响力 公共信任度

如表1所示，我们将公共信用的评价指标体系按其供给主体分成四个部分，其中每个部分均分别从制度、行为和绩效三个方面进行分类。制度指标来自于制度安排的激励约束机制，即是否建立起有效的激励约束机制促使各主体有效供给公共信用；行为指标来自于主体的内在动力并由此而体现到提供公共信用的行动上，重点考察各主体供给公共信用的行为能力与行为状态；绩效指标是对公共信用供给结果的考察，重点考察主体所拥有的信誉度与影响力。

（一）关于政府的公共信用

在制度方面，首先，政府自身是否有独立的信用监管部门，无论是个人还是组织都会在其"有限理性"的驱使下追求自身利益最大化，独立的监管部门能为政府供给公共信用提供制度上的保障。其次，政府政策是否具有稳定性，因为政策制定的结果本质上是对某一时期社会公共利益的权威性分配，如果朝令夕改，人为割断政策之间的联系，势必导致公众对政府现行政策产生怀疑。最后，政府政策不应以利益相关者的利益作为出发点，而应该具有独立性，即应该以维护社会稳定和经济平稳发展作为制定政策的基本目标。

在行为方面，首先是公务员人数占该地区总人口的比例，这一指标说明其政府机构的工作效率和垄断地位的高低，比例越小，工作效率越高，垄断地位越低，那么公众对政府的信任度也就越高，反之亦然。其次，检查部门查处腐败案件涉案人数占政府公务员人员比例，这是一个关键性指标，这一比例越低，公众越信任政府。最后，政府政务透明化程度是政府信誉的重要指标，在现代民主社会，政府由民众的委托而产生，民众在将社会公众事务委托给政府处理的同时，也要求对政府的管理行为有更多的了解，以监察政府行为是否公平和公正，政府只有将行政的全过程向公众公开，才能取得民众的信任和支持。

在绩效方面，上访案件及时回复率是直接与老百姓利益相关的指标，指数越高，公众对政府越有安全感和信任感；公众对政府的信任度主要通过政府承诺的履行和兑现来考察，如果政府不能履行和兑现所做出的承诺，就会失信于民。

（二）关于企业的公共信用

在制度方面，首先，是否有监管部门的严格监管，如果有专门的监管部门监管，那么企业的公共信用可信度就会比较高。其次，企业内部监管与自律机制是否建立健全，即企业是否在内部制度上为有效供给公共信用提供了保障。

在行为方面，首先是企业参与公共事业的次数，它反映的是企业承担社会责任的状况，参与的次数越多，说明企业承担的社会责任越多，就越能取得公众的信任；其次是企业是否有拖欠税款的行为，这是考察企业对社会基本职责和义务的履行状况，一个企业如被列入偷税漏税黑名单，也就无公信力可言了；最后，是否有财务披露作假，无须赘述，这是一项衡量企业信用状况的底线指标。

在绩效方面，首先是广告信任度，即其广告对公众有多大的信任度；其次是合同履约率，即其签订的合同是否全部依约如期履行；最后是企业在行业中的影响力，这是一项反映企业公共信用绩效的综合指标。

（三）关于民间组织的公共信用

在制度方面，首先，组织机构的设立是否具有独立性，其独立性越强则供给的公共信用就越具有公信力；其次，是否有专门的监管机构，民间组织虽然具有独立性，但仍离不开专门机构的监管，专门机构的监管是民间组织提供公共信用在制度上的保障；最后，民间组织是否具有非营利性质，这不仅是鉴定民间组织的标准，也是评判民间组织公共信用可信度的指标，一个组织只有不以营利为目的，该组织在发挥第三方力量时才能持有公正的态度，其提供的公共信用才更具可信度。

在行为方面，首先是非利益相关者占从业人员的比例，由于我国民间组织成立及发展的特殊性，从业人员并不全是非利益相关者，一般来说，非利益相关者在从业人员中所占比例越高，其公共信用的可信度就越高；其次是腐败案件涉案者占从业人员比例，和政府组织一样，非政府组织内也会出现腐败现象，这一比例越低，可信度就越高，反之亦然。

在信誉方面，首先是被取消资格的民间组织占非政府组织的比例，民间组织在信誉严重缺失并造成社会危害时即会被取消其资格，被取消资格的越多，其公共信用的可信度就越低；其次是公共生活中民间组织的曝光率，这是影响民间组织公信度的重要指标，曝光率越高，其公共信用的可信度就越低；最后是公众对民间组织的信任度，这一指标主要通过民间组织在关键事件中所起的作用来衡量。

（四）关于个人的公共信用

在制度方面，首先，是否有监管机构监管，个人行为从某种程度上说更具有不确定性，更体现利己的一面，因此，有专门的监管机构进行监管就显得尤为重要，一般来说，监管体系越完备，个人提供公共信用的可信度也就越高。其次是社会信用环境建设状况，包括社会信用体系建设及人文社会环境建设等，其建设状况越好，个人供给公共信用的可能性就越大。

在行为方面，首先，个人是否履行隐性承诺并遵守公共生活准则，隐性承诺是正式契约之外彼此心照不宣做出的承诺，公共生活准则是公共生活领域中具有社会共同价值取向的行为标准或活动准则，能否认真履行和遵守是衡量个人供给公共信用的重要指标；其次，是否有弄虚作假行为，这是衡量个人能否供给公共信用的底线指标。

在绩效方面，首先是个人在所在领域的影响力，在现实生活中，公共信用并非所有人都能提供，它是特定领域中具有影响力的特定个人所提供的，提供者对所在领域的影响力就成为衡量其供给公共信用大小的重要指标；其次是公众信任度，它是衡量个人供给公共信用的综合指标。

五、公共信用评价的基本方法

（一）指标值标准化处理

对于已选定的评价指标，由于各分项内容的性质不同，无法直接横向比较，所以需要将这些不同质的指标进行标准化处理，使之变换成无量纲的指数化数值或分值。常用的标准化方法主要有标准化变换法、指数化变换法等。本研究的目的是为了评价公共信用水平，衡量达到参考值的水平和差距①，因此，只需将一系列指标值与相应的参考值进行对比。在这里我们采用"指数化变换法"，即将指标体系中的实际指标值与相应的参考值进行对比，以反映每一指标的实现程度。由于评价指标中有些是正指标，有些是逆指标，其处理的方法也有所不同，即：

三级指标（Q_i）：当为正指标时，即指标越大越好时，$Q_i = C_i / S_i$；当为逆指标时，即指标越小越好时，$Q_i = S_i / C_i$。

二级指标（V_j）：$V_j = \sum_{i=1}^{m} Q_i / m$

一级指标（U_k）：$U_k = \sum_{j=1}^{m} W_j \times V_j$

公共信用综合指标（PCI）：$PCI = \sum_{k=1}^{m} W_k \times U_k$

式中：C_i 代表三级指标的现状值；S_i 代表三级指标的标准值；W_j、W_k 分别代表二级指标和一级指标的权重。

（二）权重的确定

计算一级指标和二级指标时，权重的确定至关重要。本文运用层次分析原理，根据各指标在体系中的重要性，确定一级指标和二级指标的权重。对于一级指标的权重，作为公共品的公共信用，政府供给应该占据主导地位，因而本文假定政府供给所占份额为40%；为方便计算，其他三种供给方式可以看做比例一样，即企业、民间组织、个人供给假定各占20%。关于二级指标的权重，笔者认为制度、行为和绩效三方面对公共信用供给的作用一样重要，不存在偏颇现象，所以假定各占三分之一。

（三）指标权数的确定方法

由于在公共信用评价指标体系中各指标的重要程度不同，在进行综合评价时有必要对各指标进行加权处理。在综合评价实践中可运用多种确定指标权数的方法，如 Delph 法、主成分分析法、层次分析法、专家打分法等。其中专家打分法既集中了专家的意见和看法，又利用相应的数学工具对专家的意见进行处理，具有较强的客观性。因此，我们利用专家打分法来确定各指标的权数。

（四）综合指数方法的确定

指标值的汇总合成方法较多，如线性加权法、乘法合成法、加乘混合合成法等，其中线性加权法是使用广泛、操作简便且含义明确的方法，故本文使用线性加权法加以计算。

---

① 公共信用的理想状态就是无公共信用缺失，公共信用指数标准化为1。

六、公共信用评价指标体系的中国验证

(一)验证分析前的数据选取说明

从上述公共信用的指标体系来看，很多指标不能直接找到数据，但可以根据现有的数据借鉴类似的指标为本文所用。首先，可用政府公信力指标来代替政府提供的公共信用，政府公信力是政府的影响力与号召力，它是政府行政能力的客观结果，体现了政府工作的权威性、民主程度、服务程度和法治建设程度等。同时，它综合反映了人民群众对政府的满意度和信任度。政府公信力所涉及的范围正好与本文中政府供给公共信用有相通之处，政策的稳定性、独立性，政府政务的公开度、公共信任度也包含在政府公信力的研究中，因此，我们用政府公信力的指标来代替政府供给的公共信用具有很好的耦合性。其次，我们可用广义的企业信用来代替企业供给的公共信用指标，企业信用可以分为狭义企业信用和广义企业信用。狭义企业信用是指企业对债务按期还本付息的能力和意愿；广义的企业信用还包括企业是否遵守工商、税务、海关、劳动等部门的有关法规，履行合约，无虚假广告等情况。虽然广义的企业信用所包含的内容比较广泛，但与企业供给的公共信用的状况有很多相似之处，所以，笔者认为用广义的企业信用来替代公共信用有很好的说服力。再次，我们可以用公众对民间意见表示的信任来代替民间组织供给的公共信用指标，公众对民间意见表示信任本身就是对民间组织的信任，这一指标的替代也具有说服力。最后，公众个人供给的公共信用这一指标所包含的范围比较广，数据收集也比较困难，在此，为数据收集的方便性并不失代表性，笔者将其界定为专家、学者这一具有代表性的人物提供的公共信用①，文中，笔者用公众对专家、学者表示的信任来代替个人供给的公共信用。

(二)验证分析得出的评价结果

根据上文所述的计算方法和选取数据的说明，得到中国公共信用综合指数(PCI)如表2所示，绘制中国公共信用综合指数走势图，如图3所示。

表2　　　　　　　　　　　　　　　中国公共信用综合指数

	权重(%)	2005(%)	2006(%)	2007(%)	2008(%)	2009(%)
政府的公共信用	40	60.5	60.5	60.6	61.5	62.2
企业的公共信用	20	53.7	53.4	53.1	53	53.6
民间组织的公共信用	20	48	40	32.6	21.2	30.2
个人的公共信用	20	61	49.2	51.4	48.4	30.5
公共信用综合指数	100	56.74	52.72	51.66	49.12	47.74

资料来源：利用2005—2009年中国信用小康指数②整理和计算而得。

---

① 笔者这样做的理由有二：其一，文中所述向公众提供公共信用的个人指的是有影响力的个人，专家和学者是有影响力的个人的代表者；其二，现代社会中，专家和学者的意见成为人们辨别事物真假的一个重要标识，所以将公众缩小到专家学者这一范围不会影响到整体公共信用的评价。

② 小康研究部.中国信用小康指数2005—2009.小康，2006，10；2007，10；2008，10；2009，10.

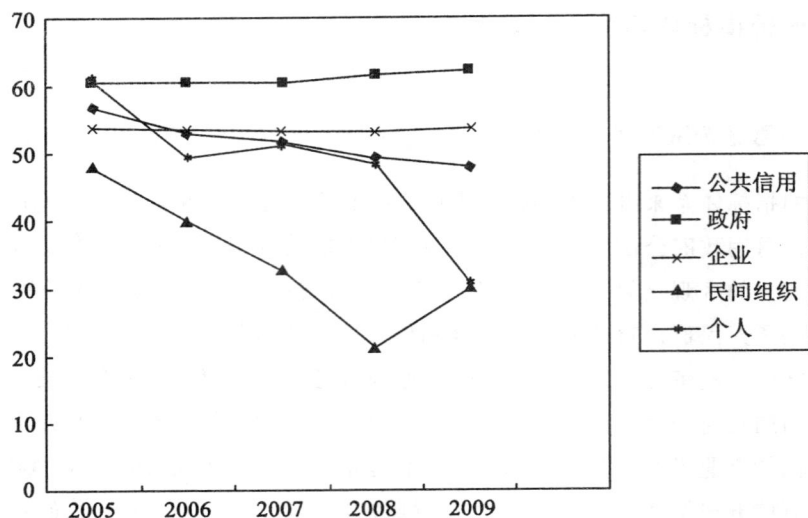

图3　中国公共信用综合指数走势图

从表2和图3可以看出：

（1）各主体供给公共信用的指数水平偏低（高不过62.2％，低至21.2％），这与世界平均水平相比还有较大差距，2005年世界公共信任平均指数为69％①。

（2）政府指数整体状况近年有所上升，但幅度较小，2005—2009年，其绝对涨幅仅为1.7％，与社会经济发展要求和人们的期望值还存在很大距离，这主要是由于政府对公共信用问题没有引起足够的重视，譬如政府执法缺乏透明度，政府制定的政策朝令夕改，这些都成为政府指数大幅上升的阻力。

（3）企业指数基本上处于静止状态，变化很小，2005—2009年最大差距仅为0.7％，且整体水平仍然偏低，究其原因主要是企业对社会责任还没有完全认识，没有突破现有瓶颈，从而改变企业在公众心目中的形象。

（4）民间组织与个人指数太低且呈不断下滑态势，个别年份低到令人颇感羞耻的程度，这主要是因为个别年份突发性事件的影响，如2008年公众对民间组织的信任指数比较低，主要是前一年全国牙防组事件②造成的影响；2009年公众对专家、学者的信任指数比较低，主要因为这一年媒体不断曝光的学术腐败导致了这一群体的信任度急剧下降，从浙江大学到西南交大，从辽宁大学到清华大学，从29岁清华毕业生当选市长到唐骏博士文凭造假等事件，导致了专家、学者群体的诚信危机。

（5）中国公共信用综合指数在偏低水平上呈现逐年递减趋势，2005—2009年5年，公共信用综合指数从56.7％下滑至47.7％，中国公共信用总体状况每况愈下。由于公共信用涉及范围广、波及面大，其缺失造成的严重后果，为我们加强公共信用建设敲响了警钟。

七、研究结论与政策建议

在我国目前公共信用严重缺失的状况下，作为评价公共信用状况、水平和绩效的衡量标准和测评系

---

① 世界价值观调查显示，2005年公共信任平均指数为69％，数据来源：http：//www. worldvaluessurvey. org/
② 2007年4月，全国牙防组被撤销。作为民间组织其并没有很好地履行中间人的职能，而是利用该组织权力进行违规认证，给社会带来了极大的负面影响。

统，公共信用评价指标体系的构建不仅显得十分必要，而且也相当迫切。构建公共信用评价指标体系，需要遵循一般评价指标体系的构建原则并体现公共信用的基本特征，通过以政府、企业、民间组织和个人等公共信用供给主体为评价对象，以影响四大主体供给公共信用的制度因素、行为因素和绩效因素为评价内容，选取四大主体供给公共信用的综合评价指数为一级指标，与三大影响因素相对应的制度指标、行为指标和绩效指标为二级指标，以及各二级指标下相应的若干分项指标为三级指标，借用标准普尔对政府绩效进行系统评价的有效方法以及其他通用的科学方法，我们进行了公共信用评价指标体系构建的初步尝试。运用这一初步构建的指标体系，我们对中国公共信用的供给状况进行了初步的验证分析，结果表明，我国目前公共信用供给指数不仅总体水平偏低，而且呈逐年下滑态势，公共信用供给指数的结构状况也令人担忧。

综合本文得到的理论和实证研究结论，结合当前的形势和我国公共信用供给现状，我们提出以下政策建议：

第一，要高度重视公共信用评价指标体系的构建，运用科学方法，结合中国实际，构建适应我国现阶段社会主义市场经济建设发展需要的公共信用评价指标体系，以发挥公共信用评价指标体系在公共信用建设中的积极作用与有效功能。

第二，科学的公共信用评价指标体系构建需要以建立健全有利于增进公共信用供给的激励约束机制为中心，努力探讨加强社会主义公共信用建设的管理体制、运行模式与长效机制。

第三，针对目前我国公共信用建设中存在的突出问题和薄弱环节，党和政府、企业、社会和各方人士应高度警觉，全力以赴，采用切实有效的对策措施，尽快遏制住我国公共生活领域中存在的信用严重滑坡的现象与趋势。

（作者电子邮箱：qhyan@ whu. edu. cn）

参 考 文 献

[1]张维迎. 信息、信任与法律. 北京：三联书店, 2003.

[2]费孝通. 乡土中国　生育制度. 北京：北京大学出版社, 2002.

[3]张维迎. 博弈论与信息经济学. 上海：上海人民出版社, 2003.

[4]亚当·斯密. 道德情操论. 北京：商务印书馆, 1997.

[5]石庆炎, 靳云汇. 个人信用评分的主要模型与方法综述. 统计研究, 2003, 8.

[6]叶永刚, 张培. 中国金融监管指标体系构建研究. 金融研究, 2009, 4.

[7]王晶, 高建设. 企业价值评估指标体系的构建及评价方法实证研究. 管理世界, 2009, 2.

[8]李长江. 市场经济条件下政府信用研究的重要性及政府信用模型构建. 东南大学学报, 2003, 4.

[9]刘军. 政府信用缺失与政府信用建设. 华东经济管理, 2004, 4.

[10]郑婷, 赵淑丽. 论政府信用的建立. 广西社会科学, 2004, 5.

[11]张俊东. 地方政府公信力评估问题研究. 华中科技大学博士学位论文, 2004.

[12]徐颖, 牛杰. 企业社会责任评价指标体系构建. 合作经济与科技, 2010, 2.

[13]刘平, 郭红玲. 企业社会责任评价研究综述. 生产力研究, 2009, 13.

[14]邓国胜. 非营利组织"APC"评估理论. 中国行政管理, 2004, 10.

[15]吴慎之, 黄盛. 构建我国个人信用制度对策选择. 中央财经大学学报, 2002, 6.

[16]Cladia Keser, and Frans van Winden. Conditional cooperation and voluntary contributions to public goods. The

Scandinavian Journal of Economics, 2000, 102(1).

[17] Kiousis, S.. Public trust or mistrust? Perception of media credibility in the information age. Mass Communication & Society, 2001, 4(4).

[18] Olga Kalinina. Sovereign ratings history since 1975. Standard & Poor's Ratings Direct, 2002, 62(3).

[19] John Morgan, and Martin Sefton. Funding public goods with lotteries: Experimental evidence. The Review of Economic Studies, 2000, 67(4).

[20] Lisa R. Anderson, Jennifer M. Mellor, Jeffrey Milyo. Social capital and contributions in a public-goods experiment. The American Economic Review, 2004, 94(2).

The Construction of Systematic Index of Public Credit Evaluation

Yan Qinghua[1]   Gao Xuan[2]

(1, 2   Economics and Management School of Wuhan University, Wuhan, 430072)

Abstract: In the construction of China's social credit system, the public credit as a key part has become a hotspot gradually. This paper is based on the supply of public credit, and starts from the goal of the effective evaluation function, prediction function, warning function and guidance function. The object of this paper is to evaluate four public credit suppliers, which are the government, business, civil society organizations and individuals. The content contains the influence factors of four public credit suppliers , which are institutional factors, behavioral factors and performance factors. By choosing a scientific evaluation, and using scientific evaluation methods, this paper constructed public credit evaluation index system tentatively and used this system to analyze the situation of China's current supply of public credit, so as to expand new ideas and new paths for its improvement.

Key words: Public goods; Institutional index; Behavioral index; Performance index; Index system

企业环境可持续性与企业可持续发展

——以武汉钢铁（集团）公司为例

● 马小援

（武汉大学经济与管理学院　武汉　430072）

【摘　要】本文基于企业可持续发展和对企业与环境关系的认识，提出企业环境可持续性的概念，结合具体实例，设计出企业环境可持续性的评价指标体系，并采用"层次分析—模糊综合评价方法"对企业环境可持续性加以评价，为企业进行环境调适、促进企业可持续发展指出了方向和路径。

【关键词】企业环境　企业环境可持续性　企业可持续发展

一、引言

可持续发展问题已成为我国乃至全球共同关注的重大战略问题。理论界对如何实现可持续发展进行了大量有益的探讨，但迄今人们更多是关注控制全球变暖、保护自然资源与生态环境等方面，这是不全面的。环境是一个系统，它不仅指自然环境，还包括社会环境、市场环境、企业内部环境。它们之间是相互依存、互相影响的有机整体。既然可持续发展问题是因某些环境的恶化而提出的，理应以环境系统的可持续改善为出发点，解决可持续发展的现实问题。本文从企业的视角，提出企业环境可持续性与企业可持续发展这一命题，试图通过该项研究，为企业如何把握环境、调适环境，以实现可持续发展提供一种新思路。

二、定义：企业可持续发展和企业环境可持续性

对于企业可持续发展的定义，学界的观点基本上可粗略分为两大类：第一类观点偏重于强调企业持续盈利，尤其是经济效益的稳步提高。第二类观点偏重于强调企业与经济、社会、生态的协调发展，如胡学锋将企业可持续发展定义为既满足人们当前的产品需求又不会对人类后代满足需求的能力造成危害的企业发展①。从总体上说，第一类观点较为具体但部分视野狭窄，第二类观点视野宽泛，但在很多时候又偏重于宏观和中观。笔者认为，企业可持续发展的定义理应与经济、社会、生态等宏观和中观层面结合，但仍应本着从微观角度出发的原则立足于企业自身。为此，在借鉴与权衡前人观点的基础上，笔者认为企业可持续发展是企业通过对内外部环境的动态调适实现绩效的可持续增长②。其中：内外部环境包括宏观环

---

① 胡学锋. 论企业可持续发展的考核与评价. 南方经济，2001，4：51-53.
② 笔者倾向于认为可持续发展是一个过程而非状态。

境、市场环境、自然环境和企业内部环境；调适包括企业对内外部环境的适应性调适和控制性调适，内含了合理、和谐等公认的宏观、中观与微观层面的可持续发展标准；企业绩效包括输入绩效、转换绩效、输出绩效以及反馈绩效。

企业环境和企业行为之间的关系是双向的、互动的。正是基于这种双向的、互动的关系，企业才可能通过对内外部环境的动态调适，实现绩效的可持续增长和企业可持续发展。

基于上述企业可持续发展的观点和对企业可持续发展与企业环境之间关系的认识，本文提出"企业环境可持续性"这一概念。笔者认为，企业环境可持续性是指企业环境的供给能不断满足企业可持续发展需求的一种演进状态。究其实质，这一概念反映的是企业可持续发展与所处环境的相适程度。或者说，企业环境可持续性反映了企业内外部环境在多大程度上符合企业可持续发展目标。

三、测度：意义与方法

根据前述对企业环境可持续性的定义，笔者认为，企业环境可持续性是企业可持续发展的基本保障，而环境的可持续性需要人们主动地进行调适。因此，如果我们能够找到一个可行的企业环境可持续性的测度方法，对于企业评价其所处环境，明确环境调适的重点，进而找出调适的路径和措施，不断地提高企业绩效，使企业保持可持续发展状态，具有重要的现实意义。

作为企业环境理论研究的产物，PEST分析法、行业分析法、SWOT分析法以及环境扫描等企业环境分析与评价的方法被广泛地运用于实践中，但这些方法也明显存在一些不足，如缺乏客观性与普适性，没有充分结合与体现企业可持续发展的思想等。因此，要对企业环境可持续性进行测度和分析，首先要设计相关的指标体系；其次，需要明确分析和评价的方法。

在指标体系的总体设计上，本文借鉴了赵锡斌教授关于企业环境系统构成的观点。他认为"企业环境是一个宏大而复杂的系统，它由宏观环境子系统、市场环境子系统、自然环境子系统和企业内部环境子系统构成"。其中，宏观环境子系统主要包括政治环境、经济环境、科技环境、法律环境、社会文化环境；市场环境子系统主要包括市场容量、市场结构、市场规则、竞争对手、供应商、购买者；自然环境子系统主要包括自然资源环境、生态环境、大气环境；企业内部环境子系统主要包括企业的组织结构、生产与技术结构、财务及控制、人力资源、市场营销、研究与开发、企业文化①。

具体而言，对于企业环境可持续性的测度指标体系可分为三个层次，即目标层、准则层和方案层。目标层是"企业环境的可持续性"，准则层包括"宏观环境的可持续性"、"市场环境的可持续性"、"自然环境的可持续性"以及"企业内部环境的可持续性"。方案层的指标设计具体结合实际情况展开。具体指标体系见表1。

对企业环境可持续性的分析与评价，将依托"层次分析—模糊综合评价方法"进行。层次分析法是萨蒂（Saaty）在20世纪70年代提出的一种将定性与定量分析结合的分析法②，其清晰的分析思路能系统化、数学化和模型化分析人员的思维过程，而且具有所需定量数据少的特点，尤其适用于对多准则和多目标问题的分析。其具体做法是，根据问题包含的因素和因素之间的关系，将问题分解并归为不同层次，在形成的多层次结构中，每一层都按一定的准则对要素进行逐对比较，在建立判断矩阵并计算其最大特征值和对应的正变化特征向量的基础上，得出该层要素对该准则的权重，由此计算各层次要素对总体目标的组合权

① 赵锡斌．企业环境分析与调适——理论与方法．北京：中国社会科学出版社，2007：75．
② 萨蒂．层次分析法：在资源分配、管理和冲突分析中的应用．许树柏等，译．北京：煤炭工业出版社，1988：82．

重等。其步骤大致可分为四步：建立递阶层次结构模型；构造各层次中的判断矩阵；层次单排序和一致性检验；层次总排序和一致性检验。

表1   企业环境可持续性指标体系及各项指标权重分配表

一级指标	权重	二级指标	权重	三级指标	权重
宏观环境的可持续性	0.153	政治环境	0.016	政府效能	0.008
				规制质量	0.008
		经济环境	0.077	经济景气状况	0.077
		科技环境	0.038	科技进步环境	0.021
				科技活动投入	0.004
				科技活动产出	0.004
				高新技术产业化	0.009
		法律环境	0.016	法治状况	0.016
		社会文化环境	0.007	机构间的合作精神	0.003
				追求团体成就的态度	0.001
				追求改变与冒险的态度	0.001
				劳动者就业迁移的通畅程度	0.001
				公众的受教育程度	0.002
市场环境的可持续性	0.153	市场结构	0.051	企业进入和退出市场的通畅程度	0.010
				交易者数量接近规模经济要求的程度	0.024
				上下游市场势力的强弱程度（逆指标）	0.010
				政府行政保护的强弱程度（逆指标）	0.004
				市场对产品质量改进的价格敏感程度	0.002
		市场行为	0.051	非价格竞争尤其是产品差异化相对价格竞争的比重	0.010
				市场竞争的规范程度	0.031
				大中小企业间的专业化协作程度	0.010
		市场绩效	0.051	利润水平对创新、效率和投资的回报高低	0.018
				产品产量和质量随市场需求变化的敏感程度	0.018
				厂商引入技术上更先进的产品和技术流程的努力程度	0.007
				厂商生产过程的效率高低	0.007
				销售开支的合理性	0.003
自然环境的可持续性	0.062	地理区位	0.035	显著影响企业生产经营的地理区位因素	0.035
		气候条件	0.007	显著影响企业生产经营的地区性气候因素	0.007
		资源状况	0.016	显著影响企业生产经营的地区性资源因素	0.016
		环境保护	0.003	显著影响企业生产经营的环境保护因素	0.003

一级指标	权重	二级指标	权重	三级指标	权重
企业内部环境的可持续性	0.632	组织结构	0.062	企业组织结构与企业战略的匹配性	0.021
				企业组织结构对其他环境因素的适应性	0.021
				企业组织结构的自我变革和创新能力	0.021
		生产与技术	0.154	能源投入产出状况	0.031
				原料投入产出状况	0.031
				水消耗产出状况	0.031
				污染物排放状况	0.031
				废弃物处理状况	0.031
		财务及控制	0.029	财务可持续增长率	0.029
		人力资源	0.062	企业领袖的综合能力	0.040
				管理团队的配合状况	0.016
				企业员工的构成情况	0.006
		市场营销	0.154	企业的营销文化	0.051
				企业的营销学习能力	0.051
				企业的营销运作能力	0.051
		研究与开发	0.154	研究与开发规划匹配企业发展战略的程度	0.038
				研究与开发人员的素质与努力程度	0.015
				研究与开发成果(可以是阶段性成果)的水平	0.086
				研究与开发部门的学习能力与成长性	0.015
		企业文化	0.016	集体观念和团队支持	0.004
				目标绩效和锐意进取	0.004
				创新观念和冒险精神	0.004
				层级规范和有效执行	0.004

注：表中的权重系数计算过程见附录1。

模糊综合评价则是基于模糊数学，将模糊集合概念和运算应用于对事物的综合评价问题。单因素模糊综合评价的步骤具体包括：根据评价目的确定评价指标集合；给出评价等级集合；确定各评价指标的权重；确定评价矩阵；进行综合评价。在最后一个环节，可以依据评价目的选用最大隶属原则、加权平均原则或模糊向量单值化。对多级模糊综合评价而言，因为有时需要考虑的因素太多而权重难以细分，或者由于权重都太小而使评价失去实际意义，所以可根据因素集中指标间的关系将因素集分类，先在二级因素集中进行综合评价，再对综合评价的结果进行类之间的高层次评价，以此类推。

层次分析—模糊综合评价是将层次分析法和模糊综合评价法结合起来分析问题的方法。采用该方法的原因在于认识对象的复杂性导致了采用层次分析法的必要性，认识对象的不确定性导致了采用模糊综合评价的必要性。

四、案例分析：武汉钢铁（集团）公司

武钢是新中国成立以后兴建的第一个特大型钢铁联合企业。从1958年建成投产到2008年，累计产钢1.94亿吨，实现利税1014亿元，其中上缴国家692.92亿元，是国家对武钢投资的10.86倍。自从与鄂钢、柳钢、昆钢联合重组后，武钢已成为生产规模近3000万吨的特大型企业集团，成为中国冷轧硅钢片、汽车板和高性能工程结构钢的主要生产基地①。

基于本文第二部分提出的企业环境可持续性的定义，以及第三部分提出的测度方法，我们构建了武钢的企业环境可持续性的指标体系及其各项指标的权重，如表1所示。

笔者将实地调查得到的原始数据（见附录2）经过指标正向处理和无量纲化处理后（见附录3），加权得出2007年和2008年的指数，见表2。

表2　　　　　　　　　　　武钢的企业环境可持续性指数（2007—2008年）

	2007 年	2008 年
宏观环境的可持续性（S）	0.582	0.464
市场环境的可持续性（M）	0.379	0.379
自然环境的可持续性（N）	0.323	0.274
企业内部环境的可持续性（I）	0.584	0.720
企业环境的可持续性（T）	0.536	0.601

为更好地对武钢当前的企业环境可持续性做出判断，采用模糊综合评价法对前述结果进行进一步分析。首先，参照成功度评价方法，将企业环境可持续性分为高、较高、中等、较低、低五个等级，并用评判集 V={优　良　中　低　差} 表示；接下来由专家打分；最后，结合指标权重进行综合评价（具体计算过程见附录4）。

根据计算结果，2007年和2008年，武钢各项环境可持续性指标评价结果见表3。

表3　　　　　武钢的企业环境可持续性指标评价结果对比表（2007—2008年）

	2007 年	2008 年
宏观环境的可持续性（S）	中	低
市场环境的可持续性（M）	中	中
自然环境的可持续性（N）	中	中
企业内部环境的可持续性（I）	中	良
企业环境的可持续性（T）	中	中

模糊综合评价反映出宏观环境和企业内部环境的改变分别对武钢2007—2008年的可持续发展产生了

---

① 本文大量参考了武汉钢铁（集团）公司网站所载信息，见 http://www.wisco.com.cn/wisco/index.shtml，以下不再赘述。

最不利和最有利的影响。

五、分析结论的检验

为验证前一部分的评价效果，下面从宏观环境、市场环境、自然环境和企业内部环境的诸指标中选择波幅较大或绝对水平过低的指标进行重点分析。前者意味着该指标对 2007—2008 年总体指数变动的影响较大，后者意味着该指标较大影响了 2007—2008 年总体指数的绝对水平。也就是说，重点分析造成武钢2007—2008 年可持续发展状况相对变动和绝对水平高低的关键因素。

（一）关键宏观环境分析

2007—2008 年，宏观环境中对武钢绩效影响最大的是经济环境因素。国际金融危机逐步影响到我国的实体经济，武钢从属的钢铁行业是资金密集型行业，所受冲击更为直接也更为猛烈。始于 2007 年夏季的美国次贷危机让其金融业和房地产业遭到重创，波及汽车制造业和船舶制造业，进而引起股市全面下跌和就业形势的恶化，中国房地产市场也受到牵连，全国大部分的房地产市场逐步进入调整与转型时期，来自房地产业的需求大幅下降直接导致了 2007—2008 年我国钢材市场从繁荣转向低迷。与此同时，汽车制造行业出现了同样情况，全球汽车销量下滑，中国也受到巨大冲击，终止了自 2002 年以来长达 6 年的高速增长。船舶制造业也是对钢材需求较大的行业。国际经济的不景气引起航运业的衰退进而船舶制造业的萎缩。总而言之，2007—2008 年，金融危机爆发并波及实体经济，造成我国经济即使基本面良好，钢铁行业也无可能保持上行。

（二）关键市场环境分析

就 2007—2008 年的指数变动情况看，武钢面临的市场环境改变不大，但结合专家评价可以发现，钢铁行业的市场结构、市场行为和市场绩效无一不同有效竞争标准尚存在很大距离，这毫无疑问会影响置身其中的企业的长期发展。武钢在本文考察期内的绩效下滑与之没有明显关联，但其绝对绩效水平长期难以上新台阶与之不无联系，首当其冲的是市场结构中过低的产业集中度。

不符合有效竞争标准的市场行为是另一项重要的不利市场环境因素，然而该因素也同我国钢铁行业过低的产业集中度有关。仔细分析我国钢铁企业接受供应商高价的原因可以发现，钢铁行业集中度低，企业和企业之间竞争无序，对外无法团结，致使我国在铁矿石进口量占据全球海运量一半的情况下，钢铁企业依然缺乏应有的议价能力。钢铁企业的可持续发展依赖于有序的市场环境，如日本的钢铁企业进口铁矿石，全部由三井、兼松、住友、丸红等几家大商社代理，而且这几家大商社也划分了市场区域，在协调配合的基础上一致对外，进而一直在铁矿石市场上具有相当大的买方市场势力。我国在这方面最大的问题是市场秩序整顿不力，企业各自为政，多头采购，致使长协矿价格通常低于现货矿，更有一些拥有进口长协矿资质的企业倒卖长协矿，为长协矿价格的增势推波助澜，进一步扰乱了市场秩序，同时也增加了遭遇贸易壁垒的可能。这一状况对企业可持续发展不利影响的绝对水平在前文指标体系中的"市场竞争规范程度"项中得到了明显反映。

（三）关键自然环境分析

首先，武钢总部的所在地武汉虽然在中部六省的省会城市中综合实力最强，但湖北乃至中部其他省份的平均经济发展水平不高。武钢的大部分产品还是在华北、华东以及沿海发达地区销售，而长途运输不仅会造成产品的成本劣势，还会延迟交货时间和市场响应速度。地理区位也部分决定了资源状况和由此引发的成本状况。武钢生产所需矿石80%以上依赖进口，身处内陆腹地导致原料运输成本也非常高。2005年的炼铁成本每吨比行业平均水平高129元，比相对具有区位优势的宝钢和鞍钢分别高出262元和465元。另外，中部地区长期处于政策洼地，企业发展受到地方滞后的经济发展水平和制度建设水平的制约，同时由于计划经济时代遗留给老工业基地的不少问题至今没有完全得到解决，武钢的劳动生产率也远不及宝钢等企业。武钢在地理区位和资源状况方面的指标数值偏低，是符合上述实际情况的。

至于2007—2008年的小幅上升，则可能是由于在2008年国务院同意建立促进中部崛起部际联席会议制度，将在产业政策和税收政策上对中部地区上市公司倾斜，这毫无疑问是对武钢的重大利好，在当年的"中部地区扩大增值税抵扣范围"的优惠政策中，武钢已被划归属于享受优惠政策的单位。

其次，2007—2008年，武钢在气候条件指标上的变动幅度较大，这也是符合实际情况的。2008年可被称为我国的自然灾害年，和湖北省直接相关的特大自然灾害事件就包括：1月的特大低温雨雪冰冻灾害、6月的严重洪涝灾害。此外，"5.12"汶川特大地震也波及湖北。值得一提的是地震发生后，由于铁路紧张，武钢每天的煤炭供应量锐减近万吨。在灾后的半个月内，武钢在运输供应方面增加了1500万元成本。这些情况的出现令武钢2008年的生产经营遇到罕见的困难和挑战，气候条件指标的下滑理所当然。

但是在环境保护方面，以长远目光看，武钢又面临条件改善的重大利好。2007年12月，国务院批准武汉城市圈为全国资源节约型和环境友好型社会建设综合配套改革试验区。这给武钢提供了良好的发展机遇，其环境保护指标的数值在2007—2008年的上升客观反映了这种趋势。

（四）关键企业内部环境分析

2007—2008年，武钢在组织结构方面的三项指标都有较为显著的上升，这和武钢始于2005年的组织结构调整有关。到2008年，为满足企业发展战略的需要，武钢再次对集团公司和武钢股份公司的机构和职能进行了大规模调整，从而增强了企业的宏观管理控制力和专业管理的协调，增强了企业组织结构与企业战略的匹配性和对企业其他内外部环境因素的适应性，同时也反映了企业组织结构的自我变革和创新能力，指数的变动如实反映了这些情况。

同样，武钢2007—2008年的生产与技术指标也有全面上升。就能源和原料的投入产出和水的消耗产出状况看，2008年有40余项相关指标超过2007年的水平，高炉利用系数、焦比和钢铁料消耗等指标更是连创历史纪录。同时建立健全了污染减排指标、监测和考核三大体系，制定下发了《武汉钢铁（集团）公司节能减排综合性工作方案》，明确了各环节污染减排的具体工作目标、重点工作和保障措施。

在研究与开发方面，武钢的各项指标值均有明显上升，这也是和实际情况相符的。2008年，企业累计完成新试新推合同346万吨，比2007年增长60%以上；进行了80多个牌号产品的试制，完成了奇瑞A5、A1整车制造和东风乘用车自主品牌的开模调适与样车制造，成功开发了0.7mm600MPa级双向钢镀锌板，实现了冷轧双向钢的首次出口；突出市场引导，开发了一批重点品种，如重轨通过了铁道部160km/h、350km/h上线认证，彩板围绕二冷轧生产线建立了彩涂产品涂料颜色体系，环保型家电彩板也通过了SGS认证，如此等等。

在财务及控制方面，武钢的财务可持续增长率指标下滑明显，这主要是由2008年不利的外部环境包括国际金融危机的深化和蔓延以及频发的自然灾害事件导致，在此不再赘述。其他的内部环境因素，如人力资源状况、市场营销状况和企业文化状况，无论从指标的相对变动还是绝对水平看都没有特别突出之处，其相对变动和绝对水平也是大致符合实际情况的，故在此也不赘述。

总而言之，本文第四部分构建的指标体系通过了实践验证，武钢面临的企业环境现状也由此得到了进一步说明。

六、结论的应用

面对环境及其变动，企业管理者必须决策：要么调整组织，适应外部环境变化；要么采取措施，影响环境，使其向有利于公司经营的方向发展①。这是通常意义上的企业环境调适。本文认为，企业环境调适，不仅指企业为协调内部环境要素做出的努力，也不仅指企业为适应外部环境做出的努力，还包括企业为调适内部环境和外部环境做出的努力。事实上，由于内部环境和外部环境之间存在互动关系，当企业为适应外部环境做出努力时，有时无法避免地需要调整内部环境；而当企业为协调内部环境做出努力时，也会影响到外部环境，环境调适是一个系统工程。

企业的环境调适理应有重点。企业面对的环境因素是无限的，然而，对企业绩效产生影响的环境因素并非囊括企业面对的整个无限环境因素。这是由于，对某个企业的绩效起到关键作用的环境因素完全有可能对另一个企业毫无影响，所以，管理者应当将注意力集中到对本企业的绩效直接产生重要影响的关键环境因素的分析与判断上，做到去粗存精、去伪存真。在进行环境调适时也应遵循相同原则，而前文通过指数的计算和比较给出的相关分析与判断，为企业环境调适提供了这种去粗存精、去伪存真的平台。

下面，我们对武钢在 2008 年针对关键环境因素实行的企业环境调适进行简要述评。

前文进行的模糊综合评价反映，宏观环境的改变对武钢 2007—2008 年的可持续发展产生了最不利的影响，故而针对宏观环境进行的企业环境调适应成为各项工作的重点。进一步而言，武钢在宏观环境方面面临的最大不利是国际金融危机波及我国的实体经济，令钢铁工业面临史无前例的巨大冲击。

在全球经济衰退、国内经济不景气、产品需求萎缩的情况下，武钢保持绩效持续增长的环境调适策略主要包括三点：

(1)降成本增效益，缓解钢材价格巨降造成的不利。具体措施包括：对成本预算实现动态管理，降低消耗，严格费用控制；按周召开经济活动分析会，全面、及时掌控公司生产经营情况，有针对性地采取预防措施；加大清仓利库力度，想方设法压缩库存；加强资金管理，保证现金供应，确保公司有效运转；加强能源管理和能源回收、利用，转炉煤气回收比上年增加 4.8 m³/t，自发电量比上年同期多 2.63 亿 kwh；减少事故，采取强有力的举措，对各类事故、故障进行严格管理。通过这些措施，武钢在高成本的严峻挑战下，全年降低成本费用 23 亿元。

(2)大力开发高端新品，填补市场空白，保证效益持续增长。具体措施包括：成功试制 2050mm 超宽热镀锌钢板、含 Ti 高强度工程机械用钢、API2W-50 海洋平台用钢和 ML15Al. mod 高韧性螺栓用钢等新产品；铁路机车构架用钢首轮工业性试制取得成功；管线钢 X80 原品种合格率与一次性能合格率提高，制管废品率降至 1% 以下等。

(3)积极行销降低库存，融化市场萎缩坚冰。具体措施包括：树立"以顾客为中心"、"诚信为本、和谐共赢"的营销理念，调整和优化营销渠道结构，大力发展直供终端用户，构建区域销售子公司、分公司和钢材加工配送中心体系，对目标市场和顾客进行区域化贴身服务，以满足客户日益多样化、差异化、个性化和增值服务需求。这些措施是对市场需求萎缩的有效应对，成功降低了公司在危机中一度猛涨的库存。

至于武钢近年来在市场环境方面所面临的最大不利，依照前述分析，则是钢铁行业集中度低，企业间竞争无序，致使钢铁企业对外不能团结一致，缺乏议价能力。武钢虽然位列国内"三大钢"，但由于种种原因，依然对市场环境的直接改善缺乏影响力，故而另辟蹊径，针对铁矿石谈判价格居高不下的另一关键

---

① 理查德·L. 达夫特. 管理学. 韩经纶，韦福祥等，译. 北京：机械工业出版社，2003：76.

环境因素，即国内钢厂海外权益矿太少、无力打破三大矿山垄断格局的状况，实施了一系列卓有成效的举措。

近几年来，武钢一直寻求矿石开发。2008 年 12 月 17 日，和澳大利亚 CXM 公司签订了合作开发南澳铁矿资源的框架协议，2009 年 7 月 20 日签署正式合作协议，双方共同开发南澳埃尔半岛中部和南部铁矿项目。收购完成后，武钢成为 CXM 公司第二大股东，其合作的矿区总面积约 600 平方公里，预计资源总量达 20 亿吨以上，矿石铁品位约 30%，通过磁选可获得品位为 65% ~70% 的铁精矿。同时，还与加拿大 CLM 公司完成收购项目的交割，成为 CLM 公司的最大股东，合作开发涉及 CLM 公司的三个矿区，总资源量达到 23 亿吨。此外，武钢与巴西也正在积极开展相关工作。2009 年 5 月，与巴西 MMX 公司签署谅解备忘录，内容包括 MMX 公司下属的一个铁矿石项目以基准价格向武钢长期供应铁矿石，武钢向当地一家造船企业供应钢铁产品，在巴西建设综合钢厂等。同年 7 月，在我国访问的里约热内卢州州长卡布拉尔又宣布，武钢将投资 40 亿美元与州政府以及 EBX 集团合作，在该州北部圣若奥达巴哈市亚苏港建立一个钢铁厂。据业界估计，如果武钢在巴西建厂，一年可以节省运费 13.5 亿美元。

上述消除市场环境不利影响的举措同样对消除武钢在自然环境方面的地理劣势和资源劣势有利。

与此同时，武钢在国内也进行了大量相关工作。近几年，将目光投向西南和北部湾地区，2005 年与鄂钢实现联合重组后，同年 12 月又与广西壮族自治区国有资产监督管理委员会共同出资设立武钢柳钢（集团）联合有限责任公司，作为向国家申报核准防城港企沙千万吨级钢铁基地项目的业主。2007 年，武钢再度出手，以现金入股昆钢股份并控股。此次重组使武钢获得昆钢在地理区位、矿石资源以及国家区域政策上的明显优势，对武钢的长期发展大有裨益。

在应对自然灾害方面，武钢除以各种方式确保自身的生产安全以外，还时刻牢记社会责任，积极参与救灾工作。如在 2008 年初的特大低温雨雪冰冻灾害中，向本省灾区捐赠 500 万元，向广西壮族自治区的灾区捐赠 500 万元。另外，在"5.12"汶川特大地震发生后，向灾区捐款 4538.348 万元，还先后组织三批共计 38 人次的医疗小分队奔赴灾区救助受灾群众，接受了 41 名伤员在武钢总医院治疗和一批灾区学生到武钢职业技术学院学习。这些措施塑造了企业积极承担社会责任的良好公众形象，有利于企业的可持续发展。进一步说，武钢是距离灾区最近的特大型钢铁企业，"灾后重建"已成为业界看好武钢绩效持续增长的重要原因之一。未来三年内，武钢大部分产品品种将随着重建工作的展开被应用到灾区的建设中，这无疑是对武钢未来的持续绩效增长的重大利好。也就是说，在 2008 这一自然灾害年中，武钢不仅确保了自身的安全生产，还转威胁为机遇，在塑造良好企业形象的同时，抓住灾后重建作为绩效的持续增长点。

在顺应环保要求方面，武钢则以武汉被确立为"两型"社会试验区为契机，大力实施"两型企业"战略，推进企业由内至外的协调发展。公司按照"减量化、再利用、资源化"原则，积极发展清洁生产、循环经济和节能减排，使生产活动向"资源—产品—再生资源"的物资反复循环流动模式转变。

对企业内部的问题，武钢也花了大量力气整改。具体来说，除前文在关键企业内部环境分析中提到的诸多举措外，从治理结构、生产经营控制、财务管理控制、信息披露控制等方面进一步建立健全了公司内部控制制度。目前，已形成了与钢铁行业特性、业务规模和经营战略相适应的完善的内部控制制度管理体系。这些内部控制措施覆盖了公司各主要业务领域，其有力执行保证了公司生产经营管理的正常展开，对经营风险起到有效的控制作用。

武钢的实践是对企业环境调适理论中适应性调适和控制性调适方法的有效应用，通过对关键环境因素的调适，不断地营造可持续的发展环境，使企业的内外部环境供给不断改善，从而不断地满足企业可持续发展的需求。

七、研究小结

研究表明，本文提出的企业环境可持续性及其评价指标体系，采用"层次分析—模糊综合评价方法"，对企业环境可持续性进行分析和评价，有利于企业把握环境调适的重点和方向，为企业寻求调适的具体路径和措施提供依据，从而有利于实现企业的可持续发展。

但本研究依然存在一些不足，主要包括指标体系还有待充实和完善，数据搜集与积累有待加强。此外，在未来的研究中，如何对企业内外部环境因素进行比较，如何评价企业内部环境与外部环境的非均衡性等，还都需要做更多深入的研究。

（作者电子邮箱：mxydsz@ 163. com）

参 考 文 献

[1] Lester, R. B.. Building a sustainable society. New York：W. W. Norton and Company, 1981.

[2] Redclift, M.. The multiple dimensions of sustainable development. Geography, 1991, 76(330).

[3] Kudlak, R.. Adaptation of enterprises to the requirements of sustainable development in the light of New Institutional Economics. Management of Environmental Quality, 2008, 19(2).

[4] Schwab, K., and Porter, M. E.. The global competitiveness report 2008-2009. World Economic Forum, 2009.

[5] 马世俊，王如松. 社会—经济—自然复合生态系统理论. 生态学报，1984，1.

[6] 萨蒂. 层次分析法：在资源分配、管理和冲突分析中的应用. 许树柏等，译. 北京：煤炭工业出版社，1988.

[7] 王爱华，綦好东. 企业可持续发展指标体系研究. 生态经济，2000，1.

[8] 赵锡斌. 企业环境分析与调适——理论与方法. 北京：中国社会科学出版社，2007.

[9] 周明生，金本香. 论企业生存环境的变化及相关的制度安排. 现代管理科学，2004，2.

[10] 理查德·L. 达夫特. 管理学. 韩经纶，韦福祥等，译. 北京：机械工业出版社，2003.

[11] 胡学锋. 论企业可持续发展的考核与评价. 南方经济，2001，4.

On the Sustainability of Business Environment and the Sustainable Development of Firm：Taking WISCO as an Example

Ma Xiaoyuan

（Economics and Management School of Wuhan University, Wuhan, 430072）

Abstract：Based on the definition of the sustainable development of firm and the explanation of the relationship between the firm and its environment, the author presented a new concept of the sustainability of business environment. Taking WISCO as an example, the author designed the index system of the sustainability of business environment, and utilized the AHP-FCE method to evaluate the sustainability of business environment of WISCO. It has been proved that the index system of business environment is practical, and that the AHP-FCE method is useful in order to maintain the sustainable development of firms.

Key words：Business environment；Sustainability of business environment；Sustainable development of firm

附录1　权重分配表的获得

权重的确定采用层次分析法，对各层次指标的重要性进行两两比较以及综合计算，最终确定整个指标体系中各指标的权重。以下为各层指标的重要程度判断矩阵(举例说明)。

企业环境的可持续性(T)下级指标重要程度判断矩阵

企业环境的可持续性(T)	宏观环境的可持续性(S)	市场环境的可持续性(M)	自然环境的可持续性(N)	企业内部环境的可持续性(I)
宏观环境的可持续性(S)	1	1	3	1/5
市场环境的可持续性(M)	1	1	3	1/5
自然环境的可持续性(N)	1/3	1/3	1	1/7
企业内部环境的可持续性(I)	5	5	7	1

注：(1)标度含义分别为："1"表示两个因素相比，具有相同重要性；"3"表示两个因素相比，前者比后者稍重要；"5"表示两个因素相比，前者比后者明显重要；"7"表示两个因素相比，前者比后者强烈重要；"9"表示两个因素相比，前者比后者极端重要；"2"、"4"、"6"、"8"表示上述相邻判断的中间值。(2)若因素 i 与因素 j 的重要性之比为 a_{ij}，那么因素 j 与因素 i 的重要性之比 $a_{ji}=1/a_{ij}$。

用几何平均法计算判断矩阵 A 的特征向量 W 的分量 W_i^0：

$$W_1=\left(1\times1\times3\times\frac{1}{5}\right)^{\frac{1}{4}}=0.880$$

$$W_2=\left(1\times1\times3\times\frac{1}{5}\right)^{\frac{1}{4}}=0.880$$

$$W_3=\left(\frac{1}{3}\times\frac{1}{3}\times1\times\frac{1}{7}\right)^{\frac{1}{4}}=0.355$$

$$W_4=(5\times5\times7\times1)^{\frac{1}{4}}=3.637$$

则：$W_A=\sum_{i=1}^{4}W_i=0.880+0.880+0.355+3.637=5.752$

得到各指标关于 A 的权重分别为：

$$W_1^0=\frac{W_1}{W_A}=\frac{0.880}{5.752}=0.153$$

$$W_2^0=\frac{W_1}{W_A}=\frac{0.880}{5.752}=0.153$$

$$W_3^0=\frac{W_3}{W_A}=\frac{0.355}{5.752}=0.062$$

$$W_4^0=\frac{W_4}{W_A}=\frac{3.637}{5.752}=0.632$$

即得到特征向量：$W=\{0.153\quad0.153\quad0.062\quad0.632\}^{\mathrm{T}}$

故而有：$AW=\begin{bmatrix}1&1&3&1/5\\1&1&3&1/5\\1/3&1/3&1&1/7\\5&5&7&1\end{bmatrix}\cdot\begin{bmatrix}0.153\\0.153\\0.062\\0.632\end{bmatrix}=\begin{bmatrix}0.618\\0.618\\0.254\\2.596\end{bmatrix}=\begin{bmatrix}(AW)_1\\(AW)_2\\(AW)_3\\(AW)_4\end{bmatrix}$

则：$\lambda_{max} = \sum_{i=1}^{4} \frac{(AW)_i}{4 \times W_i^0} = \frac{0.618}{4 \times 0.153} + \frac{0.618}{4 \times 0.153} + \frac{0.254}{4 \times 0.062} + \frac{2.596}{4 \times 0.632} = 4.071$

$$CI = \frac{\lambda_{max} - n}{n-1} = \frac{4.071 - 4}{4 - 1} = 0.024$$

查表知 $n = 4$ 时，$RI = 0.9$，所以：$CR = \frac{CI}{RI} = \frac{0.024}{0.9} = 0.027 < 0.10$，一致性检验通过，可以认为企业环境的可持续性（T）下级指标重要程度判断矩阵具有可以接受的满意一致性，其权重分配表如下。

企业环境的可持续性（T）下级指标的权重分配表

企业环境的可持续性（T）	宏观环境的可持续性（S）	市场环境的可持续性（M）	自然环境的可持续性（N）	企业内部环境的可持续性（I）
指标权重	0.153	0.153	0.062	0.632

依循该方法可以得到整个指标体系的权重分配，详见正文表 1。

附录 2　武钢原始数据表（2007—2008 年）

总目标	准则层	方案层	分指标层/指标描述	代码	2007	2008
企业环境的可持续性（T）	宏观环境的可持续性（S）	政治环境	政府效能	S_{11}	0.19	0.24
			规制质量	S_{12}	-0.24	-0.22
		经济环境	经济景气状况	S_2	138.4	87.2
		科技环境	科技进步环境	S_{31}	46.77	51.29
			科技活动投入	S_{32}	46.97	47.98
			科技活动产出	S_{33}	38.72	39.98
			高新技术产业化	S_{34}	47.57	50.26
		法律环境	法治状况	S_4	-0.45	-0.33
		社会文化环境	机构间的合作精神	S_{51}	3	3
			追求团体成就的态度	S_{52}	3	3
			追求改变与冒险的态度	S_{53}	3	3
			劳动者就业迁移的通畅程度	S_{54}	3	3
			公众的受教育程度	S_{55}	3	3
	市场环境的可持续性（M）	市场结构	企业进入和退出市场的通畅程度	M_{11}	2	2
			交易者数量接近规模经济要求的程度	M_{12}	2	2
			上下游市场势力的强弱程度（逆指标）	M_{13}	4	4
			政府行政保护的强弱程度（逆指标）	M_{14}	3	3
			市场对产品质量改进的价格敏感程度	M_{15}	3	3

总目标	准则层	方案层	分指标层/指标描述	代码	2007	2008
企业环境的可持续性（T）	市场环境的可持续性（M）	市场行为	非价格竞争尤其是产品差异化相对价格竞争的比重	M_{21}	3	3
			市场竞争的规范程度	M_{22}	2	2
			大中小企业间的专业化协作程度	M_{23}	3	3
		市场绩效	利润水平对创新、效率和投资的回报高低	M_{31}	3	3
			产品产量和质量随市场需求变化的敏感程度	M_{32}	3	3
			厂商引入技术上更先进的产品和技术流程的努力程度	M_{33}	3	3
			厂商生产过程的效率高低	M_{34}	3	3
			销售开支的合理性	M_{35}	3	3
	自然环境的可持续性（N）	地理区位	显著影响企业生产经营的地理区位因素	N_1	2	2
		气候条件	显著影响企业生产经营的地区性气候因素	N_2	4	2
		资源状况	显著影响企业生产经营的地区性资源因素	N_3	2	2
		环境保护	显著影响企业生产经营的环境保护因素	N_4	3	4
	企业内部环境的可持续性（I）	组织结构	企业组织结构与企业战略的匹配性	I_{11}	3	4
			企业组织结构对其他环境因素的适应性	I_{12}	3	4
			企业组织结构的自我变革和创新能力	I_{13}	3	4
		生产与技术	能源投入产出状况	I_{21}	4	5
			原料投入产出状况	I_{22}	4	5
			水消耗产出状况	I_{23}	4	5
			污染物排放状况	I_{24}	4	5
			废弃物处理状况	I_{25}	4	5
		财务及控制	财务可持续增长率	I_3	15.87	9.08
		人力资源	企业领袖的综合能力	I_{41}	3	3
			管理团队的配合状况	I_{42}	3	3
			企业员工的构成情况	I_{43}	3	3
		市场营销	企业的营销文化	I_{51}	3	3
			企业的营销学习能力	I_{52}	3	3
			企业的营销运作能力	I_{53}	3	4
		研究与开发	研究与开发规划匹配企业发展战略的程度	I_{61}	3	3
			研究与开发人员的素质与努力程度	I_{62}	3	3
			研究与开发成果（可以是阶段性成果）的水平	I_{63}	4	5
			研究与开发部门的学习能力与成长性	I_{64}	4	4
		企业文化	集体观念和团队支持	I_{71}	3	3
			目标绩效和锐意进取	I_{72}	3	3
			创新观念和冒险精神	I_{73}	3	3
			层级规范和有效执行	I_{74}	3	3

附录3　武钢处理后的相关数据（2007—2008 年）

指标的正向处理采用的是差式逆变换，指标的无量纲化处理采用的是离差相对化。处理后的数据如下：

总目标	准则层	方案层	分指标层/指标描述	代码	2007	2008
企业环境的可持续性（T）	宏观环境的可持续性（S）	政治环境	政府效能	S_{11}	0.538	0.548
			规制质量	S_{12}	0.452	0.456
		经济环境	经济景气状况	S_2	0.692	0.436
		科技环境	科技进步环境	S_{31}	0.468	0.513
			科技活动投入	S_{32}	0.470	0.480
			科技活动产出	S_{33}	0.387	0.400
			高新技术产业化	S_{34}	0.476	0.503
		法律环境	法治状况	S_4	0.410	0.434
		社会文化环境	机构间的合作精神	S_{51}	0.500	0.500
			追求团体成就的态度	S_{52}	0.500	0.500
			追求改变与冒险的态度	S_{53}	0.500	0.500
			劳动者就业迁移的通畅程度	S_{54}	0.500	0.500
			公众的受教育程度	S_{55}	0.500	0.500
	市场环境的可持续性（M）	市场结构	企业进入和退出市场的通畅程度	M_{11}	0.250	0.250
			交易者数量接近规模经济要求的程度	M_{12}	0.250	0.250
			上下游市场势力的强弱程度（逆指标）	M_{13}	0.250	0.250
			政府行政保护的强弱程度（逆指标）	M_{14}	0.500	0.500
			市场对产品质量改进的价格敏感程度	M_{15}	0.500	0.500
		市场行为	非价格竞争尤其是产品差异化相对价格竞争的比重	M_{21}	0.500	0.500
			市场竞争的规范程度	M_{22}	0.250	0.250
			大中小企业间的专业化协作程度	M_{23}	0.500	0.500
		市场绩效	利润水平对创新、效率和投资的回报高低	M_{31}	0.500	0.500
			产品产量和质量随市场需求变化的敏感程度	M_{32}	0.500	0.500
			厂商引入技术上更先进的产品和技术流程的努力程度	M_{33}	0.500	0.500
			厂商生产过程的效率高低	M_{34}	0.500	0.500
			销售开支的合理性	M_{35}	0.500	0.500
	自然环境的可持续性（N）	地理区位	显著影响企业生产经营的地理区位因素	N_1	0.250	0.250
		气候条件	显著影响企业生产经营的地区性气候因素	N_2	0.750	0.250
		资源状况	显著影响企业生产经营的地区性资源因素	N_3	0.250	0.250
		环境保护	显著影响企业生产经营的环境保护因素	N_4	0.500	0.750
	企业内部环境的可持续性（I）	组织结构	企业组织结构与企业战略的匹配性	I_{11}	0.500	0.750
			企业组织结构对其他环境因素的适应性	I_{12}	0.500	0.750
			企业组织结构的自我变革和创新能力	I_{13}	0.500	0.750

总目标	准则层	方案层	分指标层/指标描述	代码	2007	2008
企业环境的可持续性（T）	企业内部环境的可持续性（I）	生产与技术	能源投入产出状况	I_{21}	0.750	1.000
			原料投入产出状况	I_{22}	0.750	1.000
			水消耗产出状况	I_{23}	0.750	1.000
			污染物排放状况	I_{24}	0.750	1.000
			废弃物处理状况	I_{25}	0.750	1.000
		财务及控制	财务可持续增长率	I_3	0.159	0.091
		人力资源	企业领袖的综合能力	I_{41}	0.500	0.500
			管理团队的配合状况	I_{42}	0.500	0.500
			企业员工的构成情况	I_{43}	0.500	0.500
		市场营销	企业的营销文化	I_{51}	0.500	0.500
			企业的营销学习能力	I_{52}	0.500	0.500
			企业的营销运作能力	I_{53}	0.500	0.750
		研究与开发	研究与开发规划匹配企业发展战略的程度	I_{61}	0.500	0.500
			研究与开发人员的素质与努力程度	I_{62}	0.500	0.500
			研究与开发成果(可以是阶段性成果)的水平	I_{63}	0.750	1.000
			研究与开发部门的学习能力与成长性	I_{64}	0.750	0.750
		企业文化	集体观念和团队支持	I_{71}	0.500	0.500
			目标绩效和锐意进取	I_{72}	0.500	0.500
			创新观念和冒险精神	I_{73}	0.500	0.500
			层级规范和有效执行	I_{74}	0.500	0.500

附录4 模糊综合评价计算过程(以2008年为例)

1. 宏观环境的可持续性指标评价

因素集 $X=\{$政治环境 经济环境 科技环境 法律环境 社会文化环境$\}$

评判集 $V=\{$优 良 中 低 差$\}$

评价专家组7名成员对每个因素进行评价，得到：

$R_X=\{$优 良 中 低 差$\}$

$$R_T=\begin{bmatrix} 0 & 2/7 & 3/7 & 2/7 & 0 \\ 0 & 1/7 & 1/7 & 5/7 & 0 \\ 2/7 & 2/7 & 2/7 & 1/7 & 0 \\ 0 & 0 & 3/7 & 3/7 & 1/7 \\ 0 & 0 & 3/7 & 4/7 & 0 \end{bmatrix}$$

前文计算的权重矩阵为 $W_X=\{0.016\quad 0.077\quad 0.038\quad 0.016\quad 0.007\}$，故有：

$$B_X = W_X R_T = \{0.016 \quad 0.077 \quad 0.038 \quad 0.016 \quad 0.007\} \cdot \begin{bmatrix} 0 & 2/7 & 3/7 & 2/7 & 0 \\ 0 & 1/7 & 1/7 & 5/7 & 0 \\ 2/7 & 2/7 & 2/7 & 1/7 & 0 \\ 0 & 0 & 3/7 & 3/7 & 1/7 \\ 0 & 0 & 3/7 & 4/7 & 0 \end{bmatrix}$$

$$= \{0.011 \quad 0.026 \quad 0.039 \quad 0.076 \quad 0.002\}$$

这说明从宏观环境的可持续性指标看，优的隶属度为 0.011，良的隶属度为 0.026，中的隶属度为 0.039，低的隶属度为 0.076，差的隶属度为 0.002。依据隶属度最大原则，宏观环境的可持续性指标(S)的评价为"低"。

2. 市场环境的可持续性指标(M)的评价为"中"。

3. 自然环境的可持续性指标(N)的评价为"中"。

4. 企业内部环境的可持续性指标(I)的评价为"良"。

5. 企业环境的可持续性指标(T)的评价为"中"。

因市场环境、自然环境、企业内部环境、企业环境的可持续性指标与宏观环境的可持续性指标评价的方法和计算过程类似，受篇幅所限，故省略。

委托—代理治理模式的适用性及其问题

● 朱富强

（中山大学岭南学院经济研究所　广州　510275）

【摘　要】西方主流经济学往往把委托—代理关系视为一种普遍的社会存在，把委托—代理治理视为社会经济关系的基本治理机制；它要求设计合理的合同激励经理或员工为股东利益服务，并以法律手段给予股东恰当的权力，赋予董事会监管经理的信托责任。但是，在实际应用中这种治理模式遇到很大的局限：在现实中纯粹的委托人和代理人往往是找不到的；委托—代理单向治理的效果取决于监督权的完善程度和法理基础；委托—代理治理机制隐含的"委托人会自动履行其承诺"的前提是不现实的；委托—代理治理机制在实践中的应用也不像理论阐述的那样普遍。特别是，委托—代理治理机制在理论思维上存在重大缺陷：它将两个行为主体割裂开来，没有考虑到双方的整体性，忽视了作为协作系统构成要素地位的平等性，从而无法真正地增进企业组织的有效性。

【关键词】委托—代理理论　股东价值观　协作系统　有效性

一、前言：与股东价值观相适应的委托—代理理论

关于企业所有权问题有两种观点：股东价值观和利益相关者社会观。股东价值观源自新古典利润最大化假说，而利益相关者社会观的基础是企业是一个协作系统。事实上，从企业的起源和本质来看，企业组织是人类为提高劳动的有效性而进行合作的联合体，并且它一旦形成，本身就具有独立的法人地位，不再属于任何单一生产要素及其主体所有，这就是利益相关者社会观。① 但是，在实际生活中，企业表现出来的所有权或者归属主体往往是特定时期法律界定的产物，而法律界定企业所有权的基本依据是现实生活中企业的偏在控制权。由于迄今为止劳资关系中资本都处于强权一方，绝大多数国家的法律也将企业产权界定为资本所有者所有，这就是股东价值观。显然，按照股东价值观的观点，企业所有权属于单一的出资者所有，因而企业组织的管理方向就是促使其员工更好地为股东利润最大化这个单一目标而努力工作；当然，每个员工也有其私人目标，那么，管理者就必须设立正确的奖惩制度对其行为进行规制。因此，股东价值观的治理理论要求设计合理的合同来激励经理或员工为股东利益服务，并通过法律手段给予股东恰当的权力，赋予董事会监管经理的信托责任。显然，这正是委托—代理理论所论述的基本内容，它是处于对立两极的利益双方如何在信息不对称情况下进行合作的基本思维，特别适用于协调科层制组织中上、下级之间的利益关系。

当然，西方社会存在根深蒂固的"分"的传统，它关注每个个体的权利和利益；同时，社会个体又是理性的，他在与其他人的交易中会尽量利用自己的信息优势而获得更多的收益。因此，西方学术界把委

---

① 朱富强. 利益相关者社会观：思想萌芽、现代发展及现实问题. 广东社会科学，2009，4：43.

托—代理关系理解为市场参与者之间因信息差别而产生的一种社会契约形式，是掌握较多信息的代理人通过合同和其他经济关系与掌握较少信息的委托人之间展开的一种对策行为。正因为非对称信息条件反映了市场参与者的基本经济关系，委托—代理理论得到了普遍的推崇和应用，成为目前学术界流行的用于解释更广生活领域中发生利益互动的人们在信息不对称条件下如何进行理性行为的基本理论，也成为目前微观经济学的核心内容之一。一般来说，在委托人、代理人之间存在三个基本属性：一是两者的利益不一致性，二是信息的不对称性，三是对后果责任的不对等性。显然，如果委托—代理双方都是效用最大化者，且其效用函数不同，那么，一系列所谓的委托—代理问题便会产生。确实，在大多数新制度经济学家的眼中，委托—代理关系是无处不在的，例如，地主与佃农、股东与经理、经理与工人、病人与医生、保险公司与投保人、证券投资者和经纪人以及选民与政府之间等都构成了委托—代理关系。问题是，基于利益对立性的委托—代理理论是否适用于人类社会的一般生活呢？本文就此作一分析。

二、委托—代理理论的发展回溯

实际上，尽管委托—代理理论在学术界只是晚近才出现的，但是，从泰罗提倡科学管理体制以来，类似实践就已经开展了，这类似于罗斯福在凯恩斯主义提出之前就已经开始推行凯恩斯主义的新政了。我们还可以把委托—代理理论的实际应用追溯到更早的斯密，早在《国富论》一书中，斯密就观察到股份公司中存在的委托—代理矛盾，注意到了经理阶层的"疏忽与浪费"，并描述了股东因对公司业务所知甚少而导致的监督困难，以及委托人和代理人之间在利益取向上的差异。斯密写道："劳动者的普通工资，到处都取决于劳资双方所订的契约。这两方的利害关系绝不一致。劳动者盼望多得，雇主盼望少给"；他还指出了激励理论中的参与约束，"需要靠劳动过活的人，其工资至少须足够维持其生活"。正是基于委托—代理的分析思维，斯密专门探究了分成租佃中的内在问题，从佃农对土地的投入和农业工具的滥用中揭示了道德风险问题。斯密写道："在这种制度下，种子、牲畜、农具，总之，耕作所需的全部资本，都由地主供给。农民离去或被逐去时，这种资本就须归还地主"，因此，"在对分佃耕制下，土地仍不能得到大的改良。地主既不费任何分文，而享受土地生产物的一半，留归对分佃农享有的自属不多。在这不多的部分中，所能节省的更是有限。对分佃农决不愿用有限的节余来改良土地。……用地主供给的资本，从土地尽量取得大量的生产物，固然是对分佃农所愿意，但若以自有资本与地主资本混合，却决非对分佃农所愿的。在法兰西……地主常常指责农民，不用主人的耕畜耕田，而用来拖车。因为拖车的利润全部归于农民，耕田的利润却须与地主平分"。①

斯密之后，马克思等实际上都提到了委托—代理问题，但并没有形成专门的理论体系；到20世纪初随着所有权和控制权的逐渐分离，委托—代理之间的矛盾就日显突出，为此，贝利和米恩斯等人开始集中于对这一问题的考察。例如，在《现代公司与私有财产》一书中，贝利和米恩斯就指出了企业的直接经营者在激励与责任方面与企业所有者之间的矛盾，他们认为，在所有权分散和集体行动成本很高的情况下，从理论而非实证的角度看，职业型的公司经理多半是无法控制的代理人。此后，经曼内、罗斯及米尔利斯等众多经济学家的不断推进，道德风险问题被定义为代理问题，特别是罗斯1973年的文章《代理的经济理论：委托人问题》第一次提出委托人—代理人问题的概念。最后，在詹森和麦克林的《企业理论：经理行为、代理成本和所有权结构》一文中委托—代理问题的研究正式定型，该文吸取了代理理论、产权理论和融资理论的研究成果，开创了一种企业的所有权结构理论，多角度探讨了委托—代理问题的解决。

---

① 斯密. 国民财富的性质和原因的研究（上卷）. 北京：商务印书馆，1972：60、62、356-357.

詹森和麦克林认为，委托—代理关系作为一种契约关系，在这种契约下，一个人或更多的人（即委托人）授权另一些人（即代理人）代表他们而行事，并授予其某些决策权；事实上，委托—代理关系存在于任何包含两人或两人以上的组织和合作努力中，如公司股东与经理之间的关系就是一种纯粹的委托—代理关系。普拉特和泽克豪瑟也认为，只要一个人依赖另一个人的行动，那么委托—代理关系便产生了；其中，采取行动的一方为代理人，受影响的一方为委托人。当然，需要注意的是，在科层组织中，每个个体（除了在最末水平上的之外）一般既是委托人又是代理人，因为每个个体都会采取行动，同时又受他人行为的影响。在詹森和麦克林看来，如果委托—代理双方都追求效用最大化，那么就有充分的理由相信，代理人不会总按委托人的最大利益行动；换句话说，委托—代理双方的效用函数往往是不一致的，代理人并不一定为委托人的利益服务，甚而不惜以牺牲委托人的利益为代价来谋取私利①。即使委托人对代理人进行适当的激励，以及承担用来约束代理人越轨活动的监督费用等可以使其利益偏差有限，要确保代理人始终做出按委托人的观点来看是最优的决策，一般也是不可能的；正因如此，委托—代理问题是相当普遍的，在所有组织和合作性工作中——在企业的每一管理层次上、在大学、在合伙公司、在联合体、在政府机关以及工会里，该问题都是存在的。

针对委托—代理中出现的道德风险与逆向选择问题，莫里斯指出，委托人可以通过设计一定的激励契约，诱使代理人在不同状况下采取不同行为；而且，一旦代理人采取行动，委托人便可据此识别代理人属于哪种类型，或哪种情况曾经发生，然后对其分类，对不同类型的代理人采用不同的激励方案。显然，这里的关键是一种有效的信息激励机制的设计，这种监督激励契约能够诱导每个代理人的行为，包括真实地透露其私人信息、选择更高的努力水平等，从而将代理人的行为限制在符合委托人利益的范围内，达到"激励相容"（incentive compatibility）。例如，企业最高管理层可以向员工提出与个人能力相对应、由职务和工资组合而成的多种工资计划，员工在考虑自身能力和努力成本的基础上决定接受哪种方案，管理者观察员工的选择便可鉴别员工的能力。同样，让代理人从多项计划中进行选择可以得到对方信息，利用有利益冲突的个人之间的竞争也可以获得有关信息。例如，罗森等人指出，正像竞争性的推销商通常乐意将自己产品的特性与其他竞争性产品的特性进行比较，从而为消费者廉价地提供了决策所需同时又不易直接获得的重要信息一样，企业也可以采取一种比较实绩进行评估的办法，即不是直接观察单个员工的实绩，而是比较从事相似活动的不同员工的相对实绩，依此作为决定各人的工资水准与升迁的参照②。

然而，这种依靠代理人竞争来显示私人信息的方式常常难以奏效，正如泰勒尔所指出的，处于竞争关系的代理人意识到他们之间具有强大的共同利益，很可能会联合起来"合谋"对付他们的委托人。例如，梯若尔在他的研究模型中，证明了多个代理人的"合谋"（collusion），如工人合伙对付经理、工人和经理合伙对付股东，会给企业带来额外的费用。再如，伯恩海姆和惠因斯顿研究了多个委托人之间的"协调"问题：子公司的销售经理至少有子公司经理和总公司主管销售的副总裁两个上级，二者目标往往不同，甚至相互冲突，从而导致管理的效率降低。与现代主流经济学的抽象思维相反，管理学先驱巴纳德更具有实践经验，他从管理学角度系统地研究了激励理论，强调"组织的一个本质要素是团队中的个人具有将个人的努力贡献给一个合作的团队的意愿，而不恰当的激励意味着淡化或改变组织的目的，将导致合作的失

① Jensen, M. C., and Meckling, W. H.. Theory of the firm: Managerial behavior, Agency costs and ownership structure. Journal of Financial Economics, 1976, 3. 中译文见詹森和麦克林. 企业理论：管理行为、代理成本和所有权结构. 陈郁. 所有权、控制权与激励：代理经济学文选. 上海：上海三联书店、上海人民出版社，1998：87.

② Rosen, S.. The theory of equalizing differences. In: Augustus and Layard. Handbook of Labour Economics. Amsterdam: North-Holland, 1985：120.

败";巴纳德关于组织中权威的观点直接启发了西蒙,由此西蒙建立了关于管理学的正式理论①。

正是沿着巴纳德和西蒙所开创的道路,威廉姆森等发展了交易成本理论,提出了资产专用性和不确定性等问题,从而进一步解释了道德风险问题,而格罗斯曼和哈特等人则在此基础上建立了正式的不完全合约理论。他们认为,契约只能是不完全的,契约性权利有两类:一类是特定性权利,另一类是剩余权利;其中,前者指的是那种能在事前通过契约加以明确界定的权利,后者指的是那种不能事前明确界定的权利。显然,对于不完全契约,剩余权利的归属是一个关键的重要问题。哈特等认为,在企业这种复杂的契约结构中,存在这样一些控制权,若要对这些控制权加以明确的界定,必须花费在契约双方看来都不合算的交易费用,以致在事前的契约中不对它们进行明确规定;显然,根据这种理论,企业所有权控制决定了企业交易的效率,因而问题又变成企业的控制权应该归谁所有。本来,控制权的归属问题本身就是值得探究的问题,特别是在不同环境下,它的归属是不同的;但是,西方社会在"资本至上观"的支配下想当然地把股东视为企业必然的控制者,在这种"大胆假设"下,西方社会的绝大多数模型通过数字逻辑来"小心求证"资本所有者拥有企业所有权将更有效率这一"不言而喻"的结论,如国内流行的一种模型典型构建就体现在张维迎的《企业的企业家》一书中。

总之,尽管按照协作系统观,参与协作的企业成员在地位上都是平等的而没有等级之分,从而也就没有委托人和代理人的截然二分关系,但是,在迄今为止的历史发展各阶段,由于不同生产要素对协作系统发展的控制权和系统剩余的占有权是不相称的,从而出现了委托人和代理人的分离。特别是,受"资本至上主义"的支配,西方社会提倡的股东价值观把企业视为出资者所有,而企业的其他要素及其所有者都是股东购买或雇用的,都是为了股东的利润最大化服务的;为了使股东利润最大化,股东就承担起委托人的角色,设立一系列的机理机制来促使那些代理人为他们的利益服务。因此,委托—代理的治理模式是与股东价值观相适应的,它的基本要求是,设计合理的合同激励经理或员工为股东利益服务,并以法律手段给予股东恰当的权利,赋予董事会监管经理的信托责任。从科层制企业中行为关系出发,西方学者又将之推广到一般的社会生活领域,特别是,从保险市场的道德风险和逆向选择研究中发现了一般的委托—代理关系,并成为经济学界研究人们之间互动行为的基本视角;事实上,目前,委托—代理理论已经渗透到企业理论、产权理论、交易费用理论、公共选择理论等各个方面,成为微观经济学的基本分析工具。

三、委托—代理理论在实践应用中的问题

我们知道,新制度经济学之所以要对新古典企业理论进行"革命",其中一个重要原因是它认为新古典经济学将企业看成一个单一的代理人;问题是,新制度经济学和新古典经济学在这点上并没有实质性的区别,因为新制度经济学家同样把企业的监督权先验地赋予企业主或股东这一单一主体。所以,威廉姆森指出,两种理论是互补而不是彼此竞争的,它们提出的是不同的问题,强调企业的不同侧面:新古典企业理论关注的是价格和产出,研究的中心是企业的技术方面;而新制度主义企业理论感兴趣的是组织交易的不同方式,集中研究的是企业的契约方面②。正是由于两者的思维是一致的,都崇尚股东价值观,两者对企业治理的理解也必然是一致的,都强调单方面的治理,这也是委托—代理理论能够被西方主流经济学接受的原因。然而,尽管西方社会把委托—代理关系视为一种普遍的社会存在,西方主流经济学甚至把它视为社会经济关系的基本治理机制,但是,在实际应用中这种治理模式遇到很大的局限,以致无法取得理论上的效果。这可以从如下几个方面加以说明。

---

① Simon, H. A.. A formal theory of the employment relationship, Econometrica, 1951, 19:35.

② 弗罗门. 经济演化:探究新制度经系的理论基础. 北京:经济科学出版社,2003:53.

首先，在现实中纯粹的委托人和代理人往往是找不到的。事实上，根据委托—代理理论，委托人可以监督和激励代理人，从而约束代理人的道德风险和逆向选择行为，而不能相反；在较为健全的委托—代理机制下，委托人可以诱使代理人做出符合委托人利益的行为。问题是，这种委托—代理关系的有效性主要体现在单一委托人和单一代理人之间，此时委托人具有实实在且直接的监督权利；但是，一旦委托—代理关系是多方时，就可能出现问题：（1）当一个委托人面对着多个代理人时，往往涉及代理人之间搭便车、相互之间串谋等问题，因而在缺乏一个有效的信息机制的情况下，就很难找到一个有效的激励机制来减少代理人的信息租金。（2）当多个委托人面对着一个代理人时，由于偏好不同的委托人很难综合成为一个委托人，公共选择的过程往往会使得委托人的监督权利消释或蜕化，从而出现委托人缺位的现象。（3）在多层级委托—代理关系中，委托—代理关系不是确定和唯一的，如在一般的科层组织中每个个体（除了在最末水平上的之外）一般既是委托人又是代理人，从而也会导致最终的委托人往往是缺位的。例如，传统的社会主义国有企业中，全国人民是最终委托人，他们委托各级政府，然而再由各级政府委托下一级职能部门作为代理人管理企业；但是，最终的结果却是委托人消失了，也就是说，委托人往往是缺位的。一方面，作为初始委托人的"全民"由于无法直接行使其财产的使用、转让等权利，其财产主体地位实际上变成了虚的，成为所谓的"无财产委托"；另一方面，各级政府实际上拥有一切生产要素的使用权利而成为"真正的委托人"①，却由于政府不是利益归属的自然主体从而致使这种委托又缺乏坚实的社会基础。推而广之，一旦委托—代理关系超出两人之外的任何多方的公共领域，委托—代理关系都不再是有效的，因为此时委托人的监督已经不是直接进行的，而是体现为一个民主决策的过程，而民主决策的悖论和循环往往导致委托人的偏好得不到体现。实际上，传统的社会主义国家的组织治理几乎都类似于委托—代理模式，罗默指出，共产主义社会遇到三种类型的委托—代理关系：一是管理者与工厂和集体农庄的工人之间，二是政府计划者与企业经理之间，三是公众和计划者之间；管理者必须努力让工人执行其生产计划，计划者必须努力让管理者执行计划机关的计划，而计划者又须尽其所能为他们的集体委托人即公众效力②。但显然，这种委托—代理关系并非真正有效：在经理—工人的代理问题中，经理实际上不能解雇工人，而且更多的消费品是由企业直接提供而不是通过市场，因而工人没有努力工作的动力；在计划者—经理关系中，由于计划者依赖他们管辖范围内的企业获取收入，企业经理和计划者之间成了一种讨价还价的关系，从而形成了软预算约束；在计划者与公众关系上，由于没有政治竞争，所以也不存在真正的委托人。

其次，委托—代理单向治理的效果取决于监督权的完善程度和法理基础。事实上，根据委托—代理理论，契约各方能够把所有的契约订立行动都集中到事前的激励协议，而协议要解决的主要是激励强度和有效率的风险分担两者间的替代③。问题是，事前的激励设计需要完全的契约，从而能够依靠完善的监督来保障；但是，这种要求往往是难以满足的，因为这忽视了契约本身的不确定性。一般来说，这种单向度的委托—代理治理的有效性依赖于这样两个基本条件：（1）其中一方在与他人的关系中具有强支配权力，这就需要合理的法理基础，正如 M. 鲍曼指出的，"如果行为人具有明显优越的制裁潜力，他们就会试图贯彻单方面规范命令——就是说去圆经济人的愿望，且获胜希望极大"④。事实上，如果没有这样的基础，即使存在委托人和代理人，代理人也会对委托人的监督产生内在的不认同，因而基于委托—代理关系的治理结果往往也不是有效的。显然，赋予委托人单方面的监督权这种情况仅仅发生在以前的等级社会中，而

① 石磊. 现代企业制度论. 北京：立信会计出版社，1995.
② 罗默. 社会主义的未来. 重庆：重庆出版社，1997：34.
③ 威廉姆森. 对经济组织不同研究方法的比较. 见：菲吕博顿和瑞切特编. 新制度经济学. 上海：上海财经大学出版社，1998：72.
④ M. 鲍曼. 道德的市场. 北京：中国社会科学出版社，2003：139.

在自由平等交往的现代社会中这种单方面要求则是不现实的，从而这种单向度的治理在现实中往往缺乏权力基础。(2)具有较为充分的市场信号和完善的监督体系，因为理性效用最大化者赞同他人遵守规范，而自己的行为则希望完全不受约束；因此，只有在一个完善的监督体系下，"每个人（才能）都希望他人对自己采取某一特定行为方式，这一点符合每个人的根本利益，对规范生效的愿望可以说是非常自然地也进入了一个（并且恰恰是）理性效用最大化者的决策过程中：经济人（才）是天生的规范利益者"①。因此，尽管主流经济学极力鼓吹委托—代理理论及其治理模式，但其在实践中的应用必须与特定的环境相结合才能发挥作用；事实上，由于治理环境的原因，委托—代理理论本身就可能发生实际上的变异，从而导致理论本身的异化发展。

再次，委托—代理机制隐含的"委托人会自动履行其承诺"的前提是不现实的。事实上，根据委托—代理理论的推定，只有委托人才面对代理人的机会主义风险，而委托人本身则没有机会主义倾向；因此，委托人有权监督代理人的行为，而代理人却没有监督委托人的权利。问题是，如果没有对委托人的监督和约束，凭什么相信委托人就会履行契约？事实上，在现实生活中，那些欠薪而一夜间卷款而逃的雇主大量存在，承包商和农民工之间的工资纠纷也层出不穷。正是由于基于委托—代理的激励和监督机制是单方向的，代理人往往会面临着贪婪委托人的机会主义行为；结果，在这种机制下，尽管代理人的机会主义行为受到了一定程度的抑制，但委托人却可以肆无忌惮地实行机会主义。例如，皮罗就观察到，工人往往会承担一些委托人（管理者）和代理人（工人）关系中所反映不出来的风险：为了追求更多的利润，管理者可能为企业的赢利而对工人撒谎，也可能伪造工人生产量记录，还可能把工人暴露于危险的工作条件中②。这种情况在我国的实践中也得到了非常明显的反映：目前一些中小企业的企业主往往垄断了企业发展的财务信息，结果作为代理人的经理人员根本不了解企业剩余量的多少；那么，即使合约规定经理的剩余权激励与业绩挂钩，这些连剩余多少都不知情的经理又如何获得合约规定的剩余索取权呢？特别是，合约中除了那些从法律角度应该且可以执行的协议外，还包括很多双方达成默契的东西；显然，这些隐含的契约带来新的问题：一是对这些隐含的条款往往有不同的理解，二是隐含的条款往往不能通过法律来执行。正因如此，如果不对委托人的行为进行监督和控制，委托人就有可能违反隐含条款来获取收益，而这些都是纯粹的委托—代理理论不能解决的。

最后，委托—代理治理机制在实践中应用也不像理论阐述的那样普遍。事实上，古典泰罗管理体制就是一个典型的委托—代理治理模式，在这种体制中，个人被看做新古典经济学意义上的经济人，而管理人员激励工人的办法只是简单的胡萝卜加大棒，如计件工资制就是当时重要的激励手段之一。问题是，正是在这种体制下，个人也就没有任何理由把公司的目标内在化，从而也就不会对企业的发展和目标产生多少认同感；结果，正如福山指出的，"就长期来看，其伤害力相当强，遵循泰罗原则所组织起来的工厂，无异是对员工宣告公司不信任他们"③。正因如此，如果我们对西方的社会实践进行更深入的观察和辨识，那么就可以发现，尽管西方社会在学术上极力宣扬委托—代理理论，但其管理实践却往往并非如此；即使被视为体现了这种委托—代理关系并已经相对成熟的科学管理体制，也很少得到真正的实施。关于这一点，我们可以从泰罗的科学管理体制在实践中的应用获得具体的认识。(1)当科学管理体制被引入英国时，就只引起了工程师和经理们很少的兴趣或根本没有引起他们的兴趣，绝大多数雇主也没有认真注意过泰罗的著作，而同时期的评论家如谢德维尔、霍布森、韦伯、凯德布里、列文等都对这种体制的不人道性、反科学性以及不现实性进行了批判；尽管到1917年泰罗的

① M. 鲍曼. 道德的市场. 北京：中国社会科学出版社，2003：135.
② 博特赖特. 金融伦理学. 北京：北京大学出版社，2002：55.
③ 福山. 信任：社会道德与繁荣的创造. 北京：远方出版社，1998：246.

科学管理计划已经得到世界性的宣传介绍，但汤普森对英国的201家工厂的调查却发现只有4家工厂实施该计划①。（2）即使对美国的管理革新仿效最快的德国，在1918年泰罗的《科学管理原理》被译成德文且美国的大规模生产理念被引入之初，德国的一些工程师和学者也对这种理论作了深刻的反思；事实上，他们对泰罗制和福特公司真正实行的制度进行了比较和区分后认为，福特公司实施的制度就比理论上的泰罗制更加人性化，例如，在大萧条时期，福特公司尽管营业收入和利润都大为下降，但还是为员工提供了住房和福利津贴，并试图培养劳工和管理阶层之间的共同体精神。（3）在工程师具有至高无上地位的法国，尽管1918年克里孟梭建议有必要建立泰罗制计划部门，但是，法国社会还是普遍反感美国式的做法，因为这减少了工程师个人的自主权以及他与熟练劳动力的联系；相反，法约尔提出的有别于泰罗的管理理论对法国社会产生更大的革新主义影响。（4）即使在美国，在1920年之前，泰罗式的科学管理制度也只被大约140个企业采用过，并且，这些企业多数是位于东北部各州进行小规模精细生产的企业；后来随着这种制度的逐渐推广，首先引起了工人的反对乃至罢工，他们反对引入计件工资和奖金制度，反对雇主提出的增加产出效率而不增加工资的要求，反对时间和动作研究而造成的对熟练手艺的冲击；接着又引起工头、监督者以及管理层的不满，因为他们也成为雇主获得高额利润的工具。

四、委托—代理理论在研究思维上的缺陷

委托—代理理论在实践应用中的问题除了社会制度的不完善外，更重要的是它的研究思维本身就具有重大缺陷：它忽视了作为协作系统构成要素地位的平等性。事实上，委托—代理理论的一个根本性研究视角就是将两个行为主体割裂开来，而没有考虑到双方的整体性，没有关注联盟本身的有效性问题。当然，从某种意义上讲，委托—代理理论仅仅是对社会事物发展过程中的某一异化阶段的反映。正是由于社会的异化发展，本质上体现合作性的协作系统开始为强势者所支配，并进而借助于社会力量攫取了组织的所有权，从而有权支配、命令和控制另一些成员的行动。一般来说，在物化劳动积累还不多的漫长人类社会中，资本所有者总是处于强势的一方；因此，人们也相应地将物质资本所有者视为企业的所有者，从而赋予其委托人和监督主体的地位，这种地位并为法律所确认甚至加强。而且，一旦被赋予这样的地位，原来平等的协作关系开始出现地位上的等级（不是职位上）；此时，地位等级高的一方凭借法律赋予的合法地位获取了监督和控制其他方的权力，并受到种种支持和保护，所谓"私有财产神圣不可侵犯"就演变为"企业组织资本家所有神圣不可侵犯"了②。

其实，从历史起源上看，企业组织源于家庭组织的演化，但显然两者的治理模式存在很大的差异。在早期社会中，人们的生产以家庭组织为主，这是一个小规模的协作系统；因此，尽管人们在社会层面上往往把家庭视为妇女依从男性的一种社会组织，但从基本的经济层面上看，夫妻之间所结成的家庭还是一个共同体。一个明显的事实是，家庭的生产是所有成员联合展开的，获得的收益也是在所有家庭成员间进行分配，同时，所有成员都应该对家庭做出其相应的贡献；正因如此，我们说，在早期家庭组织中体现的是社会共同治理模式，这种治理一方面通过家规，另一方面通过社会舆论来得以贯彻。当然，当生产规模逐渐扩大，生产组织从家庭组织过渡到企业组织，企业组织之间的共同体联系就不再像过去那样紧密了；此时企业组织本身也发生了异化，成为资本所有者获取利润的工具，从而

---

① 拉什．组织化资本主义的终结．南京：江苏人民出版社，2001：232.

② 参见朱富强．自由企业的社会责任：流行的股东价值观之批判．福建论坛，2009，3：39.

基于单向监督的委托—代理治理模式也就应运而生了。不过，随着企业组织否定之否定的发展，人力资本的重要性重新获得凸显后，这种治理方式也应该作相应改变；但难以理解的是，尽管新制度经济学家已经认识到了企业所有权和财产（物）所有权之间的不一致性，但他们却坚持只有赋予某些代理人（特别地集中于资本所有者）剩余索取权，企业才有效率。试想，基于同样的逻辑，作为同样性质的政府组织，为了使政府运作有效率，我们也必须赋予这些官员充分的剩余索取权吗？如果实行这样的制度安排的话，国家就成为"家天下"。

我们知道，"家天下"仅仅是特定时期的历史现象，而社会的发展已经证明这种"家天下"式的治理是无效的，至少不符合现代社会的要求；而且，历史上独占剩余索取权的"家天下"国家往往是以强权和暴力维持的，一旦这种力量丧失，就必然过渡到"共天下"的阶段，此时人人都要受到监督和约束。一般而言，任何社会组织都经历了一个从协作系统向牟利工具再向协作系统回归的过程，国家组织就是较早形成的大规模协作系统，从而早期国家组织的治理也不同于委托—代理的治理方式。事实上，波里比阿在对《罗马史》中当时的罗马整体和罗马宪法研究后发现，其治理有三个基本特点：一是政体循环论，二是混合政体论，三是制衡原理。他认为，最优良的政体应该是三种政体要素的结合。譬如，斯巴达政体就是混合各种政体要素而组成的，在该政体中，每一种个别权力都受到另一种个别权力的制约，而不会受到另一种权力的侵犯；也即，斯巴达政体中存在着一种制衡：公民参政可以防止君主专制，君主可以牵制元老院，而元老院中贵族的保守性又可以防止公民大会的激进。而且，波里比阿认为，最能体现制衡原理的是罗马政体，它有三种要素：一是执政官，具有君主政体的性质；二是元老院，具有贵族政体的性质；三是公民大会，具有民主政体的性质；正是这三种相互牵制的势力防止罗马的蜕化和衰败，并对后来整个西方的政治制度产生了深远的影响。正因为作为协作系统的国家组织规模庞大，其在发展过程中也就很容易发生异化，从而蜕变成某些人获取利益的工具：早期政府体现为一个掠夺性的利益主体；特别是，由于国家组织比（目前形态的）企业组织出现得更早，国家的异化特征暴露出来也比企业组织要早。

因此，尽管委托—代理机制只是晚近才在生产组织出现，但它却很早就体现在国家组织的治理中了，从而委托—代理治理模式的最早实践也首先源于国家组织。事实上，尽管现代经济学往往把委托—代理理论的起源追溯到斯密对生产组织的行为分析，但显然，更早的源泉可以追溯到马基雅弗利对政治组织的行为分析；因为早在中世纪后期西欧的主权民族国家兴起之时，马基雅弗利在其《君王论》一书中就把国家组织视为统治者获取利益之工具，并由此产生了委托—代理思想。在马基雅弗利看来，君主和其臣下之间的关系实际上就是一种委托—代理关系，双方都有各自的利益目标；那么，一个君主如何才能治理国家，巩固地位，从而最大化自己的利益呢？马基雅弗利认为，君主要最大化自己的利益就要对臣下实行强有力的监督，而且，为了使得自己的利益最大化，在一切可能的条件下，君主可以充分利用他人无可比拟的实力实行机会主义，无情地、玩世不恭地把他的国民都当作工具来使用。在马基雅弗利看来，世界上有两种斗争方法：一种方法是运用法律，另一种是运用武力；第一种方法属于人类特有的理性行为，而第二种方法则是属于野兽的。但是，由于前者常常让人力不从心，所以必须诉诸后者以期求得它的帮助；因此，君主就必须懂得怎样善于运用野兽和人类理性行为这两种斗争方法。君主既然必须懂得善于运用野兽的方法，就应当同时效法狐狸和狮子，这是因为狮子不能防止自己落入陷阱，而狐狸不能抵御豺狼；因此，君主必须是一只狐狸以便防人陷阱，同时又必须是一头狮子以便使豺狼惊骇①。

① 马基雅弗利. 君王论. 北京：光明日报出版社，2001：114-117.

当然，统治者之所以能够不受约束地机会主义地使用这两种策略，就在于统治者作为国家的缔造者，国家本身就是统治者所有；因此，统治者不仅置身于法律之外，而且由于道德来源于法律，也就不受道德的约束。正因如此，在马基雅弗利看来，衡量统治者的政治标准只有一个，即他所运用的增强、扩张和保持国家的政治手段是否成功。他写道，"一个人如果在一切事情上都想发誓以善良自恃，当他置身于许多不良的人当中定会遭到毁灭；所以，一个君主如要保持自己的地位，就必须知道怎样做不良好的事情，并且必须知道视情况的需要与否使用这一手段和不使用这一手段；如果没有那些恶行，就难以挽救自己国家的话，那么他也不必要因为对这些恶行的责备而感到不安，因为如果好好考虑每件事情，就会觉察某些事情看起来好像是好事，可是如果君主照着办就会自取灭亡，而另一些事情看起来是恶行，如果君主照着办就会给他带来安全和福祉"。

显然，马基雅弗利对君主及其臣下行为的分析已经揭示了目前流行的委托—代理理论的一般特征：一方面，法律（契约）本身就是君主制定的，因而作为委托人的君主可以任意地对代理人进行监督和处罚；另一方面，作为代理人的臣下的任何机会主义行为都要受到委托人的监督，因而臣下的任何行为必然是战战兢兢的。正因如此，作为契约的制订者，委托人在对自己有利的任何情况下可以实施机会主义；正如马基雅弗利特别指出的，因为与君主打交道的经济代理人都是机会主义者，君主在被劝告去从事互惠的甚至有优先权的机会主义活动的时候，"当这么做将违背他的利益时，只要使君王约束自己的理由不存在"，就可以不受惩罚地撕毁合约。根据同样的道理，长期以来理论界一直把企业产生和发展视为资本所有者的功绩，因而他们也具有君主一样的权力去监督其他方，自己实行机会主义也可以肆无忌惮。这样，委托人和代理人交互的机会主义倾向，只会导致机会主义日益升级，从而产生不断膨胀的内生交易费用。

而且，委托—代理理论强调激励在治理中的重要性，实际上是希望借以激发代理人的自利心而达到委托人自己利益最大化的目的；强调激励是马基雅弗利所谓的狐狸方式，而之所以强调激励，根本上还是因为有强有力的监督存在。所以，马基雅弗利所提倡的这种机会主义式的委托—代理机制就仅仅适用于等级分明的特权社会，此时君主的利益是至高无上的，是具有充分的法理性和威权性的，特别是他对臣下拥有强大的监督力量。但显然，当这种等级制消逝以后，强大监督开始不存在了，这种凭借自身制定契约权力而形成的委托—代理关系就弱化了，委托—代理的治理功能也大大弱化了；那么，这种片面强调一方利益的委托—代理理论也就失去了生存的空间。即使社会中一些人具有相对优势的权力，"那些'强大'的个人也无法创造出一个自己原则上不受社会秩序核心规范约束的世界"，"如霍布斯已经发现的那样，即使是'最强者'在特定情况下也会受到伤害"①。

因此，尽管这种不受约束的君主制（委托—代理制度）确实曾经存在过很长一段时间，但是，从历史发展的角度看，君主制越来越难以生存而最终被君主立宪制或者共和制所取代。而且，在现代社会中，随着社会价值观越来越凸显，人们利益的平等性和公正性越来越得到强调，因此，马基雅弗利所倡导的统治者可以任意施行的那种单方面的监督权越来越需要受到法律的制约。其实，结合目前的世界形势，我们可以发现，几乎没有一个以委托—代理模式治理的政府组织是有效的；究其原因，名义上政府的立法者（机关）是全体选民的委托人，而政府机关又是立法者（机关）的代理人，但在这样的迂回过程中，委托人早就消失了或者淡化了。基于同样的认识，尽管在价值创造是依靠劳动投入从而凭借监督以获取转移价值的时代，在企业中确实曾经广泛实行单向的委托—代理治理，但是，现代企业几乎没有纯粹实行单向的委托—代理治理机制，而是建立在广泛的内部和外部的监督体系之中，否则，肯定是没有效率的。

---

① M. 鲍曼. 道德的市场. 北京：中国社会科学出版社，2003：139.

五、简短结语

委托—代理理论本身是工具性的，体现了委托人对代理者的控制和利用；这种控制和利用关系本身是特定力量结构下的产物，从而委托—代理关系会随着力量对比关系的变化而演变。事实上，委托—代理机制首先出现在国家组织中，无论是封建社会的君主制还是现代社会中的专制体制都实行类似的治理机制：它强调了掌握控制权的主权者的利益，而忽视了这些主权者的行为对被统治者的损害。R. 布鲁斯·萧就指出，基于正式规则的官僚主义治理存在一个基本假设，就是如果委权于民，人们将会滥用权力，机会主义也从此孳生；因此，信任完全被正式的法规所代替，这些法规由那些身居要职的人制定，并强迫人们按照他们认为正确的方式去行事。当然，现代主流的委托—代理关系与股东价值观相一致，而股东价值观仅仅是在资本相对于劳动处于谈判优势的特定时期的实践映像，体现了作为主权者的股东的利益①；但是，这仅仅是对社会事物发展过程中的某一异化阶段的反映，不能揭示出事物的本质，不能体现正义的要求。为此，奎因和琼斯就批判了工具伦理学的内在缺陷，强调委托人—代理人模式本身应坚持的四个道德义务原则：避免伤害他人、尊重他人的自主权、避免撒谎和尊重协议②。特别是，随着社会信息的分散、利益的多样化以及利益之间的互补性增强，传统的自上而下的单方向的委托—代理式的治理就越来越行不通了，这种显然过于严肃呆板而反应缓慢的治理方式越来越不适应新的竞争需求。事实上，现代社会中有效的政府组织大多是实行代理人监督代理人的机制：所有的立法、内阁以及法院的权力都来自人民的委托，都具有相互的独立性，相互之间又是监督关系，这就是三权分立的理论基础；这符合作为协作系统的社会组织的本质，正如孟德斯鸠早在 1748 年就指出的，"为了阻止这种（权力的）滥用，权力应该是一种对权力的检查，从事物的每个性质来看都是必要的"③。同样，根据对协作系统中权力本质认识的深入，我们相信企业组织的治理本质上也是一个所有代理人共同治理的问题，它直接表现为相互之间的监督④。

（作者电子邮箱：zhufq@ lingnan. net）

The Applicability of Principal-agent Governance and Its Limitations
Zhu Fuqiang
（Economics Research Institute of Lingnan College in Sun Yat-Sen University, Guangzhou, 510275）

Abstract：Western mainstream economics takes the relation of principal and agent as a widespread social existence and regards the governance as a basic mechanism. The governance of principal-agent requests to design rational contract to encourage manager or employees to serve for shareholder's benefits, awards shareholder fitting right by law, and gives the board of directors the trust responsibility to take charge of a manager. However, this kind of governance meets great limitation in application. The sheer principal and agent usually can not be found in the reality. The effect of governance based on principal-agent is decided on the strength and the legal foundation of supervision. The premise "principal will implement its commitment automatically" hided in the governance of principal-agent is not realistic. The application of the theory of principal-agent is not ubiquitous just like allegation

---

① R. 布鲁斯·萧. 信任的力量. 北京：经济管理出版社，2002：8.
② 恩德勒. 国际经济伦理：挑战与应对方法. 北京：北京大学出版社，2003：202-203.
③ 转引自阿尔斯通，埃格特森等. 制度变革的经验研究. 北京：经济科学出版社，2003：154.
④ 朱富强. 企业治理机制：从单向治理到社会共同治理. 学术月刊. 2007：12.

theoretically. Especially, there is serious drawback on theoretical thought for the mechanism of principal-agent: it separates the two behaviors and ignores the whole and equal; as a result, it can not promote the validity of firm.

Key words: Theory of principal-agent; Shareholder-value perspective; Coordination system; Validity

市场化进程、终极控制人层级结构与盈余管理[*]
——来自中国 A 股上市公司的经验证据

● 王妍玲

（上海大学悉尼工商学院　上海　201800）

【摘　要】本文以 2001—2005 年由地方政府和民营资本最终控制的 A 股上市公司为研究样本，研究了终极控制人控制层级与上市公司盈余管理的关系，并进一步检验了这种关系是否会受到各地区市场化进程的影响。研究发现：终极控制人控制层级显著影响上市公司盈余管理，但这种影响在地方政府和民营资本最终控制的上市公司中存在差异，且这种影响会受到各地区市场化进程的制约。

【关键词】终极控制人　控制层级　盈余管理　市场化进程

一、引言

已有文献表明金字塔的股权结构在我国较为普遍。例如，杨兴君等（1998）发现我国民营企业普遍采用金字塔结构来控制多家上市公司。Fan 等（2005）发现我国上市公司股权结构中普遍存在金字塔结构。金字塔的持股结构使得终极控制人对上市公司建立一定的控制层级。终极控制人对上市公司建立控制层级可能出于两个方面的原因，其一是融资约束，其二可能与控股股东的"隧道挖掘"动机有关。已有的文献表明，控制层级的增加并非仅仅是人们对环境的被动反应，实际控制人也可以反过来利用复杂的层级结构来达到转移财富的目的。终极控制人对上市公司的控制层级越多，表明其股权结构越复杂，控股股东越容易进行自利的交易。因此，层级越多的公司，其终极控制人往往有越多的机会和手段攫取控制权私利，从而侵害中小股东的利益。此外，对地方政府最终控制的上市公司而言，其往往会出于分权动机建立层级，也即控制层级的增加实际上起到了减少政府干预的功效。Fan、Wong 和 Zhang 等（2005）指出地方政府与企业的目标分歧越大时，地方政府越倾向于直接控制上市公司，从而可以利用手中的权力对上市公司进行干预，以实现其行政目标。

控股股东侵占行为的典型特征是隐秘性。因为侵占行为一旦被发现，将会招致监管者和外部股东及分析师的干预，从而造成一系列严重的经济后果，如控股股东声誉受损并成为监管的重点对象（Leuz 等，2003；Haw 等，2004）。因此，为了保护侵占行为的隐秘性、避免外部股东的干预，控股股东往往会控制会计政策，降低企业信息披露的透明度，隐藏企业的真实业绩，以便内部人更好地攫取控制权私利。在中国，终极控制人控制层级是否会影响上市公司盈余管理？地方政府作为最终控制人的上市公司，与民营资本控制的上市公司相比，其控制层级对盈余管理的影响是否有所不同？此外，我国所进行的市场化改革对

---

* 本文为上海教委优秀青年教师科研专项基金初期研究成果。

经济、社会、法律乃至政治体制等各个层面都产生了深远的影响，极大地影响了各个微观主体的经济行为。樊纲等的研究表明，尽管我国总体朝着市场化方向发展，但各个地区的市场化进程却很不平衡，这将会显著影响终极控制人对上市公司中小股东进行利益侵占的程度。那么，终极控制人控制层级与盈余管理之间的关系是否会受到不同地区市场化进程的影响？

为了研究上述问题，我们选取了终极控制人为地方政府和民营资本两类公司作为研究样本①，综合考察终极控制人控制层级与上市公司盈余管理的关系，并结合各地区市场化进程，考察终极控制人控制层级与上市公司盈余管理的关系是否会受到治理环境的影响。研究结果发现：（1）终极控制人对上市公司的控制层级越多，股权结构就变得越复杂，控股股东攫取控制权私利的动机和能力相应增强，控股股东为了避免这种攫取控制权私利的行为被发现，将会进行更多的盈余管理。（2）相对于民营资本最终控制的上市公司，地方政府作为终极控制人的上市公司，控制层级的增加实际上起到了减少政府干预的效果，因此，降低了上市公司的盈余管理程度。（3）在一个市场化进程较快的地区，上市公司控股股东对中小股东的利益侵占行为更可能受到约束，因此，终极控制人控制层级所引致的盈余管理会有所下降，即终极控制人控制层级与盈余管理之间的关系会受到各地区市场化进程的影响。

下文的安排如下：第二部分对终极控制人控制层级与盈余管理的关系进行分析，提出本文的研究假设；第三部分是研究设计；第四部分是实证检验的结果及分析；最后是结论。

二、理论分析与研究假设

（一）终极控制人控制层级与盈余管理

已有的文献表明，终极控制人对上市公司建立控制层级可能出于两个方面的原因：其一是融资约束。Almedia 和 Wolfenzon（2003）研究发现，当项目所需投资巨大，而投资人可供使用的自有流动资金较少的时候，往往会选择复杂的金字塔多层级组织方式。Fan、Wong 和 Zhang（2005）对中国上市公司的研究表明，民营企业可能出于融资约束构建金字塔的持股结构。李增泉等（2008）的研究也表明，民营企业所面临的融资约束是企业集团设立金字塔结构的诱因。许多学者从实证研究的角度比较了亚洲、欧洲及多个地区的上市公司的组织结构，发现在那些法制与金融市场相对完善的国家，企业的控制结构相对较简单，而在法制与金融市场相对并不完善的亚洲，复杂控制结构如金字塔持股、交叉持股等则很常见（Claessens，2000；La Porta 等，1999；Faccio 等，2002）。由此看来，复杂的层级是企业对外部市场环境与资金稀缺性的一种反应，企业家在有一定缺陷的市场，通过使用复杂的层级结构，利用有限的资金发展壮大自己。终极控制人建立控制层级的另一个可能的原因与控股股东的"隧道挖掘"动机有关。已有的文献表明，控制层级的增加并非仅仅是人们对环境的被动反应，实际控制人也可以反过来利用复杂的层级结构来达到转移财富的目的。Bertrand 等（2002）研究发现控股股东会将利润从金字塔底部的公司转向金字塔顶部的公司，从而损害其他股东的利益。Bae 等（2002）也发现，集团式的组织结构将加剧控股股东对小股东的剥削程度。

终极控制人对上市公司的控制层级越多，表明其股权结构越复杂，控股股东越容易进行自利的交易。因此，层级越多的公司，其终极控制人往往有越多的机会和手段攫取控制权私利，从而侵害中小股东的利益。无论是对上市公司进行掠夺还是帮助，控股股东对公司资源的占用往往都会扭曲公司真实的业绩。这

---

① 政府最终控制的上市公司中，之所以仅选择地方政府控制的上市公司，主要是因为绝大部分上市公司最终被各级地方政府控制，并且这些公司与地区制度环境关系密切，便于从经验上考察不同地区制度环境对终极人利益侵占行为的影响。

种对公司业绩的扭曲行为一旦被发现，往往会招致监管部门的干涉和外部股东的监督，因此，控股股东对上市公司的控制层级越多，往往会有越强的动机和手段对上市公司进行机会主义的盈余管理。

此外，Fan、Wong 和 Zhang（2005）认为，地方政府最终控制的国有上市公司建立金字塔的多层级结构是出于政府分权的动机。对于国有上市公司而言，控制层级的延长主要源自政府的直接推动（邓淑芳，2006）。例如近年来国有资产管理部门积极推行的三层国有资产管理模式：国资管理部门—国有资产经营公司—各级实体公司。在这种模式下，国家股东设立各种类型的国有资产经营单位或投资单位，下辖若干集团公司或子公司，然后控股各国有企业，形成国有企业的复杂控制结构。政府为何要推动国有企业延长控制层级呢？我国政府由集权到分权的改革，提高了地方政府发展经济的积极性，使各地政府被赋予一定的经济调控权。地方政府作为终极控制人，其对国有上市公司拥有行政管理权和绝大部分的剩余控制权。此外，地方政府还直接控制着国有公司的管理层任免权。地方政府官员作为国有上市公司实实在在的控制人，其利益往往与上市公司其他股东的利益不一致。政府官员往往更关注多种政绩目标，例如地区经济发展、税收和财政盈余、就业及社会稳定等，因为这些目标的实现程度直接关系到官员的晋升。作为控股股东，政府官员往往利用手中的权力对国有上市公司进行干预。曾庆生（2005）研究发现，与其他公司相比，政府控股的公司因为官员的行政干预而承担了更多的社会性负担，即雇用了更多的职工、承担了更重的劳动力成本，并且，政府控股越直接，超额雇员越多。地方政府对上市公司的干预行为及政企交易同样具有不可泄露、保持隐秘的特征。为了保护政府干预行为的隐秘性，地方政府官员和公司管理层均有很强的动机控制上市公司会计政策并进行机会主义的盈余管理。当控制层级增加时，Fan、Wong 和 Zhang 等（2005）指出这实际上表明地方政府是在将权力下放，此时，地方政府与上市公司的目标分歧较小，地方政府的控制权私利较小。这说明对于地方政府控制的上市公司而言，控制层级的增加实际上表明控股股东的控制权私利较小，控股股东进行利益侵占行为的动机减弱，因此，我们提出如下假设。

假设1：终极控制人与上市公司之间的控制层级越多，盈余管理程度越大。相对于民营资本最终控制的上市公司，地方政府最终控制的上市公司的控制层级越多，盈余管理程度反而越低。

（二）市场化进程、终极控制人特征与盈余管理

我国是一个转轨经济国家，也是经济高速发展的国家，在这个发展过程中，一方面，由于采取了从沿海、沿江逐步向内地，从东部地区逐步向中部、西部地区的发展战略，形成了地区间经济、法律等诸方面的差异，根据樊纲、王小鲁和朱恒鹏（2001、2003、2004、2006）的研究，中国不同地区的法律环境等方面存在明显差异，而且由于经济的高速发展，与之相应的配套法律法规也快速发展，处于不断的变迁完善之中；另一方面，在国有企业改革过程中，政府对资源配置发挥着重要作用，甚至在某些方面替代了市场功能，在政府对市场的管制过程中，企业寻租行为普遍存在，而不同政治关系的企业其寻租能力不同，从而从政府所获得的支持和保护也不同。各地区要素禀赋、产业结构以及国有企业比重等转型起点不同，各地施政条件千差万别，因此，尽管我国总体朝着市场化方向发展，但各个地区的市场化进程却很不平衡。通常，市场化程度较高的地区，产权改革以及非国有经济发展较为充分，政府干预较少；而另外一些地区，政府往往向企业寻租，给企业造成额外负担，同时会影响企业融资、投资和正常生产经营决策，导致市场的扭曲。由于较高的市场化程度与较少的政府干预以及较高的法治水平联系在一起，可以预期，在一个市场化进程较快的地区，上市公司中小股东受到的利益侵害程度也会相对较轻，控股股东因控制层级而进行的盈余管理程度也会有所减弱。由此，我们提出如下研究假设。

假设2：市场化程度会显著削弱终极控制人控制层级与盈余管理之间的关系。

三、研究设计

（一）样本选择和数据来源

本文选择我国沪、深两市 2001—2005 年 A 股上市公司作为初选样本。根据研究目标，对初选样本执行如下筛选程序：(1)剔除终极控制人性质为中央政府、职工持股会、部属院校和地方政府教育部门所属院校、军事团体控股的公司。(2)剔除终极控制人发生变更的公司。(3)剔除金融类上市公司。(4)剔除财务会计数据或指标缺失的公司。(5)剔除未披露终极控制人信息或披露不详的公司。(6)剔除当年新上市的公司。(7)剔除模型中各变量 1% 和 100% 的极端值样本。经过以上的选择过程，最终得到的样本观测数为 3419 个，其中，终极控制人为地方政府的样本观测数为 2627，终极控制人为民营企业或自然人的样本观测数为 792。需要说明的是，在对研究假说进行敏感性测试时需要以操控性应计利润为因变量，根据研究需要，本文将对上述 3419 个样本进行进一步筛选。

终极控制人名称及性质方面的数据来自北京色诺芬数据库。终极控制人控制层级数据来自对年报的手工收集。此外，需要指出的是，尽管一家公司可能会有多于一个终极控制人，与 Fan 和 Wong(2002)相一致，本文只关注最大的终极控制人。

各地区治理环境数据来自樊纲等(2006)的市场化指数。各地区 2001—2005 年人均 GDP 数据来自国家统计局出版的 2002—2006 年版的《中国统计年鉴》。本文所有财务数据均来自 CSMAR 中国股票市场研究数据库、Wind 金融咨询数据库和 CCER 经济金融数据库。数据处理采用 SAS 统计处理软件和 STATA 9.0。

（二）检验模型和变量设定

$$ABSNOI = \beta_0 + \beta_1 Layer_{it} + \beta_2 Layer_{it} \times Index\ Mar_{it} + \beta_3 Index\ Mar_{it} + \beta_4 Layer_{it} \times LocalGov_{it}$$
$$+ \beta_5 LocalGov_{it} + \beta_6 Own_{it} + \beta_7 Own_{it} \times Index\ Mar_{it} + \beta_8 Size_{it} + \beta_9 LEV_{it}$$
$$+ \beta_{10} P/B_{it} + \beta_{11} EROA_{it} + \beta_{12} | EROA_{it} | + \beta_{13} | \Delta EROA_{it} | + \beta_{14} Loss_{it}$$
$$+ \beta_{15} lnGDP_{it} + \beta_{16} LagABSNOI_{it} + \Sigma \gamma_j IND_j + \Sigma \theta_k Year_k + \varepsilon_{it}$$

模型中各变量的含义如下：

1. 因变量

ABSNOI 是经上年末总资产调整后的公司 i 当年的非经常性损益的绝对值。根据公司年报中披露的"净利润"和"扣除非经常性损益后的净利润"进行计算，具体而言：

$$非经常性损益 = 净利润 - 扣除非经常性损益后的净利润$$
$$ABSNOI = | 非经常性损益/年初总资产 |$$

一般而言，公司进行盈余管理的途径包括应计项目和非经常性损益①两条主要的渠道。应计项目主要由流动资产和流动负债项目构成，例如应收款项、存货、应付款项等。非经常性损益是指公司正常经营以外的、一次性或偶发性的损益，主要由投资收益、营业外收入、营业外支出和补贴收入等项目构成。在西方研究文献中，由于证券市场比较成熟，对企业的监管也很严格，盈余管理主要通过应计项目进行，不过

---

① 有些研究文献中也称之为线下项目，如朱红军(2002)。非经常性损益是指公司正常经营以外的、一次或偶发性的损益，如重大自然灾害造成的资产减值、资产处置损益、债务重组损益、财政返还和补贴收入等。非经常性损益通常反映在"投资收益"、"营业外收入"、"营业外支出"、"以前年度损益调整"等项目中，也有一些反映在"管理费用"、"财务费用"等项目中。

也有文献对公司通过非经常性损益进行盈余管理的行为进行了分析。Russel（1989）研究发现澳大利亚企业利用非经常性损益平滑收益，即利润持续上升的公司倾向于通过非经常性损失来调低利润，同时规模越大的公司越有可能通过非经常性损益平滑收益。Paul Walsh 等（1991）研究发现澳大利亚上市公司利用非经常性损益实施利润大冲洗，为以后年度扭亏储备利润。Herrmann 等（2003）研究发现，当当期报告的经营性利润低于管理层预测的数字时，公司往往会通过出售固定资产和有价证券以增加会计盈余；当当期报告的经营性利润高于管理层预测的数字时，公司往往又会通过购买固定资产和有价证券以减少会计盈余。总而言之，管理层会利用买卖固定资产和有价证券以降低盈利预测误差。

在我国，国有企业改制上市过程中所进行的特殊的资产重组过程，使得上市公司从诞生之日起，就与上级母公司存在密不可分的利益关联。作为原发起人的母公司，往往与上市公司存在着错综复杂的关联往来与交易，不仅在业务与人事方面，而且还包括资金上的往来。在这种情况下，企业可以通过与关联方之间的大额资产交易或者通过投资产生巨额利润，陈信元和原红旗（1998）及朱红军（2000）已经验证了这一点。由于上市公司通过这种交易获得的利润或者产生的亏损额，金额的大小容易控制，因此，它成为我国上市公司盈余管理的首选途径。

蒋义宏、王丽琨（2003）研究发现，亏损上市公司为避免被摘牌，往往在首次亏损年度确认大量非经常性损失，而在扭亏年度确认大量非经常性收益，即通过控制非经常性交易的时点进行盈余管理。Chen和 Yuan（2004）研究发现，上市公司往往会利用非经常性损益进行盈余管理以达到 ROE10% 的配股及格线。魏涛、陆正飞、单宏伟（2007）研究发现无论是亏损公司还是盈利公司的盈余管理相当倚重于非经常性损益。利用非经常性损益进行盈余管理动机各异：亏损公司主要是为了实现扭亏和避免亏损，高盈利公司则是为了平滑利润和避免利润下降。他们的实证结果表明，非经常性损益确实对上市公司扭亏乃至后续年度是否继续亏损起到了重要作用，且其作用远大于扣除非经常性损益后的操控性应计利润。

因此，本文以非经常性损益占总资产比例的绝对值来衡量盈余管理的程度。之所以选择其绝对值来衡量盈余管理的程度，主要是由于其不仅可以反映内部人（控股股东或管理层）调高报告利润以隐藏其转移资源的倾向，也可以反映内部人（控股股东或管理层）调低利润实施利润大冲洗或平滑利润的动机。

2. 测试变量

Layer 为衡量终极控制人对上市公司控制层级的指标，指终极控制人到底层上市公司之间的中间公司的数量。计算方式同朱松（2006）。如果终极控制人通过多条控制链对底层上市公司进行控制，则选择最长的控制链来计算控制层级。

对于地方政府控制的上市公司而言，其控制层级较多往往是政府权力下放的结果，控制层级的增多，实际上起到了减少政府干预的效果。这种影响与隐藏信息的动机恰恰相反，两种效应混合在一起，很难明确地方政府最终控制的上市公司控制层级与盈余管理程度之间的关系。因此，构建交乘项 Layer×LocalGov 以考察不同性质的终极控制人的控制层级对盈余管理程度的影响。

IndexMar 是公司注册地所在省、自治区或直辖市的市场化相对进程指数。为了检验假设 2，我们构建交乘项 Layer×IndexMar 用于检验终极控制人控制层级与盈余管理程度之间的关系是否会受到各地区市场化进程的影响。

3. 控制变量

模型中控制了一些会对非经常性损益产生影响的变量。其中，Own 为终极控制人对上市公司的现金流权比例，其计算与 Fan 和 Wong（2002）的计算一致，即终极控制人对上市公司的各个环节持股比例乘积之和，Haw 等（2004）研究发现，终极控制人对上市公司的现金流权比例越高，越会导致内部人进行盈余管理，预期符号为正。Loss 为虚拟变量，当公司扣除非经常性损益后的 ROE 处于 0～1% 时为 1，其他情况下为 0。由于证监会对 ST、PT 公司的盈利指标计算并没有要求剔除非经常性损益，所以利用非经常性损益来达到保牌和避免退市就成为一种力度大、见效快的盈余管理手段。本文设置 Loss 这一虚拟变量对此加以控制。lnGDP 为公司注册地所在省、自治区或直辖市当年人均 GDP 的自然对数，该变量用以控制不同地区难以观察到的制度因素的影响。LagABSNOI 为公司滞后一期的非经常性损益占总资产比例的绝对值，用以控制非经常性损益中重复发生的部分对因变量的影响。

此外，我们在模型中控制了公司的基本面因素，包括公司规模(Size)、负债比例(LEV)、公司成长性(P/B)、公司当年扣除非经常性损益后的总资产收益率(EROA)、公司当年扣除非经常性损益后的总资产收益率的绝对值(|EROA|)、公司扣除非经常性损益后总资产收益率变化值的绝对值(|ΔEROA|)、行业(IND)及年度(Year)等相关因素。

各变量及其定义见表1。

表1 变量及其定义

变量名	变量定义
ABSNOI	非经常性损益占期初总资产比例的绝对值
Layer	终极控制人与上市公司之间的控制层级
LocalGov	哑变量，如果终极控制人是地方政府取 1，否则取 0
IndexMar	市场化指数
Own	终极控制人对上市公司的现金流权比例
Loss	哑变量，如果公司当年扣除非经常损益后净利润小于零取 1，否则取 0
lnGDP	各地区人均国内生产总值的自然对数值
LagABSNOI	滞后一期的非经常性损益占期初总资产比例的绝对值
Size	企业规模，为公司年末总资产的自然对数值
LEV	公司年末资产负债率
P/B	公司净资产倍率
EROA	扣除非经常性损益后的总资产收益率 = 扣除非经常性损益后的净利润/期初总资产
|EROA|	扣除非经常性损益后的总资产收益率的变化
|ΔEROA|	扣除非经常性损益后的总资产收益率变化值的绝对值
Year	年份哑变量，用于控制宏观经济的影响
IND	行业哑变量，用于控制行业因素的影响

四、实证检验结果及分析

(一)样本特征描述性统计

表2是检验模型中所有变量的描述性统计结果。可以发现，2001—2005 年，非经常性损益占期初总资产的比例的绝对值(ABSNOI)的均值为 0.0099，而中位数为 0.0028。用于衡量终极控制人控制层级的指标 Layer 平均为 1.2226，表明我国的上市公司中金字塔的持股结构还是比较普遍的。

表2

各变量的描述性统计

变量名	N	均值	标准差	最小值	中位数	最大值
ABSNOI	3419	0.0099	0.0267	0.0000	0.0028	0.5885
Layer	3419	1.2226	0.7614	0.0000	1.0000	6.0000
LocalGov	3419	0.7684	0.4219	0.0000	1.0000	1.0000
IndexMar	3419	6.6345	2.0011	0.3240	6.4700	10.4080
Own	3419	0.3785	0.1949	0.0097	0.3600	0.9200
Loss	3419	0.2021	0.4016	0.0000	0.0000	1.0000
lnGDP	3419	9.4786	0.6314	7.9707	9.4667	10.9207
LagABSNOI	3419	0.0090	0.0242	0.0000	0.0029	0.5885
Size	3419	21.1497	0.8386	17.4965	21.0993	24.8421
LEV	3419	0.4891	0.1934	0.0081	0.4952	2.0024
P/B	3419	4.1689	3.7297	0.6693	3.1261	49.5186
EROA	3419	0.0194	0.0629	−0.5567	0.0227	0.2990
∣EROA∣	3419	0.0457	0.0474	0.0000	0.0335	0.5567
∣ΔEROA∣	3419	0.0327	0.0453	0.0000	0.0171	0.5224

作为回归分析的基础，表3列示了有关变量之间的 Pearson 相关系数。从中我们看到，单变量的相关关系分析表明，终极控制人控制层级、终极控制人所拥有的现金流权比例、公司规模、资产负债率、净资产倍率、扣除非经常性损益后的总资产收益率以及扣除非经常性损益后的总资产收益率变化值的绝对数等变量与衡量盈余管理程度的变量之间具有显著的相关关系。

表3   变量相关系数表

	ABSNOI	Layer	Own	LagABSNOI	IndexMar	Size	LEV	P/B
ABSNOI	1.0000							
Layer	0.0803***	1.0000						
Own	−0.0981***	−0.3066***	1.0000					
LagABSNOI	0.1826***	0.0750***	−0.1031***	1.0000				
IndexMar	0.0161	0.0642***	−0.0543***	0.0185	1.0000			
Size	−0.1781***	−0.0974***	0.2732***	−0.1727***	0.1287***	1.0000		
LEV	0.2247***	0.0709***	−0.1655***	0.1169***	0.0498***	0.1349***	1.0000	
P/B	0.1371***	0.1835***	−0.1967***	0.2587***	−0.1011***	−0.4161***	0.1703***	1.0000

注：***、**、*分别表示显著性水平为1%、5%和10%（双尾检验）。

（二）市场化进程、终极控制人控制层级对盈余管理的影响

表4是终极控制人控制层级和上市公司盈余管理（ABSNOI）之间的回归结果。模型（1）是未加入任何

治理环境变量时的回归结果，表明：

表4　　　　　　　　　　控制层级对盈余管理的影响——市场化程度

	（1）		（2）	
	估计系数	t 值	估计系数	t 值
Cons	0.0717***	4.99	0.0548***	3.24
Layer	0.0023***	2.41	0.0086***	3.69
Layer×IndexMar			−0.0009***	−2.96
IndexMar			0.0012	1.59
Layer×LocalGov	−0.0022*	−1.79	−0.0023*	−1.93
LocalGov	0.0003	0.13	0.0007	0.34
Own	0.0050*	1.84	0.0119	1.50
Own×IndexMar			−0.0010	−0.92
Size	−0.0046***	−6.79	−0.0045***	−6.71
LEV	0.0003***	8.75	0.0003***	8.85
P/B	−0.0002	−1.23	−0.0002	−1.34
EROA	0.0098	0.92	0.0108	1.02
|EROA|	0.0190*	1.77	0.0190*	1.77
|ΔEROA|	0.0419***	3.34	0.0419***	3.34
Loss	0.0144***	10.05	0.0146***	10.19
lnGDP	0.0014	1.35	0.0021	1.42
LagABSNOI	0.0915***	5.01	0.0904***	4.95
Year	控制		控制	
Ind	控制		控制	
N	3419		3419	
F 值	20.23		18.93	
Adj-R^2	0.1684		0.1699	

注：***、**、*分别表示显著性水平为1%、5%和10%（双尾检验）。

（1）Layer 的系数在5%的水平上显著为正，这表明随着终极控制人对上市公司控制层级的增加，上市公司的股权结构变得更为复杂，控股股东攫取控制权私利的动机和能力相应增强，控股股东为了避免这种攫取控制权私利的行为被发现，将会进行更多的盈余管理，这支持了假设1。

（2）交乘项 Layer×LocalGov 的系数在10%的水平上显著为负，说明相对于民营资本最终控制的上市公司，地方政府最终控制的上市公司控制层级越多，盈余管理程度反而越低。

（3）Own 的系数在10%的水平上显著为正，这表明随着终极控制人对上市公司现金流权的增加，将会导致更多的盈余管理，这与 Haw 等（2004）的结果是一致的。

（4）控制变量中，我们发现，规模与盈余管理程度是负相关的关系，这与 Haw 等（2004）和 Wang 等（2006）的研究是一致的，说明公司规模越大，其盈余管理程度越低。LEV 的系数显著为正，说明公司债务比例的增加，将会对公司盈余管理程度产生正面的影响，这与 Herrmann 等（2003）的发现是一致的。P/B 的系数为负，与预期一致，但并不显著。Loss 的系数显著为正，说明处于亏损边缘的公司往往会利用非经常性损益进行盈余管理。｜EROA｜、｜ΔEROA｜与盈余管理程度呈正相关的关系，这与 Haw 等(2004)和 Kim 等(2006)的研究是一致的。LagABSNOI 的系数显著为正，这表明我国上市公司的非经常性损益中有一部分是重复发生的，这与 Herrmann 等(2003)以及 Chen 和 Yuan(2004)的发现是一致的。

不同地区市场化进程存在显著差异，不同地区治理环境的差异将会显著影响控股股东进行利益侵占的动机和能力，进而影响控股股东因控制层级而进行的机会主义盈余管理。模型(2)中我们通过引入各地区市场化程度指数，考察了终极控制人控制层级与盈余管理的关系是否会受到各地区市场化进程的影响。我们关注的主要变量是衡量控制层级的指标 Layer 和 Layer 与衡量各地区市场化程度的指标 IndexMar 之间的交乘项，分别代表了终极控制人对上市公司的控制层级与上市公司盈余管理程度之间的关系，以及这种关系是否会受到治理环境的影响。回归结果说明：

(1)Layer 的系数在 1% 的水平上显著为正，这表明随着终极控制人对上市公司控制层级的增加，上市公司的盈余管理也在增加。

(2)交乘项 Layer×IndexMar 的系数在 1% 的水平上显著为负，这说明各地区市场化程度越高，上市公司中小股东受到的利益侵害程度会越轻。因此，在一个市场化进程较快的地区，控股股东对上市公司控制层级所导致的盈余管理也会相应减少。回归结果支持了假设 2。

(3)交乘项 Layer×LocalGov 的系数在 10% 的水平上显著为负，说明相对于民营资本最终控制的上市公司，地方政府最终控制的上市公司的控制层级越多，盈余管理程度反而越低。

(4)控制变量的影响基本不变，不再赘述。

(三)敏感性测试

1. 以操控性应计利润的绝对值作为盈余管理的衡量指标

考虑到国外文献大多以操控性应计利润作为盈余管理的衡量指标，如 Haw 等(2004)、Kim 等(2006)，因此，除了考察上市公司利用非经常性损益进行盈余管理外，我们还将操控性应计利润的绝对值作为盈余管理的衡量指标，重新对上述关于盈余管理的模型进行了回归。参照魏涛、陆正飞等(2007)，我们计算了扣除非经常性损益后的操控性应计利润。我们采用截面 Jones 模型来计算操控性应计利润①。

表5 是以 DACC 为因变量，对终极控制人控制层级与上市公司盈余管理进行回归的结果。其中，模型(1)是未加入任何治理环境变量时的回归结果，可以发现 Layer 的系数为 0.0056，在 10% 的水平上显著，说明随着终极控制人对上市公司控制层级的增加，上市公司会进行更多的盈余管理；交乘项 Layer×LocalGov 的符号与预期一致，但并不显著。模型(2)是在检验模型中纳入市场化进程这个变量时的结果。回归结果表明，我们所关注的主要变量 Layer、交乘项 Layer×IndexMar 系数均不显著。这可能是由于我国的上市公司更多的是利用非经常性损益这种更为便捷的手段进行盈余管理。这与 Chen 和 Yuan(2004)、魏涛和陆正飞等(2007)的发现是一致的。

2. 其他的敏感性测试

为考察研究结果的稳健性。我们还做了以下稳健性分析。首先，为减少模型中的线性相关，我们设置了市场化进程指数的虚拟变量，重新对控制层级与盈余管理的模型进行回归。此外，由于我国的股权分置

---

① 常见的盈余管理计量模型主要有四种：(1)DeAngelo(1986)模型；(2)Healy(1985)模型；(3)Jones(1991)模型；(4)KS 模型(Kang 和 Sivaramakrishnan，1995)等。夏立军(2003)在针对中国上市公司盈余管理模型的选择方面指出，在能够揭示盈余管理的模型中，基本的 Jones 模型和调整 KS 模型揭示盈余管理的能力较强。因此，本文选择截面 Jones 模型计算公司的操控性应计利润。

改革始于 2005 年，截至 2006 年 4 月，沪深两市已完成或者进入股改程序的上市公司共有 793 家，占 1348 家应改革 A 股上市公司的 59%，对应市值占比为 66%，对应的股本占比为 62%。虽然我们在前述的回归中均控制了年度的影响，但鉴于股权分置改革对股票市场的影响十分重大，我们将研究样本中 2005 年的观测值剔除后重新进行了回归。上述敏感性测试的结果表明，我们的主要研究结论不变，限于篇幅，不再汇报其结果。

表 5   控制层级对盈余管理的影响

	（1）		（2）	
	估计系数	t 值	估计系数	t 值
Cons	0.1364 **	3.13	0.1365 ***	2.66
Layer	0.0056 *	1.90	0.0055	0.78
Layer×IndexMar			−0.0001	−0.02
IndexMar			0.0022	1.05
Layer×LocalGov	−0.0051	−1.40	−0.0050	−1.36
LocalGov	0.0006	0.10	0.0007	0.12
Own	0.00112	1.36	0.0384	1.59
Own×IndexMar			−0.0041	−1.20
Size	−0.0099 ***	−4.87	−0.0098 ***	−4.81
Lev	0.0009 ***	10.08	0.0009 ***	10.07
P/B	−0.0005	−1.10	−0.0005	−1.01
EROA	0.0206	0.64	0.0203	0.63
∣EROA∣	0.3504 ***	10.71	0.3498 ***	10.69
∣ΔEROA∣	0.2044 ***	5.34	0.2053 ***	5.36
Loss	0.0003	0.07	0.0004	0.09
lnGDP	0.0069	1.39	0.0051	1.32
Year	控制		控制	
Ind	控制		控制	
N	3411		3411	
F 值	25.74		23.75	
Adj-R^2	0.2025		0.2023	

注：***、**、* 分别表示显著性水平为 1%、5% 和 10%（双尾检验）。

五、研究结论与启示

金字塔的股权结构在我国较为普遍，这种持股结构使得终极控制人与上市公司之间存在一定的控制层级。终极控制人对上市公司控制层级的增加有利于控股股东进行利益侵占行为和各种寻租活动。无论是利益侵占行为还是各种寻租活动，其特点都是要保持隐蔽性。控股股东为了避免外部投资者及监管部门的监督和自身的声誉受损，往往有动机对上市公司进行盈余管理。而不同地区市场化进程不同，则会显著影响终极控制人对上市公司中小股东进行利益侵占的程度。

本文以2001—2005年由地方政府最终控制和民营资本最终控制的A股上市公司为研究样本，首次考察了终极控制人控制层级与上市公司盈余管理的关系，以及这种关系是否会受到各地区市场化程度的影响。研究发现：终极控制人控制层级显著影响上市公司盈余管理的程度，但终极控制人控制层级对盈余管理的影响在民营资本最终控制的公司和地方政府最终控制的公司之间存在差异，且这种关系会受到各地区市场化进程的制约。

本文的发现为终极控制人出于"隧道挖掘"动机建立控制层级及地方政府出于分权动机建立控制层级提供了一定的佐证证据。本文的研究表明，控股股东对中小股东的利益侵占是导致我国盈余质量较低的更为主要的原因，而控股股东的侵占行为会受到各地区市场化进程的影响。需要说明的是，由于数据收集的困难，本文仅以非经常性损益总额作为上市公司盈余管理程度的衡量指标，未来可以通过收集非经常性损益的分项数据，进一步考察上市公司利用非经常性损益进行盈余管理的手段和方式。其次，本文以樊纲、王小鲁和朱恒鹏（2006）所编制的《中国市场化指数》报告中的市场化指数总体评分作为各地区市场化程度的衡量指标。这一指标体系是在全国大范围的调查基础上形成的，还考虑了年度间的可比性问题，能较好地综合反映各地区市场化进程的差异，较多的学者均采用该报告所提供的指数得出了许多重要的结论①，因此，我们认为采用该报告中的指数来量化各地区治理环境基本上是可行的。但必须指出的是，本文研究结论的有效性，在很大程度上还依赖于该市场化指数的准确性与有效性。最后，本文的研究样本仅包括终极控制人为地方政府和民营资本的上市公司，因此研究结论不一定适用于非上市公司，也不一定适用于中央政府控制的上市公司，关于这些公司的终极控制人如何影响盈余管理尚待未来深入研究。

（作者电子邮箱：ljglpl@163.com）

参 考 文 献

[1]陈晓，李静. 地方政府财政行为在提升上市公司业绩中的作用探析. 会计研究，2001，12.

[2]邓淑芳，姚正春，李志文. 收购人层级与收购后上市公司长期绩效. 南开管理评论，2006，9.

[3]樊纲，王小鲁，朱恒鹏. 中国市场化指数——各地区市场化相对进程2006年报告. 北京：经济科学出版社，2006.

[4]国家统计局编. 中国统计年鉴2005. 北京：中国统计出版社，2006.

[5]蒋义宏，王丽琨. 非经常性损益缘何经常发生——来自亏损上市公司年报的证据. 证券市场导报，2003，6.

[6]李增泉，辛显刚，于旭辉. 金融发展、债务融资约束与金字塔结构——来自民营企业集团的证据. 管理世界，2008，1.

[7]刘芍佳，孙霈，刘乃全. 终极产权论、股权结构及公司绩效. 经济研究，2003，4.

[8]魏涛，陆正飞，单宏伟. 非经常性损益盈余管理的动机、手段和作用研究. 管理世界，2007，1.

[9]夏立军. 盈余管理计量模型在中国股票市场的应用研究. 中国会计与财务研究，2003，2.

[10]夏立军，陈信元. 市场化进程、国企改革策略与公司治理结构的内生决定. 经济研究，2007，7.

[11]张维迎，粟树和. 地区间竞争和国有企业的民营化. 经济研究，1998，12.

[12]朱红军，夏立军，陈信元. 转型经济中审计市场的需求特征研究. 审计研究，2004，5.

---

① 如曾庆生（2004）、夏立军、方轶强（2005）、孙铮、刘凤委、李增泉（2005）和Fan、Wong和Zhang（2005）等。

[13] 朱松. 最终控制人特征与盈余信息含量. 中国会计与财务研究, 2006, 1.

[14] Bartov, E.. The timing of asset sales and earnings manipulation. The Accounting Review, 1993.

[15] Chen, K., and Yuan, H. Q.. Earnings management and capital resource allocation: Evidence from China's accounting- based regulation of rights issues. The Accounting Review, 2001, 79.

[16] Claessens, S., Djankov, S., and Lang, L. H. P.. The separation of ownership and control in east Asian corporations. Journal of Financial Economics, 2005, 58.

[17] Craig, R., and Walsh, P.. Adjustments for extraordinary items in smoothing reported profits of listed Australian companies: Some empirical evidence. Journal of Business Finance & Accounting, 1989, 16(2).

[18] Fan, J. P. H., Wong, T. J., and Zhang, T. Y.. The emergence of corporate pyramids in China. CIG Working Paper Series, The Chinese University of Hong Kong, 2005.

[19] Haw, I., Hu, B., Hwang, L., and Wu, W.. Ultimate ownership, Income management, and legal and extra-legal institutions. Journal of Accounting Research, 2004, 42.

[20] Herrmann, D., Inoue, T., and Thomas, W.. The sale of assets to manage earnings in Japan. Journal of Accounting Research, 2003.

[21] Jensen, M. C., and Meckling, W. H.. Theory of the firm: Managerial behavior, Agency costs and ownership structure. Journal of Financial Economics 3, 1976.

[22] Jones, J. J.. Earnings management during import relief investigations. Journal of Accounting Research, 1991, 29.

[23] Kim, J. B., and C. H., Yi. Ownership structure, Business group affiliation, Listing status, and earnings management: Evidence from Korea. Contemporary Accounting Research, 2006, 23.

[24] La Porta, R., Lopez-De-Silanes, F., Shleifer, A., and Vishny, R. W.. Investor protection and corporate governance. Journal of Financial Economics, 2000, 58.

[25] Lemmon, M. L., and Lins, K. V.. Ownership structure, Corporate governance, and firm value: Evidence from the east Asian financial crisis. Journal of Finance, 2003, 58(4).

[26] Leuz, C., Nanda, D., and P. D. Wysocki. Earnings management and investor protection: An international comparison. Journal of Financial Economics, 2003, 69(3).

[27] Paul, W., Russell, C., and Frank, C.. Big bath accounting using extraordinary items adjustments: Australian empirical evidence. Journal of Business Finance & Accounting, 1991, 18.

[28] Shleifer, A., and Vishny, R. W.. A survey of corporate governance. Journal of Finance, 1997, 52.

[29] Smith, E. D.. The effect of separation of ownership from control on accounting policy decisions. The Accounting Review, 1976, 4.

[30] Teoh, S. H., Welch, I., and Wong, T.. Earnings management and the long-run market performance of initial public offerings. Journal of Finance, 1998, 53.

The Process of Marketization, Corporate Pyramidal Layers and Earnings Management
—Empirical Evidence from China's A-shares Market

Wang Yanling

(Sydney Institute of Language and Commerce of Shanghai University, Shanghai, 201800)

Abstract: This paper takes the A-shares-listed companies controlled by local government and private capital from

2001 to 2005 as research object, and studies the relationship between the controlling hierarchy of final controller and the earnings management of listed companies and furthermore tests whether the relationship is influenced by different local marketization process. The research finds out that the hierarchy of final controller notably influences earnings management of listed companies; however, it is different in those controlled by local government and those controlled by private capital. And this kind of influence is constrained by different marketization level of different district.

Key words: Final controller; Controlling hierarchy; Earnings management; Marketization process

城市营销及其公共性价值实现机制的构建

● 陈柳钦

（天津社会科学城市经济研究所　天津　300191）

【摘　要】本文阐述了城市营销的缘起及内涵，论述了城市营销的公共性价值取向以及城市营销公共性价值的缺失，提出建立城市营销公共性价值实现机制：强化城市营销观念，突出政府在城市营销中的主导地位，充分运用营销策略组合，增强城市营销灵活性，提高城市营销效益，注重培育城市核心竞争力等内容。

【关键词】城市营销　公共性价值　城市营销策略　城市核心竞争力

一、城市营销的缘起及内涵

城市营销实践始于欧美国家。20 世纪初，欧洲的一些滨海城市开始尝试以促进旅游为目的的城市营销。然而在很长的发展阶段里，城市营销实践基本上属于城市推销或城市促销的范畴。近代城市营销实践产生于 1930 年，也被称作"烟囱角逐"（smokestack chasing）的时代，那时美国南部各城市对生产价值的追求目标比较单一，即吸引工厂、扩大就业，因而鼓吹自己可以比别的城市提供更好的商业环境、更低的商务成本，并且还提供政府财政支持。直到 20 世纪 80 年代，真正意义上的城市营销实践才在美国诞生。在经济全球化的大背景下，世界各地的城市都在竞争有限资源以谋求自身的发展，城市营销作为增强城市竞争力、繁荣区域经济的有效工具开始备受关注。与此同时，市场营销理论及城市相关学科的研究取得了长足进展，诸如社会营销、非营利组织营销、文化营销、服务营销、组织间营销、关系营销、体育营销、品牌营销、旅游营销、政治营销等理论的涌现，地区经济发展、地区竞争力、城市规划以及城市管理等方面新理论的蓬勃发展，都为城市营销理论的研究和发展提供了丰富的理论资源，城市营销开始进入一个蓬勃发展的时期。

在英文文献中，城市营销或地区营销的概念尚无统一的术语表达，常见的有"city marketing"、"place marketing"、"regional marketing"、"urban marketing"、"geographical marketing"、"selling places"等。20 世纪 90 年代以后，一个明显的趋势是学者们越来越多地采用"place marketing"或"city marketing"这两个术语。"营销学之父"菲利普·科特勒（Philip Kotler，2002）曾解释说："地区（place）可以是一个国家，一个政治地理区域，一个行政区域（省），一个以历史、文化或族群为标志的地区，一个城市及其周边的人口带，一个有着各种明确属性的市场，一个工业基地和相近工业及其供应商的聚集地，也可是一种人际关系的心理属性。"其他学者也大多赞同科特勒的上述见解。因此，在英文文献中，"city marketing"和"place marketing"这两个概念通常具有相似的内涵，只是概念的外延或其适用的范围存在着差别。科特勒等（Kotler et al.，2002）从更广义的地区角度对地方营销给出了定义，认为"地方营销是满足地区目标市场的需求而进行的规划和设计，成功的地方营销应该使得市民、企业对其所在的社区感到满意，游客和投资者对地方的期望得到满足"。这一定义指出了地区或城市营销的目标，概括了地区营销的顾客，并紧紧抓住了市场营销的核心概念——需求。在这里，地区的潜在目标市场是指地区顾客(customers)，即商品和服务生产者、企业总部或地区分支机构、外来投资及出口市场、旅游及餐饮娱乐，以及新的居民等(Kotler et al.，2002)。地区营销管理的目的，就是有效运用和协调地区营销资源以赢得特定的目标市场，进而促进地区或城市的发展。

国内一些学者也对城市营销概念及其内涵提出了自己的见解和观点。孙成仁(2001)指出应该把城市营销看做城市公共政策的一部分，以公共利益为标准来衡量城市营销的效果，积极调和市场和公共利益的关系。郭国庆和刘彦平(2005)认为城市营销是指城市根据其现有或潜在的目标市场如市民、旅游者、投资者、企业、出口市场等的需求及竞争现实进行甄别、发掘和创造城市的价值与利益，通过设计、生产和提供比竞争城市更能满足城市顾客特定需求的城市产品或服务，来提升城市竞争力、促进城市发展的一系列研究、计划、执行和控制的过程。陈章旺(2006)在总结国内一些专家观点的基础上，用图的方式对城市营销内涵进行了概括性的总结(见图1)，他认为城市营销的主体是城市政府；城市营销的立足点是充分发挥城市的整体功能；城市营销的实质是用市场营销理念和方法管理城市；城市营销的核心内容是规划城市长远发展，包括文化、传统、资源、区位、品牌；城市营销的目标客户群是城市消费群体，包括现有消费群体和潜在消费群体；城市营销环境包括软、硬环境，硬环境主要是指城市的公共基础设施，软环境主要是指城市的政治、经济、法律、文化、社会风气等；城市营销的最终目的是满足城市顾客的需求。

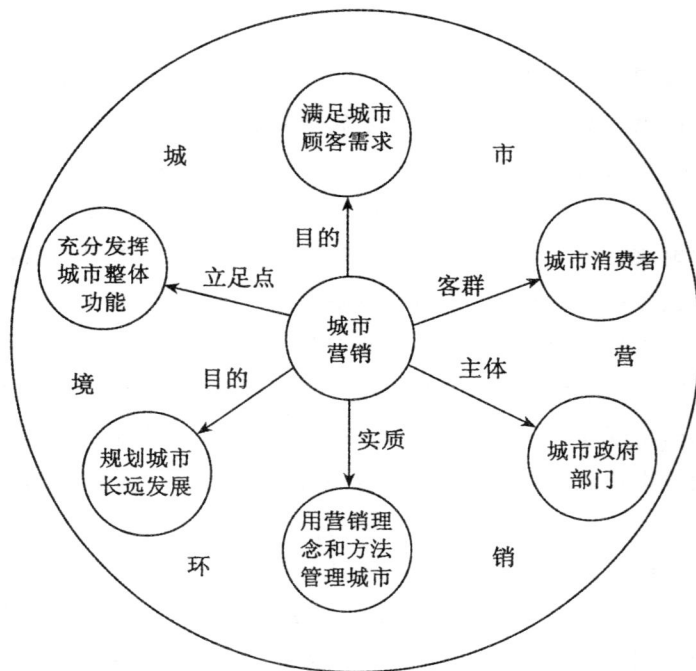

图1　城市营销内涵①

赵艳华、罗永泰(2006)认为，城市营销的定义可以概括为：在城市发展过程中，以提升城市知名度、美誉度和吸引力为目标，通过一系列整合的营销方式，把目标城市的优势、潜力等有步骤地传达给相关客户群，以吸引目标客户，并通过为目标客户提供适合的"城市产品"，满足消费者需求的活动过程。曾强

---

① 陈章旺.我国城市营销的现状、问题及对策.福州大学学报(哲学社会科学版)，2006，1：25.

（2008）认为，城市营销就是要充分发挥城市的整体功能和提升城市核心竞争力，树立城市的独特形象，提升城市知名度、美誉度。它由三个要素构成：一是城市营销主体，主要指城市政府。城市政府既是城市经营活动的组织者、指挥者，又是城市生产、生活、工作环境和条件的提供者。二是城市营销因素，即城市营销者吸引既有的和潜在的城市消费者进驻城市，活跃城市经济发展的因素，也就是通常所说的城市环境。三是城市营销客体，即城市消费者。这是那些对于城市生产、生活、工作环境和条件具有特定消费需要、消费欲望和基本消费能力，并且愿意通过消费交易来实现其消费需求的现实和潜在消费者的总和。

我们认为，城市营销是一种"大营销"的概念，包括一定区域内产品、企业、品牌、文化氛围、贸易环境、投资环境乃至城市形象和人居环境等全方位的营销，其营销市场既包括本地市场、国内市场以及海外市场，还囊括了互联网络上的虚拟市场，它代表着市场的开拓、整合、再造以及整个创造。由此引申的"城市营销"就是把市场经济中的营销意识、营销机制和营销方式等理念和手段运用到城市建设和管理上，将城市视为一个特殊的实体，将城市现实的和未来的发展中方方面面的实力视为"产品"，分析它在全球性竞争中的强项与弱项以及面临的机遇与挑战，并针对目标市场整合政策、基础设施、环境、文化等相关产品、资源和服务方式，以整体包装促销带动和提升个性化营销及销售效益的营销模式。城市营销的最终目标是：使城市更多地获取有益的跨国、跨区域资源，创造和维护一个有效率的市场，营造一个良好的、对各类有益资源更具有吸引力的公共环境，增加城市创造价值的能力，提高城市的综合竞争力。

二、城市营销的终极目标在于实现或提供公共价值

（一）城市营销与城市价值

在哲学中，价值一般被视为客体对于主体的意义。这一高度抽象的含义同样也适用于对城市价值的思考。近二百年来，城市化浪潮席卷全球，现代城市发展的空间形态，几乎每20年就要进入一个崭新的周期。人类对城市未来的发展和建设，寄予了美好的期望。因此，城市化和城市发展，本身就是一个鲜明的价值命题。德国地理学家克里斯塔勒（Walter Christaller）有句名言："城市在空间上的结构，是人类社会、经济活动在空间上的投影。"事实上，这个"投影"极其深广而复杂，凝结了城市在空间集聚、经济集聚、社会文化多元动态演进过程中人类的诸多需求和期望。满足城市内外利益主体的这些需求和期望的能力或效用，正是城市价值的本源及本质所在。城市价值是当前价值和未来潜在价值的统一。城市价值的大小可以通过城市效率来衡量。城市效率体现为城市的资源配置效率、集聚与辐射效应及其促进社会可持续发展的能力。随着人们对城市价值的认识日渐深刻和全面，城市价值系统的整体最优效益及其可持续性，以及城市价值的人本主义回归，必将成为当代有关城市价值研究的重心。市场营销学脱胎于经济学，以顾客需求为理论体系的核心概念，"价值"自营销学诞生之日起就是一个关键的概念。沿用市场营销理论，营销组合是指产品、定价、地点、促销等方面的相互搭配，营销组合各因素的相互整合，决定城市营销者提供的整体产品或服务自身的价值大小以及在多大程度上满足消费者的需要，顾客能够判断哪些产品或服务将提供最大价值。在一定的搜寻成本和有限的知识、收入等因素的限定下，顾客是价值最大化追求者，他们形成一种价值期望，并根据其行动。他们会了解城市产品是否符合他们的期望价值，这将影响他们的满意度和再购买的可能性。不了解消费者，就无法预测其需要与欲望，也无法对其需要做出恰当的反应。自20世纪80年代以来，随着对关系营销、品牌营销和战略营销理论研究的日渐深入，价值概念在营销理论中获得了更为深刻和广泛的意义。就城市营销而言，国内外的相关研究论著也大多紧扣城市价值这个基本的概念和理论线索。城市营销的过程，可视为一个让渡顾客价值以赢得顾客满意度和忠诚度的过程。顾客让渡价值概念的战略意义在于城市必须提供高于竞争对手的顾客让渡价值，才可能对目标市场更具吸引

力。基于这一认识，并立足于市场营销的理论视野，我们认为城市价值蕴含于城市产品与城市顾客的关系之中，蕴含于城市发展和竞争的过程之中，蕴含于公共价值和私人价值的关系之中。既然城市价值是与城市相关利益主体相联系的概念，那么我们从营销的角度，可以把城市价值进一步锁定在城市产品和城市顾客上。城市营销的产品即城市产品是指在一定时期内，可以由城市政府直接或间接地运用政策或市场手段提供的，并能满足城市消费者需求的各种城市资源的总和。城市作为一个特殊的公共组织，也亟待树立顾客导向的营销哲学来更好地应对日益激烈的城市竞争。城市营销的价值路线图如图2所示。

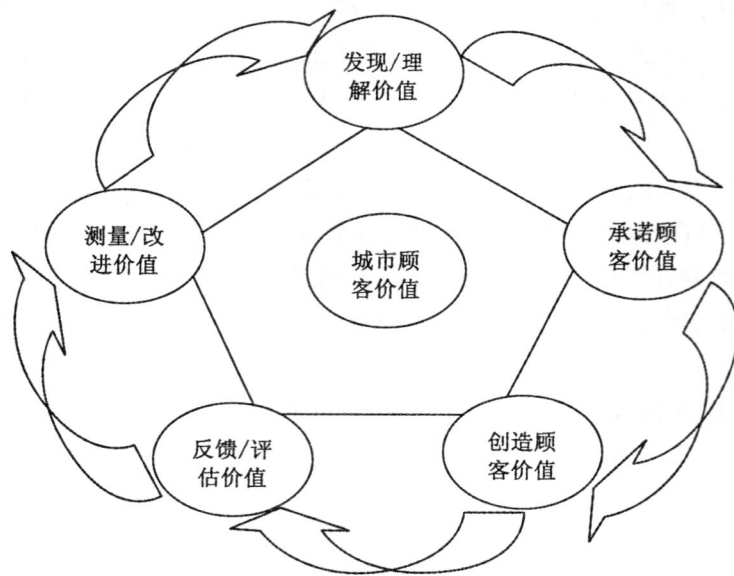

图2　城市营销的价值路线图①

（二）城市营销价值取向的公共性

城市营销的价值取向问题是经济哲学研究中的一个重要理论问题，也是社会生活中一个非常现实的问题。在城市营销过程中，城市借助于市场营销的理念和方法管理城市，将城市视为一种特殊实体，分析它在全球性竞争中的强项与弱项及面临的机遇与挑战，整合相关资源，以现代营销方法向公众提供城市现实的和未来的各方面产品。城市营销包括一个城市的政策、品牌、文化氛围、贸易投资环境、城市形象、人居环境等多方面内容，其营销对象既包括国内市场、海外市场，还囊括了互联网络上的虚拟市场。城市营销无论是营销什么，其行为本质上都应当是一种以公共性价值为取向的行为。

有关"公共性"价值取向和内涵的界定主要集中在以下几个方面：在伦理价值层面上，"公共性"必须体现公共部门活动的公平与正义；在公共权力运用上，"公共性"要体现人民主权和政府行为的合法性；在公共部门运作过程中，"公共性"体现为公开与参与；在利益取向上，"公共性"表明公共利益是公共部门一切活动的最终目的和归宿。在这一意义上，公共利益往往被当成一种价值取向。

我们知道，城市营销的对象一般是城市公共物品。公共物品是与私人物品相对应的一个概念，其消费具有非竞争性和非排他性特征，一般不能或不能有效通过市场机制由企业和个人来提供，主要由政府来提供。公共物品具有公共消费性质，个人对这类物品的消费并未减少其他人同样消费或享受其利益。一般而

---

① 郭国庆，刘彦平．城市价值的营销学思考．北京行政学院学报，2006，4：47

言，公共物品具有正的外部性影响，是文明社会不可或缺的重要内容。公共物品的存在，能够增加社会福利，提高个人和企业的生产效率和效益，对社会有深远的影响。城市公共物品既包括可见的、实物形态的道路、公园、医院、图书馆、信息设施等，也包括所有城市居民都可以享受或必须遵循的政策、法规、福利等非实物的产品。对于现代城市来说，城市公共物品是影响城市空间性状的最为基础、最为直接的要素。从城市的形成到现代城市功能的拓展，城市公共物品都起着先导的作用。城市公共物品区别于一般公共物品主要体现在区域性，虽然具有一般公共物品的特征，但主要作用在一个城市内。在城市营销过程中，需要城市营销的公共物品如城市形象、城市环境、公共信息、城市公共政策，一般都是非营利性公共物品，公众都可以从中受益，但若个人去生产这些公共物品，他未必能收到预期的回报。在这种情况下，政府介入城市营销就成为一种必然选择。城市营销的目的在于形成城市和公众间的良性互动，增进公共利益。通过城市营销，使公众认识城市、感受城市、享受城市、利用城市，从城市获得他们所需要的产品、服务和信息，进而形成对城市的良好印象，增强城市的凝聚力、吸引力和竞争力。因此，城市营销的意义并不仅仅简单停留在对一座城市的介绍，其更深远的意义在于带动城市形象的提升和城市社会经济的发展。

三、城市营销实践中存在公共性价值缺失

（一）城市营销的观念薄弱，城市治理效能不高

城市治理（urban governance），是指政府对城市的各项公共事务进行计划、决策、执行、组织、指挥、服务、协调、监督等职能活动的过程以及与其他组织、市民共同促进城市发展和城市价值提升的过程，它是以城市政府为核心主体的对城市经济、社会文化等各领域的综合管理行为。城市治理是城市管理的新模式，它是城市管理市场化意识提高的结果，体现了城市管理决策的多元化和科学化。传统行政管理主张以政府为中心，强调政府全能，注重政府单向度、强制性地使用权力。一些城市管理目前仍然因循这种有着计划经济时代色彩的管理方式。在这种思维影响下，城市缺乏营销理念，城市管理主要靠政府来进行。由于政府和其他公共部门处于强势地位，公众处于弱势地位，在公众缺少对公共部门有效制约手段的情况下，公共部门通常就会较少从公众角度去考虑公共服务营销问题。这也是公共部门容易忽视公众、行为易偏离公众实际需要的重要原因。由于公众在城市公共事务中处于被动地位，其参与的积极性容易受到抑制，结果是：一方面，公众有关民主、法治、自治的观念难以有效地形成和强化；另一方面，政府管理事务过多，增加了财政负担，管理效率也难以提高，实际上加大了公共事务处理的难度。对于已经有营销实践的城市来说，缺少战略规划和实施模式。例如有的城市一会儿说要建成区域商务中心，一会儿又要建成交通枢纽，一会儿要建成文化中心等。显然，这样的城市还没对自身的资源要素进行全面系统的分析，导致城市定位的随机和模糊，城市形象不统一。城市缺乏整体配套政策，在招商引资时降低土地出让成本，甚至无偿使用土地，出现大面积浪费土地资源行为，造成国有资产的流失。

（二）严重混淆或误读城市营销与城市经营

城市营销和城市经营概念的严重混淆或误读，是目前我国在相关理论研究和实践探索中存在的最突出的问题之一。某些城市政府打着"经营城市"的旗号违规经营土地，侵犯公民权益，类似现象屡禁不绝，城市营销与城市经营的概念在这一过程中被长期混淆和误读。在我国，城市经营倾向于通过市场手段来增加城市财政收入，目的是为城市建设和发展提供资金支持，比如土地的市场运作，道路、广场命名等。而城市营销则是一个城市通过更好地满足公众的需求，培育和增进城市竞争优势的战略规划和行动。从二者

活动方向上看，城市经营是城市获取资金的重要渠道，而城市营销则是强化公众对城市认同的重要手段。因此，把城市营销混同于城市经营，实际上模糊了二者的活动方向，也降低了城市营销的层次和品位。这样容易使公众产生一种感觉，那就是政府单纯是为了资金而经营城市，使城市更加商业化，失去人性化，进而偏离公共性的价值轨道。

应该说城市营销与城市经营有着本质的不同：第一，它们的出发点不同。城市营销的出发点是城市顾客，而城市经营的出发点是城市资产。第二，它们使用的方法手段不同。城市营销视城市为商品，主要是指城市的形象和相关的服务，通过市场的细分、选择和定位及营销沟通等专业化营销手段，来提升城市满足其顾客需求之绩效。而城市经营视城市为商品，则主要锁定城市的土地资源和相关的有形或无形的垄断资源。其通常采用的手段也多为财务的或资本的项目运作方式。第三，它们的执行主体不同。城市营销主体(城市营销者)分城市、地区、国家和国际等多个层面，涉及城市政府、企业、市民、社会团体等多种利益相关者，而城市经营的主体则只能是城市政府。第四，它们所解决的本质问题不同。城市营销主要是解决城市与目标顾客之间的交换障碍问题，而城市经营主要是解决城市资产的保值增值问题。

(三)城市营销过于注重城市外在城市形象，而忽视城市内涵

城市形象是城市建设中硬件和软件的结合，是指城市的整体形象和特征，是人们对城市的看法和评估，是指一个城市的内部公众与外部公众对该城市的内在综合实力、外显活力和未来发展前景的综合评价和总体印象。城市形象体现着城市自然地理形态、历史文化、产业结构、城市功能和整体视觉的特点，代表着城市的个性。一些城市政府认为，让公众了解城市，要着重在城市宣传上下工夫，塑造城市的外在形象。基于这种认识，把城市营销简单地理解为对外宣传，通过多种渠道发布广告。因此，我国城市营销的活动大多集中在城市形象的塑造和传播上，主要表现为热衷于举办节事会展、打造城市名片、利用媒体传播城市形象等，城市营销通常成了形象工程的代名词和少数企业赚取公共财政资金的生财之道。由于缺乏对地方政府投资行为的绩效评估，城市营销成了一种反经济活动，地方政府也因此背上了沉重的财政包袱，导致城市的可持续发展能力受到严重削弱。

(四)城市营销功利化、政绩化倾向明显

城市营销的初衷是增强城市竞争力，吸引外部投资，满足以城市居民为主体的目标市场的精神与物质生活的需要。然而在转型期地方政府企业化的背景下，城市营销逐渐演化成为某些地方政府追逐政绩的工具，从而忽视了公共利益的实现与维护，也为城市未来的发展留下了隐患。通过大量强制性"圈地"，地方政府虽然获得了可观的财政收入，但相关产业却没有得到相应的启动与发展，城市在人力、文化、社会、环境与资源等事关城市长远发展的关键领域欠账激增。而在公共基础设施方面进行巨额投资，加大了城市运营成本，不仅不能对产业起到促进作用，反而造成了企业的经济负担，更无法使公众普遍受益，其直接后果是限制了城市综合实力的提升以及公共利益的实现，制约了城市的可持续发展。

四、城市营销亟待建构公共性价值实现机制

有效的管理需要科学的管理机制来保障。城市政府要克服既往城市营销公共性缺失的局限，就需要构建科学规范的城市营销机制。这一机制的核心的价值追求应当是实现和发展公共利益。因此，城市政府需要以公共利益作为营销的出发点和归宿，对其做出制度安排。

（一）强化城市营销观念，树立全面系统的城市营销观

观念是行动的先导。城市营销观念是城市管理者在组织和谋划城市的营销管理实践活动时所依据的指导思想和行为准则，是对市场的根本态度和看法，是一切经营活动的出发点，也是一种商业哲学或思维方法。简而言之，营销观念是一种观点、态度和思想方法。城市营销从根本上讲，关键是要求城市管理者解放思想，学习和借鉴营销企业的观念来营销城市。这就要求城市有关部门把城市自身的规划设计、城市发展、城市管理与城市营销的理念有机地结合起来，积极地、尽可能地把城市营销各个层面的要求融合在城市建设与管理之中，或者通过多种途径和形式使城市营销的理念为城市的管理者、组织和机构、城市居民所接受，并有效地加以实施。要真正克服观念老化、思想不解放、认识片面等问题，把城市营销理念贯穿于城市设计、管理、经营、发展的各环节之中并长期坚持下去。在当前城市竞争力的角逐中，城市各界人士均需树立营销意识，运用市场经济手段经营城市资产，实现城市建设、城市管理的良性循环与发展，切实提高每一位城市消费者的满意度，以实际行动提升城市竞争力。城市各界需要将城市的未来视为面向市场的产品，针对目标市场进行开发、包装和营销，使自己的城市在消费市场中成为"俏销的商品"。城市管理者更是要从城市整体的角度深入把握"城市消费者"的行为特征，将政策制定建立在对市场的深入理解之上，通过城市营销，发挥城市整体功能，提升城市整体价值。全面系统的城市营销观，就是要明确城市营销功能的整体性、主体的多元性、过程的连续性。重视功能的整体性就是要综合考虑城市的政治、经济、文化、社会功能等各个方面，不能有所忽略；重视主体的多元性就是兼顾政府、企业和公众多方利益；重视过程的连续性就是注重城市营销活动按步骤分阶段实施，不能盲目超前，着眼于城市竞争力的长期培育。

（二）突出政府在城市营销中的主导地位，提高政府营销能力

城市政府既是城市营销活动的组织者、指挥者，又是城市公共利益的维护者和公共产品的提供者，即兼有营销者身份的城市经营者。城市政府担负着推动城市营销的任务，特别是在经济全球化的背景下，中央政府对经济事务的控制减弱，激发并迫使各级城市政府更多地直接面对国际竞争，通过城市营销提升城市的竞争力，这就更加突出了城市政府作为营销主体的主导地位。城市政府营销能力是个综合的概念，指的是城市政府为了实现城市营销目标促成城市价值和城市消费者价值双重实现的能力。城市政府营销能力反映出城市政府认识市场、开拓市场，综合运用营销战略和策略，围绕获得更多的价值收益，在吸引、拥有、控制和转化资源、占领和控制市场等方面与其他城市进行竞争的能力。城市政府营销能力的提高，是提升城市竞争力的内在要求，是城市适应市场竞争和增强竞争优势的重要利器，是聚集城市力量的重要支撑。城市的力量来自于城市的资源，城市资源包括有形资产和无形资产，通过市场化运营，把有价值的资本要素进行优化组合，使静止的资产富于活力，能够实现资产增值，促进城市经济社会发展，满足城市居民不断提高的物质和文化生活的需求。总之，作为城市营销的主导主体，城市政府营销能力的强弱，直接关系到城市政府运营城市资产能力的大小，关系到城市营销策略制定水平的高低，以及营销策略能否正确实施，从而影响城市在竞争中的地位。

长期以来，我国政府机构属于全能型，结构庞杂，实行靠权威单向度命令式的行政模式，与公众沟通不足，相对隔离于社会，政府营销意识薄弱。改革开放以来，这种情况逐渐有所改观。特别是近几年来，我国日益重视公共领域的营销问题。中国向世界营销和平崛起就是一个典型的例证。实践证明，有效的政府营销可以增加政府资源，提高政府效率，增强城市的吸引力，从而促进城市营销。并且，采用政府营销手段也有助于解决长期以来我国政府机构臃肿、效率低下、政务不透明以及缺乏公众参与等问题。目前，在我国城市管理中，政府营销的观念和实践日渐增多。不少城市政府创造了先进的、值得推广的营销经验。

(三)充分运用营销策略组合，增强城市营销灵活性

城市营销是城市加速发展的新思路、新契机，是城市拓展的新生变量，也是一项社会化、科学化和艺术化的系统工程，涉及的机构部门众多，因此要有效开展城市营销活动，必须制定相应的策略，使城市营销有计划、有步骤地进行。社会学理论认为，社会要素组合是形成社会结构的重要途径，而不同的社会结构则会产生不同的社会功能。作为社会活动的营销组合是市场营销学中的重要概念，是营销战略实施环节的重要策略安排。营销组合策略是市场营销理论最重要的组成部分，无论是 20 世纪 60 年代的 4P，还是 20 世纪 90 年代的 4C，或者后来的 4R、4V 等，都无法逃脱"组合"二字。根据营销组合理论和城市营销理论，可以对城市营销要素进行组合，形成城市营销的不同策略。城市营销策略根据市场营销理论中的营销策略演化而来，是指城市营销者从城市顾客的需求出发，运用营销策略将城市整体视为产品向外推销，以此吸引城市顾客并满足其需求的一系列活动的总和。城市营销的复杂性和特殊性，使得商业的营销组合理论很难照搬到城市营销中来。城市营销作为一种非营利营销，其产品更多的是无形的和不可触摸的产品（如城市文化、城市形象、政府服务等），即使是有形的产品（如城市景观、旅游景点、基础设施等），也具有生产和消费不可分离的特征。

基于市场营销理论以及城市发展、城市管理等相关理论的研究进展，刘彦平（2005）在《城市营销战略》中提出了城市营销的"八对"（8P & 8C）组合：

第一，产品—顾客（product-customer）策略。城市产品包括城市软、硬环境及作为灵魂的城市形象等多方面内容。公众是城市的顾客。城市营销绝不仅仅指把现有的城市产品"卖"出去，更重要的是要从城市顾客的需求出发，充分运用城市的资源去开发城市产品、创新城市产品，进而能够比竞争城市更好地满足游客、投资者、企业和居民等城市顾客的需求。

第二，价格—成本（price-cost）策略。城市营销的价格即城市营销的产品价格，是指在一定时期内，城市所提供的，用以吸引城市消费者，并满足其需求的各种城市资源的价格。城市产品主要包括：社会公共事业与基础设施等城市硬环境以及政府行政、经济运行、法律法规和社会风气等城市软环境。城市产品的价格是相对于城市产品的价值而言的一个概念。城市产品的价格策略，更多地要通过对顾客成本实施综合影响来体现。从城市顾客角度认识成本，可更准确地理解城市产品的价格。

第三，渠道—便利（place-convenience）策略。城市营销渠道是指面向城市目标市场推广城市产品、宣传城市形象的相关中介或关系网络。作为城市营销组合要素之一，"渠道—便利"策略基于城市营销战略规划，解决城市产品推广、城市形象传递的可及性（accessibility）问题，从而达成城市顾客获得城市产品的便利性。

第四，促销—沟通（promotion-communication）策略。在城市营销组合中，"促销—沟通"要素旨在就城市产品和顾客需求之间达成及时的交流和充分的沟通，以更好地树立城市形象、促进城市产品推广以及加强与渠道网络的合作关系。

第五，人员—满意（people-contentment）策略。在提供城市产品或服务的过程中，"人员"（people）和"满意"（contentment）是一对不可或缺的因素。这一策略不仅要求城市营销者具有良好的工作态度和工作水平，而且市民也要有效地参与到城市营销过程中来，这有利于创造友善、有活力、有吸引力的城市氛围，提升城市内外顾客满意度。

第六，过程—连贯（process-consistency）策略。这是指城市营销策略实施的连续性，具体表现为城市产品或服务交付给顾客的任务、流程、组织活动和日常工作。采取这一策略，需要加强营销过程中的领导力和执行力，以保证营销实施的连续性。

第七，有形化—可信度（physical evidence-credibility）策略。"有形化"（或称"有形展示"）是指一切可传达城市产品特色及优点的有形组成部分。实施这一策略的目标是增加城市产品特色和优势的可信度，影响顾客感知、评价和判断，从而发展城市与顾客的长期信赖关系。

第八，合作—协同（partnership-coordination）策略。这是公私协作（Public Private Partnerships，PPPs）思维在城市营销战略执行中的进一步延伸，是城市营销自身特点所要求的一个不可或缺的营销组合要素。以公私协作为基础的组织能力问题，已上升为能否成功开展城市营销所必须面对的最突出的挑战。"合作—协同"策略，是城市营销组合策略最重要的要素之一，是整合其他七对组合要素的"黏合剂"，是营销执行能力的集中体现。这对整合营销战略规划和执行两个环节、确立城市营销的绩效导向、增强城市营销灵活性具有重要的意义。

（四）从多元化角度重视城市营销主体的选择，提高城市营销效益

城市营销是一种公共治理行为。治理理论认为，由政府行为组成的国家统治，仍然是公共管理的核心形式，但在经济全球化和政治民主化的背景下，公共事务的治理主体除了政府之外，还存在着其他非政府的治理主体，这就是公民社会组织。政府与非政府治理主体在公共事务管理中是一种各有所长、相互分工、相互依托、相互渗透的关系。治理实际上是寻求公共利益最大化的社会管理过程。它展示了政治国家与公民社会通过协商，确立共同目标并对公共生活进行合作管理的一种新颖的关系。依据治理理论，在城市营销中，应考虑通过多个层面构建城市营销机制，实现城市营销的多元化推进。城市政府、企业、社会组织、居民是其价值的设计者与推广者，共同构成城市营销的主体，他们对城市的认可与否，对城市的满意与否直接关系着城市形象的传播。政府部门是城市营销中的基本力量和利益单元。由于城市之间的竞争日趋激烈，城市的发展愿望往往与其财政实力、社会经济现实产生尖锐矛盾。在这种情况下，城市政府通常是城市营销的积极倡导者和主要发起者。同样的道理，地方社区政府自然欢迎上级城市政府启动城市营销政策，而作为上级的地区政府，也通常会对所辖城市政府的营销热情和营销计划给以鼓励和支持。除城市政府外，企事业单位和市民都可以扮演城市营销的角色。经济全球化时代，企业（包括非国有企业和国有企业）与其所在地区的联系往往更加紧密，表现为企业越来越重视所在地提供的经济发展环境、本地与外部其他地区和城市所建立的社会、经济联系，以及所在地区的地区形象和品牌等方面。企业部门的参与，能使公共部门更多地借鉴营销技巧和商业思维，同时也能增进城市营销的资金保障。教育科研机构的介入，将使城市营销获得更多的理论与方法支持，降低营销实践风险，发挥其谈判参与者的沟通价值。行业协会、商会等公众组织的特点是成本低，又具有自发、自愿的信念力量，所以往往成为城市营销的积极动力。企事业单位和社会组织借助于自己的产品和服务，使人们在使用产品和服务的同时，也从一个侧面认识了城市。个人也可以在城市营销中发挥主体的作用。个人（如居民、投资者、专业人才等）更多地是通过以脚投票的方式来表达对城市生活环境的选择和期望。个人参与城市营销活动，可以促进政府和市民的双向沟通，深化对政府城市营销政策的认同，使城市营销更加符合市民的利益和要求。城市营销多元化主体行为要力求协同联动。尤其是城市政府组织体系的营销机构（如外宣办、招商局、旅游局等）、企业组织和社会组织（如行业协会、商会等）这三类城市经济运行主体，作为重要的城市营销主体，必须协同联动。城市营销的参与主体和利益相关者是一个复杂的网络化的结构，通过协商、协调、合作和激励的方式来进行城市营销的组织与控制，是实现城市资源的最优配置，减少交易成本，进而提高城市营销效益的有效途径。

（五）城市营销需要以提升城市核心竞争力为战略方向

城市营销的目的是要增强城市的竞争力，增加城市的财富，城市营销当然是要让城市赚钱。城市营销

应以形成城市特色和优势为发展方向，增强城市核心竞争力。城市核心竞争力，是一个城市逐步积累和发展的、同其他城市相比而独具的、能够对各类要素实施更加优化有效的控制、整合、激活、转化，不断创造价值、造福居民的综合能力，是由一系列合理政策、制度、法规等构成的高度有序的整体配置规则，是城市实现潜在资源、要素向现实竞争优势持续转化的核心有机运作系统。城市核心竞争力主要反映如下四层含义：（1）特色与个性；（2）不可替代或模仿；（3）有竞争优势，入围的成本较高；（4）与周边城市的共生性与协作性，形成良性互动、共同发展的基本格局，即处理好分工与协作，错位经营与发展，消除或避免恶性竞争。我们评价一个城市是否具有核心竞争力，通常是指这个城市与其他竞争城市相比是否存在竞争优势，竞争优势是竞争比较的结果，核心竞争优势则是领先竞争对手较大、不易被其赶超的竞争优势。城市所取得的核心竞争优势，是城市与竞争对手竞争时核心竞争力的外在表现，城市核心竞争力则是城市核心竞争优势的内在支持。因此，城市核心竞争力是城市持续竞争优势的源泉，对城市的发展起着关键性作用。

（作者电子邮箱：jimchenliu@ sohu. com）

参 考 文 献

[1] Ashworth, G. J., and Voogd, H.. Selling the city：Marketing approaches in public sector urban planning. London：Belhaven Press, 1990.

[2] Kotler, P., Haider, D., and Rein, I.. Marketing places：Attracting investment, Industry and tourism to cities, states and nations. New York：Maxwell Macmillan Int. , 1993.

[3] Shabbir Cheema, G.. The challenge of urban management：Some issues. In：Shabbir, G. (Ed.). Urban management：Policies and innoations in developing countries. Westport：Greenwood Praeger Press, 1993.

[4] Fretter, D. A.. Place marketing：A local authority perspective. In：Kearms and Philo. Selling places：The city as cultural capital, past and present. Oxford：Pergamon Press, 1993.

[5] Stephen Page. Urban tourism. New York：Routledge, 1995.

[6] Hubbard, Phil.. Re-imaging the city：The transformation of Birmingham's urban landscape. Geography, 1996, 81(1).

[7] Stephen V. Ward. Selling places：The marketing and promotion of towns and cities 1850—2000. Oxford Brookes University, UK, 1998.

[8] Berg L. Vanden, and Braun, E.. Urban competitiveness, Marketing and the need for organizing capacity. Urban Studies, 1999.

[9] Kotler, P., and Gerner, D.. Country as a brand, Product and beyond：Place marketing and brand management. Special Issue Band Management, 2002, 9.

[10] 谢平楼. 城市营销的几个基本问题. 市场研究, 2010, 3.

[11] 范琛，管婷. 试述国内外城市营销理论的发展. 决策与信息：财经观察, 2008, 7.

[12] 郑昭. 国内外城市营销理论综述. 经济纵横, 2005, 7.

[13] 孙成仁. 城市营销时代的来临. 规划师, 2001, 5.

[14] 赵云伟. 城市形象营销与旗舰工程建设——以伦敦的千年工程项目为例. 规划师, 2001, 5.

[15] 黄景清. 城市营销100. 深圳：海天出版社, 2003.

[16] 倪鹏飞. 中国城市竞争力报告 No. 1 推销：让中国城市沸腾. 北京：社会科学文献出版社, 2003.

[17] 左仁淑，崔磊. 城市营销误区剖析与城市营销实施思路. 四川大学学报(哲学社会科学版), 2003, 3.

[18]康宇航，王续琨．论我国城市营销的现状及其策略．江淮论坛，2004，3.

[19]郭国庆，刘彦平．树立城市营销理念，警惕城市经营陷阱．光明日报，2005.

[20]黄海生，张卫国．城市营销的运作模式及其机理．企业改革与管理，2005，3.

[21]郭国庆，刘彦平．城市营销理论研究的最新进展及其启示．当代经济管理，2006，2.

[22]陈章旺．我国城市营销的现状、问题及对策．福州大学学报(哲学社会科学版)，2006，1.

[23]刘彦平，赵霞．关于城市营销．中国城市经济，2006，7.

[24]赵艳华，罗永泰．城市营销辨析．现代城市研究，2006，5.

[25]李珍刚．论城市营销的公共性价值及其实现．学术论坛，2006，10.

[26]于涛，张京祥．城市营销的发展历程、研究进展及思考．城市问题，2007，9.

[27]李齐放，郑浩吴，宗世芳．城市营销：城市发展的新动力．三峡大学学报(人文社会科学版)，2007，5.

[28]张义，宋日辉．浅析城市营销中的政府营销能力．商业研究，2007，4.

[29]曾强．我国城市营销策略研究．山西高等学校社会科学学报，2008，7.

[30]刘彦平．城市营销的价值导向．中国经济时报，2005-12-27.

City Marketing and Construction of Mechanism of Its Public Value

Chen Liuqin

(Institute of City Economy, Tianjin Academy of Social Sciences, Tianjin, 300191)

Abstract：This paper introduces the origination and connotation of city marketing, illustrates the public value orientation and the deficiency of city marketing. On this basis, the author puts forward how to establish the realizing mechanism of city marketing：strengthen the concept of city marketing, raise the dominant position of government, make good use of mixture of various kinds of marketing tactics, upgrade the flexibility of city marketing, increase the performance of city marketing and pay more attention to the improvement of city's core competences, etc.

Key words：City marketing；Public value；City marketing tactics；City's core competence

基于时间洞察力的消费者行为研究[*]

● 李　晓[1]　杨恒辉[2]　屠采撷[3]

（1，2，3　武汉大学经济与管理学院　武汉　430072）

【摘　要】消费者通过消费某一段时间来满足某种情绪上的需求，追求的不是某一段时间带来的功效价值，而是某一段时间产生的情绪感知价值，如享受价值、修复价值、缓释价值、放松价值甚至消磨价值等。在影响时间消费的诸多因素中，时间洞察力是一个极其重要的因素，本文引入时间洞察力理论，从五个方面（消费者细分、消费决策过程、产品选择、渠道选择、时间感知）对基于时间洞察力的消费者行为展开了分析，并就基于时间洞察力的企业营销策略进行了初步探讨。

【关键词】时间消费　时间洞察力　消费者行为　营销策略

一、引言

现在的消费者除了消费传统的产品（商品和服务）外，越来越多地开始消费时间，通过消费某一段时间，来满足某种情绪上的需求，消费者追求的与其说是某一段时间带来的功效价值，不如说是某一段时间所产生的情绪感知价值，如享受价值、修复价值、缓释价值、放松价值甚至消磨价值等。例如有的学生上网，是因为无聊需要消磨时间；有的女孩 shopping，是因为失恋需要打发痛苦时间；有的金领常去星巴克，是因为累了需要一点儿时间来放松；有的人一放假就旅游，是因为需要好好享受休闲的时间。这些消费行为都有一个共同的特点：消费时间，把消费某一段时间作为消费的主题，时间成为消费的产品。时间消费是继产品消费、服务消费之后的又一消费行为，它反映出消费者在继产品的消费需求、服务的消费需求之后，所产生的一种新需求——对时间的消费需求。时间消费是消费者行为中的新课题，时间消费的需求受什么影响？消费者如何决策？企业如何营销？这些都需要大量的研究。我们认为，在影响时间消费需求的诸多因素中，时间洞察力是一个极其重要的因素。因此，本文引入心理学中的时间洞察力理论，从时间洞察力的视角，建构时间消费中的消费者行为及企业营销策略研究框架，并进行初步的分析。

二、时间洞察力的相关研究

（一）时间洞察力的概念界定

Frank(1939)最早提出"时间洞察力"(time perspective)的概念，Lewin(1952)把它定义为"在特定时间

---

　*　本文是武汉市社科基金项目"武汉消费券消费行为的调查研究"和武汉大学自主科研项目（人文社会科学）研究成果，得到"中央高校基本科研业务费专项资金"资助。

个体心理上对过去和未来的总的看法"。此后，哲学、社会学、心理学、管理学的研究者做了大量研究，有不同的定义，见表1。

表1　　　　　　　　　　　　　　　　时间洞察力的定义

学者	时间	定义
Frank	1939	人类行为的动机因素，时间态度以及过去和未来之间的相互作用，影响人们的现在行为
Wallace	1956	对个人化的未来事件的计时和排序
Heimberg、Kastenbaum	1963	一种认知结构或图式
Hultsh、Bortner	1974	对现在与过去、未来的关联评价
Raynor、Entin	1982	一种动机
Nuttin	1985	一种时间区域，个体的心理观念向此区域延伸以及延伸至该区域内的物体的总和
Gonzals、Zimbardo	1985	一种个人特征
Lenning	1992	预期未来事件和思考过去事件
Agarwa	1993	过去、现在和未来的总的心理表征，包括动机和认知两个方面
Jones	1993	一个由知觉、情感和行为组成的多维变量
黄希庭、郑涌	2000	个体对于过去、现在和将来的时间所持的看法、态度和观念
黄希庭	2004	个体对于时间的认知、体验和行动倾向的一种人格特质

（二）时间洞察力的维度

最初对时间洞察力的维度研究主要集中于知觉维度，如 Lessing（1972）、Cottle 和 Klineberg（1974）分别研究了知觉维度的广度和密度。20 世纪 90 年代以后，人们开始重视其另外两个维度：情感和行为倾向性。人们对时间洞察力的维度研究见表2。

表2　　　　　　　　　　　　　　　　时间洞察力的维度

Hoornaert（1973）	广度、密度、一贯性、方向性、态度—情感
Jones（1993）	广度、密度、易接近性、整合
Nuttin	广度、密度、组织化程度、清晰度和现实度
Fingerman、Perlmutter（1995）	广度、密度、清晰度
杉山（1994）	不满、过去取向性、未来取向性
Zimbardo（1999）	过去消极、现在享乐、未来、过去积极、现在宿命因素
吕厚超、黄希庭（2004）	广度、密度、清晰度、指向性、态度

Hoornaert 所提的维度中，广度（extension）指作为一种概念的时间范围的长短，密度（density）指个人经验或预期事件的数量，一贯性（coherence）指时间观点的组织化程度，方向性（directionality）指认知、情绪和态度上对过去、现在和未来三个时间段的相对倾向性或相对注意的程度，态度—情感（attitude-affectivity）指对时间的感觉。Jones 的广度指个人期盼未来或回顾过去的程度，密度指给定的时间范围思

维的相对关注度，易接近性（accessibility）指个人能够从时间空间的内在区域存取信息的容易程度，整合（integration）指连接过去、现在、未来的有组织的计划。Nuttin 的组织化程度（degree of structuraltion）指分散物体之间的联系，清晰度和现实度（degree of vividness and realism）指个体是否感觉到物体的存在以及感觉到的程度。

（三）时间洞察力的分类

时间洞察力指个体对于时间的认知、体验和行动的一种人格特质，可分为过去时间洞察力、现在时间洞察力、未来时间洞察力三类。如过去时间洞察力就是指个体对过去时间的认知、情绪体验和行动上所表现出来的相对稳定的心理特征（黄希庭，2007）。虽然人同时具备三种时间洞察力，但只有一种占主导地位，根据占主导地位的不同，分为过去、现在、未来时间三种导向。

根据时间事件是情境式的或持久的，可把时间洞察力分为状态时间洞察力（state time perspective）、特质时间洞察力（trait time perspective）。状态时间洞察力是情境式的，它随着环境而变化；特质时间洞察力是一个人的人格特质，属于时间维度上的个人差异，具有相对稳定性。

（四）时间洞察力的测量

心理学研究中，对时间洞察力的测量以前主要采用目标测量法和投射法，如今问卷法或量表法越来越受到人们的重视，主要测量未来时间导向，如 Heimberg（1963）开发的 FTI 量表（Future Time Inventory）、Gjesme（1979）开发的 FTO 量表；吕厚超和黄希庭 2007 年开发了测量过去时间洞察力的量表；最知名的同时测量过去、现在和未来的量表是 Zimbardo 的 ZTPI 量表（Zimbardo Time Perspective Inventory）。

与时间洞察力测量相关的是时间管理倾向的测量：时间管理倾向是个体在对待时间功能和价值以及运用时间方式上所表现出来的心理和行为特征，由时间价值观、监控观和效能感三个维度构成（黄希庭和张志杰，2001）。测量量表有 Brittion 和 Tesser 的时间管理问卷、Macan 的时间管理量表，以及黄希庭的时间管理倾向量表。研究表明：与时间管理倾向显著正相关的有幸福感（周永康等，2008）、自我价值感（陆林等，2006）、积极情绪（李儒林等，2006）；与时间管理倾向显著负相关的有焦虑（陈本友等，2005）、抑郁（邓凌等，2005）、消极情绪（李儒林等，2006）。

三、基于时间洞察力的消费者行为研究

时间洞察力研究以心理学领域最为丰富，主要集中在时间洞察力的性别年龄差异以及与社会阶层、成就动机、学业成绩、不良行为、精神病理的关系。时间洞察力在消费者行为中的研究相对而言少得多。但是，时间洞察力作为一种人格特质和一个基本的文化变量，会显著影响消费者行为：Graham（1981）、Bergadaa（1990）研究认为，时间洞察力导向通过影响个人的价值体系来影响人们的行为参与倾向及行为。我国刘世雄的实证研究也证明：中国消费文化价值系统由 7 个维度构成，其中两个维度"长期与短期导向"、"时间导向"均与时间洞察力有关，且存在显著的地域差异。在影响时间消费需求的诸多因素中，时间洞察力是一个极其重要的因素，对时间洞察力的研究，对于深入理解消费者行为是必要的。目前时间洞察力在消费者行为上的研究，主要有以下方面：

（一）基于时间洞察力的消费者细分

已有研究证明：消费者细分的人口统计变量中，不少的变量与时间洞察力有相关关系，如消费者的年龄、性别、社会地位、教育。时间洞察力具有性别差异：男性的时间洞察力更完整、广阔，女性的更局限

一些（Douvan & Adelson，1973；Lens，1975）；未来时间洞察力随着年龄的增加范围逐渐变小，青年人的较长，而老年人的相对较短（Kastenhaum，1963）；低社会地位、低受教育程度的人更倾向于过去导向（Leshan，1952；Bergadaa，1990），贫困的人更倾向于现在导向（Bergadaa，1990），高社会地位者的时间洞察力较长，更倾向于未来导向。

（二）基于时间洞察力的消费决策过程

传统的消费决策模型将决策过程分为 5 个步骤：问题感知、信息搜寻、评价与选择、购买、购后评价，这一模型隐含着一个不合理的假设：所有消费者具有一致的时间洞察力，但实际情况是，不是所有的消费者决策过程都符合传统的模型。有的研究者开始认识到模型的缺陷并着手改进，Graham（1981）提出存在着三种不同的时间感知模型：线性分割式（linear-separable）、传统循环式（circular-traditional）、传统程序式（procedural-traditional），扩展了传统的消费决策模型。线性分割式与传统模型相似，认为时间是线性可分割的，属明显的未来时间导向；传统循环式是指时间被感知为一个循环系统，同样的事件根据一定循环形式重复，属现在时间导向；传统程序式的消费是被程序而不是时间驱动，重要的是按正确的程序完成，属过去时间导向。具体来说，问题感知阶段：Graham（1981）分析指出，对传统时间感知者（传统循环式和传统程序式）而言，问题感知不必先于购买行为，有些消费者是购买后才发觉产品对自己的需求，如某些消费者对特价产品的购买，是因为降价而买，并非因为预先感知到的需求。信息搜寻阶段：线性分割式的人会考虑时间成本和信息收益，力求总效应的最大化；传统循环式的人可能会形成满意模型，不寻求最优解；传统程序式的人可能不选择方案，只是遵循特定的程序。评价选择阶段：线性分割式的人选择整个产品生命周期中最大化效用的商品，而传统时间感知者只看到现值，很少甚至不考虑产品的未来价值。Bergadaa（1990）研究指出，未来时间导向的人想控制消费的过程，最小化商业中介的涉入，在购买过程中花费很多时间，收集大量信息；而现在时间导向的人，喜欢把消费中的某些过程委托给别人，看重销售顾问和商业中介。购后评价阶段：对传统时间感知者而言，购后评价可能是不需要的。

（三）基于时间洞察力的产品选择行为

Bergadaa（1990）和 June Cotte（2003）的研究都表明：未来导向的人在消费中也希望丰富自身的知识，消费是自我完善计划的一部分。例如在度假消费中，未来导向的人倾向于选择能够丰富阅历、提升自我的度假方式，而现在导向的人更喜欢能够带来平静、放松与愉悦的或享乐型的度假方式。EL-AASI 和 Sherif（1984）研究了时间感知与创新性（新产品购买意愿）之间的关系：未来导向的人愿意购买具有延迟满意的创新产品，现在导向的人倾向购买用于现在消费并带来即时满意的产品，过去导向的人一般不太愿意购买创新性产品。此外，Meyer 和 Carol Anne（1995）的研究表明：更长时间导向的人更倾向寻找商品保证书信息，购买延长保质期的产品。

（四）基于时间洞察力的渠道选择行为

时间洞察力通过影响时间价值感知和创新性来影响消费者对网络渠道的选择。不同时间洞察力的消费者对于时间价值的感知不同：Graham（1981）认为，线性分割式的人对时间价值感知明显，《中国互联网络发展状况统计报告》表明：有约一半的消费者选择网络渠道是出于"节省时间"；传统循环式的人对时间价值感知不明显；传统程序式的人行动受程序驱动，不考虑时间价值，也不节约时间。

同时，时间洞察力还通过影响创新性来影响渠道选择。著名营销学学者 Kotler（1997）指出：消费者改变、推迟或取消购买决策在很大程度上受到风险感知的影响。风险感知是影响消费者网络渠道选择的最重要因素，而影响风险感知的四个因素之一就是创新性（丁夏奇和马谋超，2005）。EL-AASI 和 Sherif（1984）

的研究已经证明时间洞察力与创新性的相关关系，因此，未来时间导向的人可能更倾向于选择网络渠道，不过这一推论目前还没有实证研究。

（五）基于时间感知差异的消费者行为

时间在消费中扮演着两个不同的角色，在传统消费行为中时间是消费者成本的一部分，消费过程所花费时间越多则消费者感知的支出越大，时间越短消费者满意度越高。但是随着人们闲暇的增多，越来越多将时间作为消费品的行为开始出现，如看电视、上网、逛街、度假等，通过消费某一段时间，来满足某种情绪需求。下面分别考虑这两种时间感知的消费者行为。

1. 基于时间成本感知的消费者行为

消费者把时间作为成本。传统营销理论中的顾客成本包括四个部分：货币、时间、体力、精神成本。为了降低顾客的成本，时间的重要性被广泛强调，基于时间的竞争（TBC）被认为是企业取得竞争优势的新战略。美国波士顿咨询集团公司1988年率先提出将时间作为一种竞争优势之源。

时间价值的重要性得到广泛认可，但是忽视了一个事实：不同的人对时间价值的感知是不一样的。Graham（1981）认为：线性分割式的人认为时间可分割，时间和金钱可以进行交易，时间价值感非常突出，因此他们在信息搜寻阶段，会同时考虑搜寻的时间成本和信息带来的收益；而传统循环式的人对时间价值感知不明显，时间的使用没有计划，所以，他们并不把购物时间分配给特定需求，更可能对购物时间以外的因素（如降价因素）做出强烈反应；传统程序式的人行动受程序驱动，不考虑时间的价值。

2. 基于时间产品感知的消费者行为

越来越多地，消费者把时间作为产品，消费目的在于更好地享受、花费或者消磨某一段时间。"2007年美国统计概要"指出，美国居民2007一年中有近半年的时间都在进行时间消费（包括看电视、上网、听广播和读报），这也是中国发展的趋势。张旭昆和徐俊（2001）把产品分为耗时性商品和瞬时性商品，认为随着闲暇时间增多，对耗时性商品的消费会增加，将引致旅游、体育、娱乐消费的上升，如"吧"式消费（水吧、氧吧、网吧、电玩吧）的兴起。进一步来讲，时间消费行为是有差异的，这种差异缘于时间洞察力的差异。Cotte和Ratneshwar（2003）认为，过去导向的人喜欢经常打长途电话给老朋友，现在导向的人更倾向于享乐开心，未来导向的人更倾向于上高尔夫课、烹饪课等。Kindal Shores（2007）的研究也指出，个人时间洞察力与人们在时间消费中追求的收益显著相关；Cotte（2004）研究指出，不同时间洞察力的女性，在时间消费的信息搜寻和提前计划中显著不同。

四、基于时间洞察力的企业营销策略思考

（一）基于时间洞察力的时间策略

1. 时间成本策略

时间作为消费的成本时，营销要以"快"制胜，最大限度地减少顾客的时间成本，增加顾客的让渡价值，营销技术包括新产品的快速开发与生产、快速物流、惜时销售等。如戴尔公司产品从厂商抵达最终用户仅需7天，肯德基顾客等候的时间不超过32秒，都是以快制胜的案例。服务业中，除了减少真实等待时间，还要有效管理感知等待时间，如承诺和超时的补偿、安装电视以分散顾客的注意力、设计公平的排队系统、建立等待时间预告制度。

但是，以快制胜的营销策略对时间感知不明显者并不适用。对武汉免费乘公交车的老人的调查显示，老人们会为了几毛钱的蔬菜差价，花一个钟头从武昌坐车到汉口去买菜。对北京居民的调查也显示，年龄

越大购物时间越长，非周末的购物者中 60 ~ 70 岁的人最多（王琪，2002）。这都充分说明了老年人对于消费时间特别不敏感，而对时间外的因素如价格特别敏感，因此，针对老年人不宜采取以快制胜的营销策略，可以考虑限量降价等。

2. 时间产品策略

时间作为消费的产品时，营销不再追求快捷，延长消费时间反而能够提高消费者的消费额和满意度，因为消费者的目的在于寻求一段愉快的时间、一个舒适的空间、一种享受的方式。庄贵军等（2001）的研究表明，卖场逗留时间长的顾客比逗留时间短的顾客更倾向于购买。因此，时间产品策略要以"长"制胜，最大限度地延长顾客的消费时间，重视"留人"措施，促进销售，提高消费满意度，增加顾客的让渡价值。如星巴克"第三空间"的定位也可以说是第三时间的时间消费定位，无论是现场钢琴演奏、报刊、精美饰品还是咖啡知识介绍，都是为了让消费者好好地享受这段时间、延长顾客的消费时间。企业可以从三个方面延长顾客的消费时间：为消费者提供舒适惬意的环境，如免费提供书报杂志、播放好听的音乐，商场可多设置一些休息的椅子、开辟托儿区甚至托夫区以消除消费者后顾之忧；提供与主营业务无关的附加服务，如商场提供免费饮料、星巴克提供免费上网服务；增加消费体验，如星巴克的员工介绍咖啡知识、IKEA 的家具 DIY。

时间产品策略还应该重视时间产品设计的多样化。现在导向的消费者更倾向放松或享乐型的时间消费方式，强调即时开心，更喜欢像迪厅、游乐场、度假村一类的产品；未来导向的消费者倾向于能丰富阅历、提升自我的消费方式，健身、高尔夫球、潜水、滑雪、滑草的产品可能更受欢迎。

（二）基于时间洞察力的顾客定位策略

Lens 和 Gailly（1980）的研究发现：青年至老年的年龄段中，未来时间洞察力的长度变化呈倒"U"形趋势，即青年和老年人的未来时间洞察力较近，中年人较远，30 ~ 50 岁的人未来时间洞察力最长。同时，时间洞察力长的人更愿意购买延迟满意的产品，所以，30 ~ 50 岁的人更倾向购买延迟满意的产品，如保险产品是比较典型的延迟满意的产品，因此，从这一角度出发，我们建议延迟满意类产品（如保险）的营销者，应将顾客定位在 30 ~ 50 岁这部分人群，将产品营销给 30 ~ 50 岁的消费者相对容易成功。

（三）基于时间洞察力的创新产品策略

创新产品市场细分的三个重要变量即年龄、社会地位、受教育程度，都和未来导向高度相关。高社会地位、高受教育程度的人更倾向于未来导向，未来导向的人倾向于购买创新产品，创新产品在高社会地位、高受教育程度人群中更受欢迎。这也可以部分解释为什么收入并不高的大学生很愿意购买创新产品，如 MP4、电脑、智能手机等通信和 IT 产品。同样，年龄也会通过影响时间洞察力而影响创新产品的购买。因此，创新产品在面市的时候首先应该针对未来导向的人群，然后充分利用他们来带动整个市场。

（四）基于时间洞察力的促销策略

线性分割式的人首先感知到需求缺口，然后寻求满足需求的产品；传统循环式的人购物的不确定性大，可能购买没有需求感知的产品，也可能不买有需求感知的产品（如没消费过的产品）；传统程序式的人更倾向于根据习惯、习俗、程序消费，最典型的是各种仪式消费（如春节烟花消费）。因此，对于传统循环式的人，有效的促销有可能触发其购买冲动，购买没有需求感知的产品，促销作用最明显。对于线性分割式的人，促销要么毫无意义（预先没有需求，即使促销也不会购买），要么是一种浪费（预先有需求，不促销也会购买）。对于传统程序式的人，如果促销产品正好是其程序内产品，效果会十分明显，但只限于一次程序消费；如果促销产品是其程序外产品，则丝毫没有作用。例如，圣诞前夕圣诞树促销对于过圣诞节的人极具吸引力，但再便宜的价格也无法说服人们为了明年的圣诞而提前购买圣诞用品；对不过圣诞节的人，则完全不起作用。因此，促销策略必须根据消费者的时间洞察力特性和促销产品来决定是否促销、何时促销、针对哪个人群以及采用什么方式促销。

（作者电子邮箱：Lixiao3@public.wh.hb.cn）

参 考 文 献

[1] Frank, L. K.. Time perspective. Journal of social philosophy, 1939, 4.

[2] Joseph B. Nuttin. Future time perspective and motivation: Theory and research method. Leuven, Belgium: Lawrence Erlbaum Associates, 1985.

[3] John C. Lennings. Adolescents' time perspective. Perceptual and Motor Skills, 1992, 74.

[4] Hooraert, J. Time perspective considerations. Psychological Belgica, 1973, 13.

[5] Zimbardo, P. G., and Boyd, J. N.. Putting time in perspective: A valid, reliable individual differences metric. Journal of Personality and Social Psychology, 1999, 77(6).

[6] Michelle, M.. The role of time in the action of the consumer. JCR 1990, 17(3).

[7] Lennings, C. J.. An investigation of the effect of agency and time perspective variables on career maturity. The Journal of Psychology, 1994, 128(3).

[8] Robert J. Graham. The role of perception of time in consumer research. JCR1981(3).

[9] EL-AASI, and Sherif Ahmed Sherif. Time perception and consumer behavior: The impact of situational constraints on innovativeness. City University of New York, 1984.

[10] Meyer, and Carol Anne. The impact of social class and social class characteristics on warranty attitudes and behaviors. The University of Nebraska-Lincoln, 1995.

[11] June Cotte, and S. Ratneshwar. Choosing leisure services: The effects of consumer timestyle. The Journal of Services Marketing, 2003, 17.

[12] Fudenber. A dual self model of impulse control. American Economic Review, 2006, 96.

[13] Gul Faruk and Pesendorfer, W.. Self-control and the theory of consumption. Econometrics, 2004, 72(1).

[14] 庄贵军，周南，李福安，曾仕龙. 购物中心的顾客行为：调查、比较与验证. 管理世界，2001，1.

[15] 黄希庭. 论时间洞察力. 心理科学，2004，27(1).

[16] 吕厚超，黄希庭. 时间洞察力的心理结构、特征及研究焦点. 心理科学，2004，27(5).

A Study on Consumer Behavior Based on Time Perspective

Li Xiao   Yang Henghui   Tu Caixie

(Economics and Management of Wuhan University Wuhan 430072)

Abstract: After product consumption demand, service consumption demand, time consumption demand, which aims at satisfying specific emotional requirements through consuming some time, appears as a brand-new consumption demand. On time consumption condition, the consumption product is time and the consumption theme is the consumption of particular time, furthermore, the pursuit of consumption is not towards the utilitarian value of products and services, but towards the temporal utilitarian value with the products and services as the carrier such as the enjoyment value, repair value, release value, relaxation value, and even the loitering value of a period of time, etc. Time consumption is a new project in consumer behavior research. Among the factors influencing time consumption demand, time perspective is vitally important, so this paper introduces the theory of time perspective to study time consumption. This paper first analyzes the consumer behavior of time consumption based on time perspective from five aspects: consumer segment, consumer decision-making process, product choice, channel choice and time perceive. And then the paper preliminarily explores the marketing strategy of time consumption, which includes time cost strategy, time product strategy, customer positioning, marketing strategy of innovation products and promotion strategy.

Key words: Time consumption demand; Time perspective; Consumer behavior; Marketing strategy

VAR 模型框架下房地产价格波动与消费关系的实证研究

● 周守亮

（东北财经大学　大连　116025）

【摘　要】本文基于消费的视角考察房地产业价格波动对我国宏观经济的影响。房地产业价格波动通过四种效应影响消费行为。在 VAR 模型框架下，本文通过脉冲响应函数和方差分解的方法，说明房地产业价格波动对消费具有显著的负影响，且这种影响迅速并集中在短期；房地产价格波动对于 CPI 具有正影响，而这种影响主要集中在中长期。

【关键词】房地产　消费　经济波动

一、引言

我国 1998 年住房制度改革实施以来，房地产业迅速蓬勃地发展起来。一时间全国各地的摩天大楼如雨后春笋般地拔地而起，不论城市还是农村的居民都投入到这个新兴的第三产业当中。从宏观的角度来看，房地产业已经成为我国国民经济的支柱产业；从微观的角度来看，房地产不仅是基本的生活资料和发展资料，同时也是重要的投资品种，尤其在金融市场还不甚成熟的中国，房地产已经成为备受青睐的资产持有形式和投资渠道。房产在城镇居民的家庭财产构成中远高于金融资产。因此，我国房地产业的发展始终是国家和百姓最关心的热点之一。但是，房地产业的发展历程不是一帆风顺的，正如宏观经济会出现周期波动一样，房地产业也是在不断的调整和波动中成长的。

作为房地产业发展的重要指标，房地产价格剧烈或者频繁的波动，不仅会对房地产业本身造成不利影响，而且会导致资源配置失衡，资金浪费，产业结构失调，增加投资者决策难度，甚至影响整个国民经济的协调发展。根据以往经验，房地产价格上涨时期，投资行为泛滥，虚拟资产迅速膨胀，而当房地产价格下跌时，银行抵押资产贬值，呆账坏账增加，进一步加快了市场的萎缩，极大地破坏了国民经济的发展潜力。因此，房地产市场的健康稳定，不仅是一个行业的发展问题，更关系到国计民生和百姓福利。但是近几年，在国际经济危机的背景下，我国房地产投资及房地产价格波动剧烈，快速上涨与量价齐跌之间的转换之快令人瞠目结舌。因此，房地产业这种剧烈的波动对我国宏观经济的影响一直备受学术界的关注，研究房地产价格波动对国民经济影响的内在机制具有极大的必要性。

近年来，研究房地产业发展与我国宏观经济影响的文献如汗牛充栋。大量的文献说明房地产业的发展与我国国民经济之间正相关的关系（沈悦和刘洪玉，2004；王国军和刘水杏，2004；杨朝军等，2006）。张红（2005）对房地产开发投资与国内生产总值（GDP）和货币供给量（M_2）互动关系进行协整检验和格兰杰因果检验，表明 GDP 对房地产开发投资存在着显著可信的单向因果关系。李聪明（2005）利用回归分析计算得出两组数据的相关系数为 0.75，随着国民经济的不断发展，房地产行业对于宏观经济的支持和贡献将不断增加，二者的关系将不断密切，相关程度也会提升。另外，由于房地产行业的投资一般较大，生产周期较长，所以随之而来的行业风险和波动幅度都会大于宏观经济，且对外部冲击变化的反应会滞后于宏观经济。王先柱(2007)利用 VAR 模型说明房地产投资与国民经济具有格兰杰因果关系，房地产投资具有较大、持久的正影响；其冲击力强劲，时滞更短。梁云芳等(2006)利用 H-P 滤波和协整分析方法也获得了相似的结论。然而，李熙娟和李斌(2006)认为两者之间并不存在长期稳定的关系；取滞后期 1～3 时，两者互为因果关系。虽然有很多文献对于房地产业波动对国民经济的影响做过深入研究，但是基于近几年我国宏观经济数据，研究关于房地产价格波动是通过哪些渠道对我国宏观经济产生影响、产生怎样的影响等具体问题的文献却是乏善可陈。对于房地产价格波动对我国宏观经济波动的影响的内在机制没有深入研究。关于房地产业发展与金融稳定方面，一些学者进行了初步的尝试，如孙晓晶和孙涛(2006)指出房地产业的波动通过金融机制，以信贷风险暴露、政府担保风险及长存短贷的期限错配风险的方式影响国民经济的发展。

房地产业的蓬勃发展，虽然能推动我国宏观经济增长，但是房地产价格的虚高，一定会对我国宏观经济的稳定持续发展产生负面影响。根据国民对商品房的刚性需求，我国居民消费水平和 CPI 对房地产价格的波动反应敏感。CPI 计算中虽然没有包含房地产价格，只包含物业费、出租费、装修费和能源费用，然而，房地产价格的升高，必然推动这些费用的上升。本文认为，消费预期的变化是导致居民调整自身经济行为的重要推手，而 CPI 更是国家测量宏观经济健康运行的重要指标之一，所以基于这两个指标的敏感反应，房地产价格的波动通过影响居民经济行为和中央宏观经济政策导致我国短期宏观经济波动。因此，研究房地产价格波动与消费的关系尤为重要。本文运用实证的方法，研究房地产业波动与消费和通货膨胀之间的关系，说明房地产价格波动通过对消费和 CPI 的影响，进而造成我国短期宏观经济波动。

二、房地产价格波动对消费影响的内在机制

房地产价格波动会通过各种渠道影响我国宏观经济，其中消费是重要渠道之一。房地产价格波动对消费产生影响的内在机制主要有如下几点：

(一)财富效应

房地产价格的波动会对供给者产生财富效应，具体包括实现的财富效应和潜在的财富效应。前者指所有者因为房地产价格的上涨而出售其住宅或利用其价值的上升进行再融资，此时房地产价格的上升直接推动了实际财富的增加，扩大了当期的消费水平。这部分居民属于既得利益者，他们通过出售和融资的方式获得了额外的收益。后者是指所有者虽然没有变现，即房地产所有者在房地产价格上升时没有出售或是进行再融资，但是这种由于房地产价格上升带来的潜在的价值上升使居民感受到财富的增加，从而扩大边际消费倾向。而且，由于房地产价格的上涨，居民也会对未来产生一个良好的预期，增加当期消费。因此，房地产作为居民财富的重要组成部分，其价格的上涨会直接促进消费的增加。

(二)预算约束效应

相对而言，房地产价格的波动会对需求者产生预算约束效应。我国近年来人口流动量巨大，截至 2005 年底，就有 1.5 亿人之多。从各个地方涌入城市的人群当中，大部分对房地产品具有刚性需求。

对于租房者来说，房地产价格的迅速上升会增加出租房屋的机会成本，从而引起租金的上升，进而使得这些租房者减少当期消费。而这种效应对于想买房子的居民影响更大。对于房屋的潜在消费者，房地产价格的上涨还会增加还款压力，从而使买房者减少当期和未来的消费。因此，房地产价格的波动会直接影响消费者尤其是租房者购买房地产的决策，从而影响其储蓄和预算决策，结果会直接导致居民消费行为的变化。

（三）成本效应

房地产价格的上升会带来显著的成本效应，进而影响居民消费。因为对于租房者而言，房地产价格的上升一般是与租金的上涨紧密联系的，这就直接导致租房者生活成本的上升，从而会使其减少消费。由于房地产价格的上涨，社区物业费、装修费、停车费等水涨船高，居民维持居住的消费支出增加，进而使得生活成本增加。另外，房地产价格的上升会导致企业的运营成本增加，这里所说的运营成本包括员工生活成本增加导致的工资上涨的压力和企业租赁房产的租金和使用费，从而影响企业的经济行为。

（四）流动性约束效应

我国大多数居民都是通过贷款的方式购买商品房。居民商品房抵押贷款是我国大多数商业银行收入的重要来源。居民和银行间信贷的过程，本身就是一种创造货币的过程。房地产价格的上涨，必然会增加货币的供给量。如果中央政府不对信贷额度进行调控，贷款购房这种使银行与居民获得双赢的行为，会创造大量的货币，对市场的流动性造成巨大的冲击。流动性的过剩必然导致通货膨胀。当居民意识到 CPI 上涨的时候，自然会收紧腰包减少消费，转而去购买保值的商品。同样，如果房地产价格飞涨超出人们的理性预期，银行会对风险进行严格管理，对房地产的价值进行重新评估。融资渠道的收紧会降低企业及居民的当期甚至未来的消费预期，从而增加了流动性约束。

正是在以上机制的作用下，房地产价格的波动会直接或者间接影响居民和企业的消费决策，通过消费进而影响我国宏观经济波动。而房地产价格波动对 CPI 的影响，会影响中央的宏观调控政策，政府政策的改变也会对我国宏观经济产生影响，因此，对房地产价格的波动所带来的消费的波动和 CPI 的变化进行实证研究具有重要意义。

三、实证研究

（一）房地产业价格波动对消费的影响研究

1. 变量的选取和数据说明

本文的被解释变量为社会消费品零售总额变动率 LSR，(它用社会消费品零售总额除以上年同期数值减去 1 再乘以 100 来代表)，由于居民的消费主要受到收入和财富水平的影响，本文的解释变量除选择商品房平均销售价格变动率 FQ，(它用商品住宅销售价格指数减 100 来代表，上年同期 = 100)以外，还选取城市人均可支配收入变动率 SRR，(它用城市人均可支配收入除以上年同期数值减去 1 再乘以 100 来代表)，以 1995 年第一季度至 2008 年第四季度的数据为样本，来分析房地产价格波动对消费的影响。

2. 模型建立

在我们建立计量模型之前，我们必须先检验数据的平稳性，如果数据是平稳的，则我们可以直接进行最小二乘估计；如果数据非平稳，我们需检验各变量之间是否存在协整关系，以便分析各变量之间的关系。结果表明各变量是非平稳的，而对序列进行一阶差分以后是平稳的。协整检验主要用于分析变量之间是否具有长期均衡关系，其基本思想是：如果两个（或两个以上）的时间序列是非平稳的，但它们的某种线性组合却表现出平稳性，则这些变量之间存在长期稳定性，即协整关系（Engle，R. F. & Granger，C. W. J.，1987）。由于本文建立的系统包含两个以上的时间序列，所以本文采用 Johansen 检验方法。根据赤池信息准则（AIC）和施瓦茨准则（SC），确定由 LSR_t、FQ_t、SRR_t 组成的 VAR 模型的最大滞后期 K 为 3，所以协整选择滞后期为 3。以上协整检验结果表明 LSR_t、FQ_t、SRR_t 序列存在 1 个协整关系，因此各序列存在长期的均衡关系，并且可以得到协整向量：

$$VECM_t = LSR_t - 3.057 \times SRR_t + 1.211 \times FQ_t + 16.083$$
$$(0.45010) \quad (0.35158) \quad (4.53031)$$
$$[6.79106] \quad [3.44639] \quad [3.55012]$$

从各变量之间的协整关系我们可以看出，城市人均可支配收入的波动对社会消费品零售总额波动有正的影响，而房地产价格的波动对社会消费品零售总额的波动有负的影响。当城市人均可支配收入增长率上升 1 个百分点时，社会消费品零售总额增长率上涨 3.057 个百分点；而当房地产价格增长率上升 1 个百分点时，社会消费品零售总额增长率下降 1.211 个百分点。这说明我国居民的消费主要是受收入的影响，并且弹性系数大于 1；而房地产价格的波动对消费者收入的影响也非常明显，当房价上涨过快时，居民为了购买房产而节衣缩食，减少当前的消费支出，且这种减少当前消费而增加未来消费的挤出效应要大于房价的增长而带来的财富效应和成本效应。

3. 利用 VAR 模型进行房地产价格影响的动态分析

脉冲响应函数可以衡量来自随机扰动项的一个标准冲击对内生变量当前和未来取值的影响，通过对解释变量的方差进行分解，提供在每一解释变量的方差中其他解释变量所能解释的比例，从而了解随机信息对模型内生变量的相对重要性。以上已经说明，根据 AIC 和 SC 信息量最小的准则确定最佳滞后期为 3。脉冲响应函数的结果依赖于各变量进入 VAR 的顺序。收入的波动是消费变动的先导因素，而房价的波动对消费的影响要通过一套复杂的传导机制，所以笔者设置各变量进入 VAR 的顺序为 LSR_t、SRR_t、FQ_t，分别给 LSR_t、SRR_t、FQ_t 一个标准差大小的冲击，得到关于社会消费品零售总额变动率的一个脉冲响应函数图。从脉冲响应图（图 1）中可以看出社会消费品零售总额变动率 LSR_t 对房地产价格波动 FQ_t 的动态过程。社会消费品零售总额的波动对房地产价格的波动有负向的响应，且响应速度比较快，几乎在第 2 期就达到了最大值，并且衰减的速度比较慢，一直延续到第 7 期之后。房地产价格的波动不会对消费造成长期的影响，主要是因为居民已经将房地产价格的波动消化，并且理性预期房地产价格的未来波动。

为了深入了解各变量信息对消费波动的相对重要性，我们对社会消费零售总额波动进行了方差分解（见表 1）。从方差分解的结果看出，在整个 10 期的方差分解中，社会消费品零售总额变动率自身的滞后影响最大，这说明社会消费品零售总额变动率有很强的惯性，并且衰减比较缓慢，这主要是因为消费包括很大一部分的生活必需品消费。在收入和房价波动两个自变量中，收入波动对消费的影响增加最快，从第 2 期的 0.486% 增加到 5.269%，而房价波动对消费波动的方差贡献最小，一直处于 2.5% 左右。

（二）房地产业价格波动对 CPI 的影响研究

1. 变量的选取和数据说明

我们用居民消费价格指数作为通货膨胀率的代理变量，选取居民消费价格指数 CPI_t 作为被解释变量

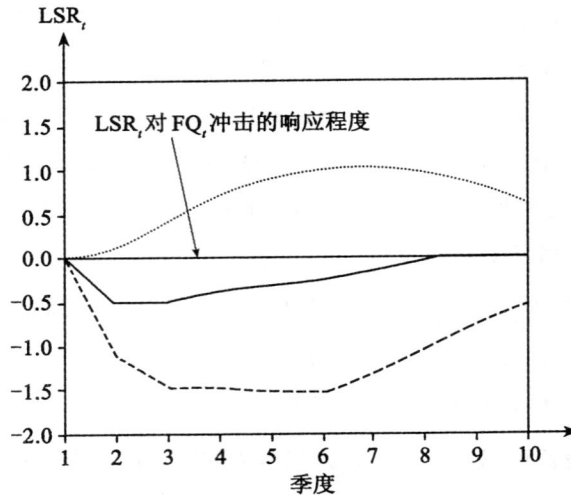

注：横轴表示冲击作用的滞后期间数，纵轴表示社会消费品零售总额变动率 LSR_t。

图1 消费对房价波动的脉冲响应

表1 社会消费品零售总额波动的方差分解表

Period	S. E.	LSR	SRR	FQ
1	2.204242	100.0000	0.000000	0.000000
2	3.511094	97.46662	0.486202	2.047183
3	4.321240	95.50516	1.653172	2.841665
4	4.903414	93.93796	3.267598	2.794444
5	5.264058	92.97945	4.250438	2.770112
10	5.748750	92.13756	5.269118	2.593324

Cholesky Ordering: LSR SRR FQ

（用居民消费价格指数减 100 来代表，上年同期 = 100），而解释变量则选择房地产价格变动率 FQ_t（用房地产销售价格指数减 100 来代表，上年同期 = 100）、经济增长率 $GYZJR_t$（等于本月工业增加值除以上年同期值减去 1 再乘以 100）、狭义货币供给增长率 $M1R_t$（等于本月货币供给除以上年同期值减去 1 再乘以 100）和实际一年期贷款利率 R_t（用一年期贷款名义利率减去通货膨胀率）。我们采用的数据是 1998 年 1 月到 2008 年 12 月的月度数据，由于经济增长率没有月度数据，所以我们采用工业生产增加值的月度增长率代替。

2. 模型建立

我们对 CPI_t、FQ_t、$GYZJR_t$、$M1R_t$、R_t 进行 ADF 检验，结果表明各变量是非平稳的，而对序列进行一阶差分以后是平稳的。为进一步说明各变量之间关系的稳定性，我们对之进行了协整检验。由于本文建立的系统包含两个以上的时间序列，所以本文采用 Johansen 检验方法。根据赤池信息准则（AIC）和施瓦茨准则（SC），确定由 CPI_t、FQ_t、$GYZJR_t$、$M1R_t$、R_t 组成的 VAR 模型的最大滞后期 K 为 12，所以协整选择滞后期为 13。Johansen 检验的结果表明 CPI_t、FQ_t、$GYZJR_t$、$M1R_t$、R_t 序列存在 4 个协整关系，因此各序列存在长期的均衡关系，并且可以得到以下协整向量：

$$VECM_t = CPI_t - 0.1183 \times FQ_t - 0.1932 \times M1R_t - 0.1545 \times GYZJR_t + 0.2946 \times R_t + 22.0581$$

$$(0.02507) \qquad (0.03922) \qquad (0.05087) \qquad (0.05087) \qquad (5.14152)$$

$$[-4.71985] \qquad [-4.9252] \qquad [-3.0368] \qquad [2.48101] \qquad [4.29300]$$

从各变量之间的协整关系我们可以看出，在诸多影响因素中，房地产价格波动、货币供应量的增长和工业增加值的增长都对通货膨胀率有正的影响，而利率的增加对通货膨胀有负的影响。其中在正的影响因素中，货币供应量的波动对通货膨胀率影响最大，当货币的增长速度上升1个百分点时，通货膨胀率则会上升0.193个百分点；当工业增加值的增长速度上升1个百分点时，通货膨胀率则上涨0.154个百分点；而当房地产价格的增长速度上升1个百分点时，通货膨胀率则上升0.118个百分点。利率对通货膨胀率的负向影响最为明显，当利率上升1个百分点时，通货膨胀率则下降0.294个百分点。从这个协整方程我们可以得出，通货膨胀主要是货币现象，因此高房价导致的货币供给量增加会推动CPI的上涨。

3. 利用 VAR 模型进行房地产价格影响的动态分析

我们对 CPI_t、FQ_t、$GYZJR_t$、$M1R_t$、R_t 建立 VAR 模型，从而借助脉冲响应函数和方差分解来具体分析各变量与通货膨胀的关系。以上已经说明，根据 AIC 和 SC 信息量最小的准则确定最佳滞后期为13。货币供应量波动是通货膨胀率变动的先导因素，而工业增加值波动和房地产价格波动是通货膨胀率变动的根本，利率对通货膨胀的影响则相对比较缓慢，所以笔者设置各变量进入 VAR 的顺序为 $M1R_t$、$GYZJR_t$、FQ_t、R_t，给 FQ_t 一个标准差大小的冲击，得到关于通货膨胀率波动的一个脉冲响应函数图（图2）。从图2可以看出，通货膨胀率对房地产价格波动产生正向影响，但是冲击在短期内比较小，在第3期之后逐渐增大，在第8期各月达到最大，以后开始衰减，在达到最大的影响以后，甚至出现负的、不稳定的影响。因此，房地产价格波动对CPI的影响具有一定的滞后性，房地产价格的上涨在中期会带动CPI增加。

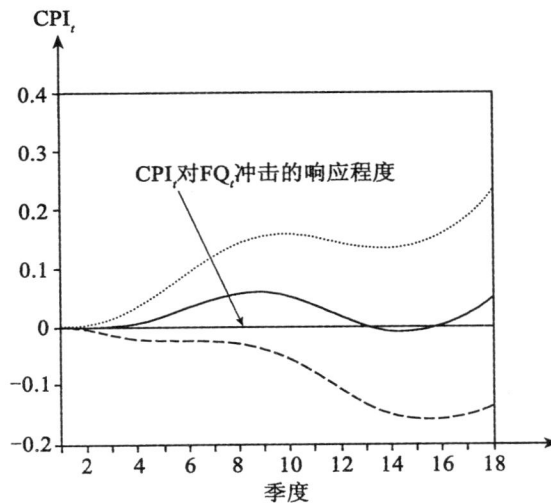

图 2　CPI 对房价波动的脉冲响应

为了了解各变量信息对通货膨胀率波动的相对重要性，我们对通货膨胀率进行了方差分解，见表2。从方差分解的结果看出，在整个18期的方差分解中，通货膨胀率受自身指数的滞后影响最大，这说明通货膨胀有很强的持续性，但是衰减比较迅速。在 $M1R_t$、$GYZJR_t$、FQ_t、R_t 等影响因素中，工业增加值的方差贡献值最大，从第2期的0.43个百分点上升到第18期的53.09个百分点；货币供应量的方差贡献次之，从0.17个百分点上升至17.41个百分点。房地产价格和利率的波动的方差贡献则相对较小，房价的方差贡献在第10期达到最大值8.96%以后开始缓慢衰减，长期维持在5.3%左右。

表2   通货膨胀指数变化率方差分解表

Period	S. E.	CPI	M1R	GYZJR	FQ	R
1	0.015438	100.0000	0.000000	0.000000	0.000000	0.000000
2	0.053117	99.39306	0.172055	0.425177	0.008573	0.001133
3	0.109133	97.32527	0.691808	1.958546	0.020925	0.003455
4	0.174580	92.83415	2.029771	4.760504	0.355196	0.020379
5	0.241830	85.24818	4.585766	8.712699	1.335292	0.118061
10	0.548875	38.45910	19.35703	32.76972	8.968498	0.445654
15	0.809417	25.91215	17.64517	49.23459	5.301815	1.906275
18	0.879356	22.42116	17.41187	53.09315	5.364690	1.709130

Cholesky Ordering：CPI M1R GYZJR FQ R

四、结论

房地产业会对国民经济产生"带动效应"，从产业特性上分析，由于房地产业的产业链较长，涉及面较广，房地产业的基础性地位决定了它对其他产业影响的广泛性。房地产市场的波动会通过多种途径传导到经济中的其他部门，并引起宏观经济的波动。因此，要分析房地产业对我国宏观经济的影响，必须深入探索房地产价格波动影响的内在机制，根据影响机制的不同具体分析。本文重点研究房地产价格对消费和通货膨胀的影响。房地产价格的波动通过四种效应对消费和CPI产生重要的影响，经消费渠道进一步影响国民经济的发展。通过协整检验，我们知道房地产价格波动与消费和通货膨胀之间具有长期的均衡关系。在VAR模型的框架下，通过建立脉冲响应函数得知，房地产市场的波动会引起消费负向的波动，引起通货膨胀正向的波动。对于消费的影响迅速，持续时间短；而对通货膨胀的影响有一定的滞后性，并且主要集中在中长期。房地产业的蓬勃发展虽然能够带动国民产出上升，增加就业和提高收入，但是房地产价格在上涨的过程中必然会产生不良的影响。

为保持我国宏观经济的稳定和规避宏观经济运行中的风险，我们必须高度重视我国房地产业的稳定、健康和可持续发展，避免房地产市场过热和房地产泡沫的生成；同时，高度重视房地产信贷中积聚的风险，避免房地产危机和金融危机的爆发。

（作者电子邮箱：zhoushouliang@gmail.com）

参 考 文 献

[1]沈悦，刘洪玉. 房地产价格变化规律的经济学分析. 建筑经济，2004，9.

[2]张红. 房地产经济学. 北京：清华大学出版社，2005.

[3]王国军，刘水杏. 房地产业对相关产业的带动效应研究. 经济研究，2004，8.

[4]杨朝军，廖士光，孙洁. 房地产业与国民经济协调发展的国际经验及启示. 统计研究，2006，6.

[5]李聪明. 我国房地产周期波动与宏观经济关系分析. 特区经济，2005，3.

[6]王先柱. VAR模型框架下房地产业与经济增长关系的实证检验. 经济问题，2007，7.

［7］梁云芳，高铁梅，贺书平．房地产市场与国民经济协调发展的实证分析．中国社会科学，2006，3.
［8］李熙娟，李斌．房地产业与国民经济增长的实证研究．商业研究，2006，4.
［9］张晓晶，孙涛．中国房地产周期与金融稳定．经济研究，2006，1.

The Empirical Research on the Relationship Between
the Price of Real Estate and Consumption with VAR Model

Zhou Shouliang

(Dongbei University of Finance and Economics, Dalian, 116025)

Abstract: This paper discusses the effects on the price fluctuation of real estate to Chinese macroeconomics based on the viewpoint of consumption. The price fluctuation of real estate influences the behavior of consumption through four effects. Under the system of VAR model, by using impulse response function and variance decomposition, the effects on consumption is negative, rapid and transitory. And there is a positive and long-run effect on CPI.

Key words: Real estate; Consumption; Economic fluctuation

基于超效率 DEA-Tobit 模型的我国房地产上市公司效率及影响因素分析

● 陆菊春[1] 左小芳[2]

（1，2 武汉大学经济与管理学院 武汉 430072）

【摘 要】本文以我国内地证券市场 45 家房地产上市公司作为研究对象，首先利用超效率 DEA 方法测算各上市公司 2002—2008 年的效率，然后建立基于面板数据的 Tobit 模型考察不同因素对效率的影响。实证结果表明：我国房地产上市公司效率处于中等水平，企业间差异较大；控股股东持股比例与房地产企业技术效率和规模效率正相关，市场集中度、营业外支出与效率负相关，自有资本比例越高，房地产企业技术效率越高，但对规模效率影响不显著。

【关键词】房地产 超效率 DEA 影响因素

一、引言

企业效率是指给定投入条件下实现最大经济产出的能力，或是给定经济产出水平下实现投入最小化的能力。目前我国有 3 万多家房地产开发企业，但是每年销售额超过 10 亿元以上的不过几十家而已。多数房地产企业在经营活动中只是片面强调市场占有率或销售收入而不注重自身竞争力的提高，存在效率低下的问题。合理的企业效率评价和影响因素分析可以为我国房地产企业效率改进指出努力方向。

国内外很多学者采用全要素生产率（TFP）、随机前沿分析（SFA）、数据包络分析（DEA）以及其他的一些参数和非参数方法对企业技术效率进行研究，其中以 DEA 为代表的"非参数法"最为普遍。Olatubi 和 Dismukes（2000）、Hawdon（2003）、Odeck（2007）利用 DEA 方法分别对发电行业、能源行业、农业的技术效率进行了分析，Azadeh、Ghaderi 等（2009）利用 DEA 方法分析了投资分配的效率。尽管利用 DEA 方法计算不同行业技术效率的文献已很多，但国内外对房地产行业的研究侧重点不同，Lewis、Anderson（1999）利用贝叶斯方法探讨房地产企业的效率变化，Yuming、Lilian（2001）提出用现值法量化房地产市场的效率。国内学者利用 DEA 方法计算房地产企业效率的研究相对较多，刘永乐、胡燕京（2005）等人运用 DEA 方法对我国 2004 年上半年房地产行业的运行效率进行了实证研究；周焯华、李雪松等（2007）以向房地产业转型的上市公司为研究对象，用 DEA 方法计算公司业务转型前后的绩效稳定性指标，对转型前后的绩效均值进行比较分析；樊宏（2007）分析了中国钢铁、汽车、房地产行业运行效率之间的关系；孟川瑾等（2008）采用截面数据运用 DEA 方法分析了我国 500 强企业中房地产企业的相对有效性。

在效率的影响因素方面，王晓东（2007）、陶锋和郭建万（2008）分别对高科技企业、电力行业技术效率的影响因素进行了分析，郑录军和曹廷求（2008）分析了国有银行、全国性股份制商业银行和城市商业银行在效率方面的差异，赵旭（2008）分析了开放度、股权集中度、企业盈利能力、企业年限对制造业上市公司效率的影响，涂俊和吴桂生（2006）采用 DEA-Tobit 方法对农业创新系统进行了效率评价。以上文献对不同行业的效率影响因素进行了分析，但对于房地产上市公司效率的影响因素研究相对较少，刘永乐和孙仲明等（2006）利用 DEA 中的 CCR 模型，以 2004 年截面数据为基础，分析了经营效率与规模、技术效率之间的关系，万伦来和陈希希（2008）分析了 FDI 对房地产企业技术效率的影响。

现有文献对房地产企业效率评价及影响因素分析具有借鉴作用，但依然存在以下问题有待完善：（1）已有文献大多采用传统的 CCR-DEA 模型和 BBC-DEA 模型计算效率值，这些模型无法区分效率有效的决策单元；（2）关于房地产企业技术效率影响因素的定量研究还很少，已有的文献大多以截面数据为样本进行分析，没有利用面板数据反映各影响因素对不同房地产上市公司的效率变迁状况的影响。

鉴于此，本文采用超效率 DEA-Tobit 两步法评价房地产上市公司的效率及影响因素，第一步先通过超效率 DEA 模型评价各房地产上市公司的效率值，避免了传统 DEA 模型对于多个同时有效的决策单元无法做出进一步比较的缺陷；第二步，采用 Tobit 回归分析，因为效率评价值有一个最低界限值 0，数据被截断，所以采用截断回归（Tobit 方法）进行效率值的影响因素分析。超效率 DEA-Tobit 两步法具有以下特点：一方面可以区分效率有效的决策单元，另一方面因为超效率 DEA 法得出的效率指数介于 0 和 1 之间，所以回归方程的因变量就被限制在这个区间，如果直接采用最小二乘法，会给参数估计带来严重的有偏和不一致，采用截断回归（Tobit 方法）可以避免参数估计的不一致性。

二、基于超效率 DEA 的房地产上市公司效率测度

（一）模型选取——超效率 DEA 模型

传统的 CCR-DEA 模型和 BCC-DEA 模型对于多个同时有效的决策单元无法做出进一步的评价与比较。DEA 的改进模型——超效率 DEA（Supper Efficiency DEA，SE-DEA）则弥补了这一缺陷，使有效的决策单元之间也能进行比较，无效率的决策单元效率值与 CCR-DEA 模型一致。

假定有 n 个独立的决策单元（DMU），第 j 个 DMU 有 m 种资源投入和 s 种产出 y_j，超效率 DEA 模型的基本思想是在进行第 j 个决策单元效率评价时，使第 j 个决策单元的投入和产出为其他所有决策单元投入和产出的线性组合代替，从而将第 j 个决策单元排除在外，避免了传统 DEA 模型对多个同时有效的决策单元无法进行进一步比较的缺陷。超效率 DEA 模型为：

$$\min \theta_0$$

$$\text{s. t.} \sum_{j=1}^{n} \lambda_j x_{ji} + s_i^- = \theta_0 x_{i0} \quad i = 1, 2, \cdots, m \tag{1}$$

$$\sum_{j=1, j \ne j_0}^{n} \lambda_j y_{jr} - s_r^+ = y_{r0} \quad r = 1, 2, \cdots, s$$

$$\lambda_j \ge 0, \quad j = 1, 2, \cdots, n$$

$$s_r^+ \ge 0, \quad s_i^- \ge 0$$

式中，θ_0 为决策单元 DMU_0 的效率值，λ_j 为相对于 DMU_0 重新构造的一个有效 DMU 组合中第 j 个决策单元的组合比例，s_r^+、s_i^- 为松弛变量。当 $\theta_0 \ge 1$ 时，$s_r^+ = s_i^- = 0$，DMU_0 为 DEA 技术有效，其形成的有效前沿面为规模收益不变，且该决策单元技术有效和规模有效；当 $\theta_0 < 1$ 时或者 $s_r^+ \ne 0$，$s_i^- \ne 0$，该决策单元为非有效，若 $s_r^+ = s_i^- = 0$，则技术有效，令 $k = \frac{1}{\theta_0} \cdot \sum_{j=1, j \ne j_0}^{n} \lambda_j$，当 $k = 1$，该决策单元为规模收益不变；$k < 1$ 时，该决策单元为规模收益递增；$k > 1$ 时，该决策单元为规模收益递减。

(二)指标选取和模型计算

以我国内地证券市场房地产上市公司作为研究对象,剔除 PT、ST 和数据缺失的公司,选择 45 家房地产公司作为研究对象,将各个上市公司分别作为一个决策单元。根据房地产行业的生产特征,确定输入变量为员工数量、营运资金、流动资产、固定资产,输出变量为营业收入、每股收益、净利润、投入资本回报率。各变量 2002—2008 年的数据来源于国泰安数据库,使用 DEAP2.0 软件计算效率值,结果见表 1。

表 1   **2008 年房地产上市公司效率值计算结果**

公司名称	效率值	规模效率	公司名称	效率值	规模效率	公司名称	效率值	规模效率
万科 A	0.93	递减	长春经开	0.05	递减	名流置业	1.09	不变
沙河股份	0.92	递减	华业地产	1.08	不变	天伦置业	0.72	递减
招商地产	0.39	递减	万通地产	1.12	不变	福星股份	0.66	递减
深深房 A	0.21	递减	广汇股份	1.07	不变	浙江广厦	0.37	递增
深长城	0.56	递减	天房发展	0.61	递增	南京高科	0.48	递减
泛海建设	0.48	递减	首开股份	0.42	递减	耶美控股	0.55	递增
金融街	0.62	递增	金地集团	1.05	不变	美都控股	1.03	不变
绿景地产	0.77	递增	东华实业	0.96	递增	中华企业	0.64	递减
银基发展	0.63	递减	栖霞建设	1.02	不变	珠江实业	0.56	递减
渝开发	1.03	不变	海鸟发展	0.44	递减	上海新梅	0.29	递减
光华控股	1.13	不变	新黄浦	0.96	递增	苏州高新	0.41	递增
莱茵置业	0.71	递减	浦东金桥	0.97	递增	上实发展	1.03	不变
粤宏远 A	0.39	递减	万业企业	1.06	不变	运盛实业	0.21	递增
阳光股份	0.73	递减	外高桥	0.81	递增	京能置业	1.10	不变
亿城股份	0.53	递减	陆家嘴	1.05	不变	世茂股份	0.64	递减

注:表中仅为 2008 年各上市公司的效率值,限于篇幅 2002—2007 年效率数据略。

从 2008 年效率计算结果看,SE-DEA 模型对有效的决策单元进行了进一步的评价,有 13 家上市公司技术有效,效率值愈小,说明上市公司投入产出的效率愈低,其效率平均值为 0.7336。2002—2008 年,被评估公司的平均效率为 0.7013,最主要分布区间为[0.5,1.0],说明被评估的大部分房地产上市公司处在中等偏上水平。除 DEA 有效的决策单元外,有 22 家公司处在规模效益递减阶段,说明这些公司在增加投入后,产出的增长会小于投入的增加比例,规模效率平均值为 0.9314,规模效率递减的占 48.89%,说明我国大部分的房地产上市公司具有通过资源整合提高规模效率的潜力,这一结果也在一定程度上反映了我国目前宏观调控政策对房地产行业的影响。

三、基于 Tobit 方法的房地产上市公司效率影响因素分析

(一)研究假设

上面已经通过超效率 DEA 方法得出了各上市公司的效率,但哪些因素影响效率值得我们进一步探究。

影响房地产上市公司效率的影响因素众多，涉及方方面面，而且部分因素之间相关性极大，将其详尽地描述并纳入设定模型几乎是不可能的。尽管研究视角的不同导致了纳入变量的差异，但总的来说，因素的选取要尽量反映我国房地产上市公司运营的主要特征，主要从以下方面考虑：

1. 股权集中度

股权结构与上市公司效率关系的研究文献最为丰富，但究竟哪种股权结构的公司更具有效率优势并没有取得一致的结论。当房地产上市公司股权十分分散的情况下，广大中小股东考虑到监督成本与收益的匹配，在"免费搭车"心理的支配下，既没有动力也没有能力监督公司的代理人。尽管外部法令的完善能够给予投资者特别是中小投资者足够的保护，中小股东对代理人的监督成本将下降，因为代理人侵害股东利益的行为一旦被发现，将会受到法律的严惩，但目前我国有关法律法规还在不断完善中，适当的股权集中有利于提高企业的效率。万科、金地、华润置地等多家优势聚集型上市公司，都是典型的股权相对集中的企业。本文用第一大股东持股比例作为衡量股权集中度的指标。

假设1：股权集中度与公司效率正相关。

2. 资本结构

资本充足是房地产上市公司可持续发展条件之一，自有资本比率反映的是自有资本占总资本的比例。若企业全部资本都是自有资本，企业的效益未必是最佳的；若全部是借贷资本，那么所有风险都转移给债权人。全部自有资本或全部借款都不是最佳的经营方式，这两者应该保持适当的比例。房地产上市公司自有资本比例相对较低，如2007年万通地产、招商地产、深深房A自有资本比例分别为13.5%、12.6%和9.6%，过低的自有资本比例会降低公司的效率。

假设2：自有资本比率与公司效率正相关。

3. 市场集中度

房地产开发具有较强的地域性特点，从区域指标分析，区域房地产开发企业在区域市场的相对集中度较高，如万科在深圳按销售额计算的市场占有率达到10.98%，其开发规模、定价策略等行为的变化对深圳房地产市场产生较强的控制能力。当市场集中度较高时，由于对市场具有一定的控制力，企业没有动力提高效率。市场集中度按各公司当年销售额占当年房地产销售总额的比值计算。

假设3：市场集中度与公司效率负相关。

4. 公司治理

房地产公司治理的目标不仅在于保护投资者的利益，而且在于降低委托—代理中的道德风险与逆向选择，减少代理人为追求自身利益而损害股东利益的行为，降低代理成本，减少市场系统风险。代理成本是反映房地产公司治理状况的重要指标，这里借鉴郑录军和曹廷求（2005）的方法，通过营业外支出率指标（营业外支出/总收入）量化代理成本，营业外支出率越高，说明代理成本越大，公司治理状况越不理想。

假设4：营业外支出率与公司效率负相关。

（二）基于面板数据的 Tobit 模型

由于效率评价值有一个最低界限值0，所以数据被截断，若用普通的最小二乘法对模型直接进行回归，参数估计将是有偏且不一致的。为了解决这类问题，采用 Tobit 提出的截断回归方法进行分析，同时结合面板数据特性，建立如下的计量经济模型，其结构如下：

$$y_{it} = \begin{cases} a_{it} + \beta^{\mathrm{T}} x_{it} + e_{it} & a_{it} + \beta^{\mathrm{T}} x_{it} + e_{it} \geq 0 \\ 0 & \text{其他} \end{cases} \tag{2}$$

其中，被解释变量 y_{it} 为公司 i 第 t 年的技术效率或规模效率（$i=1$，2，…，45；$t=2002$，2003，…，2008）；解释变量 $x_{it}=$（股权集中度 sh_{it}，自有资本比例 cp_{it}，市场集中度 con_{it}，营业外支出率 $cost_{it}$），β^{T} 为未知参数向量，$e_{it} \sim N(0, \sigma^2)$。此模型为面板数据的截取回归模型，解释变量 x_{it} 取实际观测值，被解释变量 y_{it} 以受限制的方式取值：当 $y_{it} \geqslant 0$ 时，取实际的观测值；当 $y_{it}<0$ 时，观测值均截取为 0。a_{it} 为公司 i 第 t 年的固定效应，为未知的确定常数。

在上述计量模型中，选用了 4 个解释变量，这些变量有可能存在多重共线性。因此，在具体分析之前，先检验解释变量是否存在多重共线性。运用 SPSS 软件中容忍度（tolerance）以及方差膨胀因子（Variance Inflation Factor，VIF）指标对这 4 个自变量之间是否存在多重共线性进行检验，具体结果见表 2。从表 2 可以看出，所有变量的容忍度都大于 0.1，可以大致判断出解释变量之间的多重共线性问题并不严重，可以进行下一步的截断回归分析。

表2   **解释变量多重共线性检验**

解释变量	符号	容忍度（tolerance）	方差膨胀因子（VIF）
股权集中度	sh	0.85	1.42
自有资本比率	cp	0.69	1.15
市场集中度	con	0.80	1.18
营业外支出率	cost	0.79	1.52

为消除异方差与自相关问题，采用广义最小二乘法进行参数估计，利用 Eview6.0 软件对模型进行估计，结果见表 3。

表3   **模型回归结果**

变量	技术效率回归模型（1）	规模效率回归模型（2）
常数	0.57(3.45)***	0.65(3.33)***
sh（控股股东持股比例）	+0.02(2.08)**	+0.14(2.21)***
cp（自有资本比率）	+0.25(2.03)**	+0.21(1.12)
con（市场集中度）	−0.02(3.67)***	−0.13(3.45)***
cost（营业外支出率）	−0.01(4.12)***	−0.13(3.14)***
adj R^2	0.89	0.85
D.W.	2.23	2.03
F	85.12	52.10

注：括号内为变量的 t 检验值。显著性水平：* 代表 $p<0.1$，** 代表 $p<0.05$，*** 代表 $p<0.01$。

从回归结果得到以下结论：

（1）控股股东持股比例与房地产上市公司技术效率、规模效率显著正相关，其结果与假设 1 相符，表明房地产企业有自身的特殊性，在股权结构十分分散的情况下，广大中小股东考虑到监督成本与收益的匹配，在"免费搭车"心理的支配下，既没有动力也没有能力监督公司的代理人。适当的股权集中有助于建立适应市场要求的房地产企业发展机制和经营机制，提高房地产企业的效率和效益。

（2）模型1显示自有资本比率与公司技术效率显著正相关，这是因为资本充足是房地产公司可持续发展的条件之一，较高的自有资本比率能提高公司发展潜力和抗风险能力，从而提高企业的效率。万科、华业地产、万通地产有较高的自有资本比率，促使股东更加关心公司经营，注重管理水平，法人治理结构健全，有利于按市场化的目标经营，从而促进了公司效率的提高。模型2表明自有资本比率与规模效率关系不显著，这是因为当自有资本比率较低时，房地产企业会通过其他途径筹集资金来达到其规模效率的目标。

（3）市场集中度对房地产上市公司技术效率、规模效率影响显著，系数为负，与假设3相符，表明市场越集中，效率越低。原因可能是市场集中程度高，房地产企业对市场具有足够的控制力，使企业失去提高效率的动力，从而降低企业的效率。

（4）营业外支出率与公司技术效率、规模效率呈显著负相关，与假设4相符。该比率越低，说明公司控制管理费用支出的能力越强，效率越高。一个可能的解释是，目前我国房地产上市公司需要理顺各方之间的关系，导致营业外支出过大，但这一部分并没有相应转化为产出，结果造成公司效率的低下，这在一定程度上表明我国房地产上市公司需要进行结构治理，降低营业外支出，从而达到提高公司效率的目的。

四、结论

随着我国房地产市场宏观调控政策的实施，如何进行结构调整、资源整合是摆在房地产企业面前的难题。本文运用超效率DEA模型评价2002—2008年我国45家房地产上市公司的技术效率和规模效率，运用Tobit方法从股权集中度、自有资本比率、市场集中度、公司治理等方面解释了影响上市公司效率的主要因素。研究结果表明：我国房地产行业技术效率处于中等水平，企业间差异较大，中等效率占大多数；控股股东持股比例会提高房地产企业的技术效率和规模效率；市场集中度、营业外支出率越高，房地产上市公司技术效率和规模效率越低，自有资本比率与技术效率显著正相关，对规模效率影响不显著。

（作者电子邮箱：Lujuchun2603@163.com）

参 考 文 献

[1] Azadeh, A., Ghaderi, S. F., Omrani, H., and Eivazy, H.. An integrated DEA-COLS-SFA algorithm for optimization and policy making of electricity distribution units. Energy Policy, 2009, 132(5).

[2] Danielle Lewis, and Randy Anderson. Residential real estate brokerage efficiency and the implications of franchising: A Bayesian approach. Real Estate Economics, 1999, 18(3).

[3] David Hawdon. Efficiency, Performance and regulation of the international gas industry: A bootstrap DEA approach. Energy Policy, 2003, 25(1).

[4] James Odeck. Measuring technical efficiency and productivity growth: A comparison of SFA and DEA on Norwegian grain production data. Applied Economics, 2007, 22 (2).

[5] Meyer, R. A.. Publicly owned versus privately owned utilities: A policy choice. The Review of Economics and Statistics, 1975, 39(5).

[6] Olatubi, W. O., and Dismukes, D. E.. A data envelopment analysis of the levels and determinants of coal - fired electric power generation performance. Utilities Policy, 2000, 34(9).

[7] Yuming Fu, and Lilian, K. Ng.. Market efficiency and return statistics: Evidence from real estate and stocks market using a present-value approach. Real Estate Economics, 2001, 23(2).

[8] 万伦来，陈希希. FDI对中国房地产业技术效率的影响. 上海经济研究，2007, 3.

[9] 刘永乐，胡燕京. 基于 DEA 的房地产上市公司业绩分析. 统计与决策，2005，14.

[10] 刘永乐，孙仲明. 房地产上市公司经营效率的 DEA 评价. 统计与信息论坛，2006，1.

[11] 郑录军，曹廷求. 我国商业银行效率及其影响因素的实证分析. 金融研究，2005，1.

[12] 周焯华. 基于 DEA 的上市公司转型房地产效率研究. 管理评论，2007，6.

[13] 孟川瑾，邢斐，陈禹. 基于 DEA 分析的房地产企业效率评价. 管理评论，2008，7.

[14] 陶锋，郭建万，杨舜贤. 电力体制转型期发电行业的技术效率及其影响因素. 中国工业经济，2008，1.

[15] 樊宏. 中国钢铁、汽车、房地产行业运行效率研究. 数量经济技术经济，2007，2.

[16] 涂俊，吴贵生. 基于 DEA Tobit 两步法的区域农业创新系统评价及分析. 数量经济技术经济，2006，4.

[17] 赵旭. 我国制造业上市公司技术效率与技术进步实证研究. 当代经济管理，2008，1.

Empirical Analysis on Efficiency and Influencing Factors of Chinese Listed Real Estate Companies

Lu Juchun[1] Zuo Xiaofang[2]

(1, 2 Economics and management School of Wuhan University, Wuhan, 430072)

Abstract: Taking 45 real estate listed companies of China's mainland stock market as research objects, we have applied the DEA method to estimate their technical efficiency, pure technical efficiency, scale efficiency and inter-annual change trend between 2002 and 2008 in this dissertation. Using panel data fixed-effect model, we identify the impact from ownership structure, capital structure, market structure, corporate governance and other factors upon the efficiency. The empirical results show that: China's real estate listed companies have a medium level technical efficiency; the proportion of the controlling shareholder will improve the efficiency; the higher the rate of operating expenses and the market concentration, the lower the efficiency of the real estate listed companies; there are significant and positive correlations between equity ratio and technical efficiency and scale efficiency, while the relationship is not significant between equity ratio and pure technical efficiency.

Key words: Real estate listed companies; Supper efficiency DEA; Influencing factors

利益主体理论在旅游管理专业
实践教学中的应用分析[*]

● 卢世菊[1] 李东娟[2] 王 剑[3]

（1，2，3 中南民族大学管理学院 武汉 430074）

【摘 要】目前，旅游高等教育"精英化"式的理论教育教学模式与旅游产业发展脱节严重，加强旅游管理专业的实践教学已是形势所需。本文试图缕析旅游管理专业实践教学中的各个利益主体，构筑旅游管理专业实践教学的利益主体谱系图，在此基础上探讨各个利益主体之间的互动关系，并结合现实情况提出加强这些利益主体良性互动的措施，祈望对高校旅游管理专业实践教学的实施有所裨益。

【关键词】利益主体理论 旅游管理专业 实践教学 应用

一、引言

随着我国国民经济的增长和人均国民生产总值的提高，我国旅游业呈现快速增长态势。据国家旅游局统计数字显示，2009 年，国内旅游总收入 10 184 亿元人民币，比上年增长 16.4%。国内旅游总人次 19 亿人次，比上年增长 11.1%；中国公民出境旅游人数为 4 766 万人次，比上年增长 4.0%；受金融危机影响，中国入境旅游人数为 12 648 万人次，但也仅比上年下降 2.7%。国际旅游外汇收入 397 亿美元，仅比上年下降 2.9%。同时，我国旅游目的地和旅游主题都得到极大地丰富和发展。事实表明我国的旅游业已经成为国民经济的重要组成部分，旅游服务需求的迅速扩大、旅游业的快速发展迫切需要一大批专业人才。事实上，我国旅游本科教育也在不断发展。1981 年全国只有 8 所院校开办旅游本科教育，到 2008 年底，旅游高等院校发展到 810 所（包括开设旅游本科的综合性大学和高等职业教育的综合性学校及专门性学校），在校学生达到 44 万人[①]。

但是我们的旅游教育一直存在着结构不足、持续发展乏力的问题，学生的理论基础、知识和能力结构存在较明显的欠缺，毕业生的知识和能力结构难以适应现代旅游不断发展的需要；旅游实业界对旅游管理专业的毕业生颇有微词，毕业生的专业技能达不到相应水平；招生多，但学生毕业后从事旅游行业的人数比例并不高。在剧烈的时代变迁面前，在教育形式日益精美的同时，其结果却离我们的时代愈发地远了。当前旅游高等本科教育所面临和暴露的种种问题，正在一点点打击旅游管理专业教师、学生的自信心。造成这些问题出现的原因，最主要的是我们当前旅游高等教育"精英化"式的理论教育与旅游产业发展脱节太严重，我们的旅游教育重理论轻实践造成学生走向社会不能适应社会的需

---

* 本文是湖北省高等学校省级教学研究项目（项目编号：2008155）阶段性成果。

① 吴晓梅. 溯旅游教育本源探人才培养新路——首届中国教育年会综述. 中国旅游报. 2009-11-06(10)。

要。我国高校旅游管理专业如何改进教学模式、纯理论教育教学模式如何与实践教学相结合等，已经成为教育界和旅游学界普遍重视的问题。

本文试图从利益主体理论角度出发，构筑旅游管理专业实践教学的利益主体谱系图，在此基础上探讨各个利益主体之间的互动关系及利益需求，提出合理有效的调节各利益主体之间的冲突、实现各利益主体良性互动的措施，以期对高校旅游管理专业实践教学的实施提供具体可行的对策和思路。

二、利益主体理论文献回顾

所谓利益主体就是利益的创造者、追求者、消费者、支配者和归属者，即在一定社会关系下通过各种实践活动来直接或间接地追求自身物质需要、精神需要满足的人①。"在现实社会中，利益主体就是现实社会中的人，是处于一定组织结构之中的人，处于一定的群体之中的人，他既可以是个人，也可以是某种群体或者组织。"②也就是说，利益主体大致可以分为利益个体和利益群体两大类。个体是群体的基础，群体是个体的有机组合，不存在离开群体的个体。随着社会分工的日益复杂，社会化和全球化进程的日益加快，群体乃至整个社会作为利益主体的地位将变得越来越重要。利益主体是社会利益运动的自觉的、能动的、主观的要素。各种各样、不同层次的利益主体的独立存在及其相互关系，构成了社会生活中的基本利益格局，并相应产生了各种利益观念和利益行为。

利益主体理论(stakeholder theory)的基本思想虽然早在19世纪就已出现，但一直没有引起人们的重视，直到1963年斯坦福研究所才首次使用了利益主体理论这个术语，主要是为了适应变化了的经济环境对一种业务的所有参与者更加密切合作的要求，他们定义"利益主体"为"对企业来说存在这样一些利益群体，如果没有他们的支持，企业就无法生存"③。弗瑞曼(Freeman)是把利益主体理论应用于美国的先行者，他认为，一个组织的利益主体是指任何可以影响该组织目标的或被该目标影响的群体或个人④。在此定义中，弗瑞曼强调了企业与个体或群体间"影响"的双向性，并指明了利益主体的两个核心问题：一是谁是企业的利益主体，即对利益主体的认定；二是管理者依据什么来给予特定群体以关注，即对利益主体属性的认定⑤。此后，随着旅游可持续发展思想的引入，利益主体理论的应用日渐受到西方旅游学者们的关注。Bulter、Murply、Sautter、Yudsel、Markwick等众多学者在该理论的旅游研究与应用中取得了大量成果，作出了重要贡献。他们在旅游领域内涉及利益主体的运用研究主要集中在旅游规划、旅游可持续发展、旅游目的地或旅游社区利益主体协作与管理等方面⑥。

目前，国内旅游研究中利益主体理论已得到重视，主要表现在运用该理论对生态旅游、旅游意外保险领域、旅游规划等基础理论展开研究，同时运用该理论在区域旅游规划等具体问题的研究方面也取得了一定进展。保继刚、吴必虎等旅游学者是将利益主体理论应用于旅游研究的翘楚。但是综观国内旅游学者们

① 于文明. 中国公立高校多元利益主体的生成与协调研究——构建现代大学制度的新视角. 北京：高等教育出版社，2008：41.
② 张玉堂. 利益论——关于利益冲突与协调问题的研究. 武汉：武汉大学出版社，2001：46.
③ Clark，T.. The stakeholder corporation：A buisiness philosophy for the information lage. Long Range Planning，1998，31(2)：182-194.
④ Freeman，R.E.. Strategic management：A stakeholder approach. Boston：Pitman，1984：46.
⑤ 楚永生. 利益相关者理论最新发展理论综述. 聊城大学学报(社会科学版)，2004，2：33-37.
⑥ 唐晓云，赵黎明. 农村社区生态旅游发展分析——基于利益相关者理论. 西北农林科技大学学报(社会科学版)，2006，2：93-97.

的研究可以看出他们大多还停留在理论的探讨阶段，缺乏对中国旅游实践的适用性调整①，而且利益主体理论应用到旅游教育研究领域则更属空白。

三、旅游管理专业实践教学的利益主体构成及其互动关系

根据利益主体理论，对旅游管理专业实践教学的分析主要包括两个方面：一是对利益主体的认定，即谁是旅游管理专业实践教学的利益主体；二是利益主体的属性，即管理者依据什么来给予特定群体以关注。

（一）旅游管理专业实践教学的利益主体构成

旅游管理专业是一个实践性很强的专业，在旅游管理专业整个教学体系中突出实践教学环节是十分必要的，它是学生掌握专业技能不容替代的环节。实践教学是教学管理部门根据市场需求情况，采用技能训练和操作能力培养为主的教学管理和教学实践过程，是相对于理论教学而言的。实践教学的内容包括实验、实习、实训、社会实践、课程设计、学年论文、毕业论文（设计）等，也包括军训、创业活动以及纳入教学计划的社会调查、科技制作、学科竞赛活动等。

在旅游管理专业实践教学体系中，为便于列出利益主体的名单，我们可以设计这样三个问题：一是实践教学将影响谁的利益或谁的行为将强烈影响实践教学，二是谁拥有实践教学发展的战略设计、实施的信息资源和专门技能，三是谁能控制实践教学的实施。由此，根据问题，可以列出旅游管理专业实践教学的利益主体：教师、学生群体、教学管理部门、企事业单位等。教师是实践教学体系的主要实施者，他们执行教学任务，培养学生在实践教学过程中的动手能力，使学生获得感性认识，同时利于提高自己的教学和科研水平；学生群体是实践教学过程的消费者，他们通过社会实践可以获得职业所需的实践性技能，适应社会的需要；教学管理部门是实践教学体系的倡导者和领导部门，起着导向性作用，通过实践教学的实施提高学校的教学水平和获得比较高的就业率；企事业单位是实践教学成果的消费者，实践教学体系所针对的目标就是满足企事业单位的需要，实践教学的开展可以使他们获得适应岗位需要的技能型人才，因此企事业单位也是重要的利益主体（见表1）。

表1 不同利益主体的利益追求倾向

利益主体	利益追求重点
学生	获得职业所需的实践性技能，适应社会的需要
教师	提高自己的教学和科研水平
教学管理部门	提高学校的教学水平和获得比较高的就业率
企事业单位	获得适应岗位需要的技能型人才

基于所有的利益主体都具有本质上相同的价值的理念②，笔者绘制了旅游管理专业实践教学利益谱系图（见图1）。

---

① 侯志强．基于利益主体理论的观光果园旅游开发研究——以迁西杨家峪板栗园为例．干旱区资源与环境，2006，4：122-126.

② 张伟，吴必虎．利益主体理论在区域旅游规划中的应用．旅游学刊，2002，4：63-68.

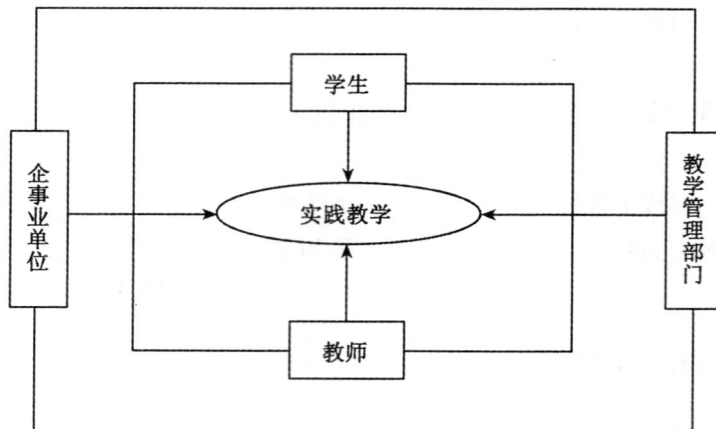

图1　旅游管理专业实践教学利益主体谱系图

根据此图，考虑内部和外部的利益主体，可以将其分为两类：一类是内部利益主体，主要包括教师和学生；另一类是外部利益主体，包括企事业单位和教学管理部门。各利益主体围绕着实践教学构成一个相对独立的封闭系统。

（二）旅游管理专业实践教学利益主体之间的互动关系

为了达到实践教学体系的提高课堂教学效果、锻炼学生动手能力、适应市场需求的最终目标，各利益主体都要正确处理各自的利益诉求，形成良性的利益互动关系。

1. 内部利益主体之间的互动关系

目前，不少旅游管理专业的教师在教学中仍然普遍使用传统的教学方法，重视理论知识的传递，忽视对学生实践技能的培养，即使有些教师在专业实训室能为学生进行实际演示，但由于平时不注重与企事业单位的交流与协作，对饭店、旅行社、景区等的实际运营模式、流程了解甚少，无法向学生准确传达企事业单位的工作流程等信息，从而不能达到使学生扩展视野、增长才干、提高理论基础和实际动手能力的教学效果。而学生在某种程度上只能被动地接受学校和教师安排的教学，他们希望增加实践教学、提高动手能力的愿望往往被漠视。因此，目前在高校中旅游管理专业围绕实践教学体系教师和学生之间尚没有形成良性的互动关系。

2. 内部利益主体与外部利益主体之间的互动关系

（1）学生、教师与教学管理部门之间的互动关系。

作为教学管理部门的学校是实践教学体系的倡导者、监督者和推动者，是实践教学体系的上级领导部门，但目前，许多涉足高等旅游本科教育的院校，往往以自己原先所在学科优势和特点为出发点设置课程、确立培养方向，导致培养目标上缺乏规范性、实践教学设施设备相对落后、校内旅游实训投入不足、没有建立稳定的实践教学基地等，根本无法满足学生和教师对实践教学的需求。尽管有许多院校认识到实践能力在高等旅游教育中的重要性，但在实践教学的具体环节上，认为只要安排了实习就等于完成了实践教学，殊不知实习只能解决实践教学的动手能力，而不能解决学生对旅游行业工作性质的理解①。

在知识经济时代，教师的知识更新很有必要，特别是旅游管理专业的教师面对迅速发展的旅游业、日

---

① 张淑贤. 高等院校旅游管理专业实践教学模式探讨. 长春师范学院学报(自然科学版)，2006，3：127-129.

新月异的旅游新事项，怎样将课本上的理论知识与旅游业的实际结合起来，从而传授给学生新鲜有活力的知识，是旅游管理专业教师们面临的现实问题，因此他们有了解旅游行业的实际工作流程的强烈愿望，有"自我充电"的强烈需求，但在现行的教学体系下，很多学校无法给予时间和提供财力资助教师投入旅游企事业中去参与管理操作。

（2）学生、教师与旅游企事业单位之间的互动关系。

旅游企事业单位是旅游实践教学的平台、基地，许多旅游企事业单位出于对高校旅游专业教育工作的支持与帮助，接受教师与学生参与考察和实习；但企事业单位出于追求经济利益最大化等多种因素的考虑，不愿意花费大量的成本在短期内培养一名业务新手，对学生不可能严格要求，对教师则是敬而远之。因此，学生和教师在旅游企事业单位的实习和考察只能是走马观花，在各个岗位上只能是蜻蜓点水，没有深入观察了解和参与企事业单位的整体运作，特别是有的企业把学生作为廉价劳动力使用，从而使学生对今后在旅游企事业单位特别是企业工作产生深深的"敬畏"。当然也有部分学生眼高手低，自认为是受过高等教育的人才，不愿意从事在餐厅端盘、在客房铺床清扫等基层的工作，怎样敢于"放下架子"、从基层服务干起、更新观念也是学生参与实践所需注意的。

四、旅游管理专业实践教学利益主体实现良性互动的思考

上述分析表明，旅游管理专业实践教学体系各利益主体之间还没有形成良好的互动关系，旅游管理专业实践教学的顺利开展需要各利益主体提高重视的程度、实施的力度，才能形成良好的互动关系。

（一）相关立法是利益主体实现良性互动的保障

高等教育的实施是一个复杂的系统工程，培养学生的创新精神和实践能力应是高等教育的主要任务，在这种观念和思想的指导下，我国通过教育立法，利用国家政权的力量，使教育发展获得法律保障。我国已经出台了《中华人民共和国高等教育法》和《中华人民共和国职业教育法》，在《高等教育法》第五条中明确规定："高等教育的任务是培养具有创新精神和实践能力的高级专门人才，发展科学技术文化，促进社会主义现代化建设。"《职业教育法》中规定企业在"双师型"师资队伍建设方面有"提供方便"的义务。这些法律对学校、企事业单位、教师、学生的权利、义务与责任做出了规定，但在法律规定中怎样使这些利益主体实现良性互动缺乏明确具体的规定，各方权利义务规定不明确，对未承担相应义务的法律后果也未做出规定，导致法律保障缺乏力度，校企合作流于形式，教师、学生希望深入企事业单位实习实践，但企事业单位却无意问津。因此，我们应该借鉴国外在这方面的立法经验，加强高等教育实践教学方面的立法，使校企合作、师生实践技能和经验的提高有坚实的法律保障。

（二）教产结合是利益主体实现良性互动的途径

基于旅游院校教师、学生与旅游企业在旅游实践性教学方面存在的种种制约问题，笔者认为采用教产结合的实践性教学模式能够使旅游院校与广大旅游企业形成长期、稳定的良性互动关系，即学校与企业以提高学生的素质教育、培养直接能为社会服务的人才为目的，实行全方位的合作，共同建立教育领导机构，共同参与教育目标和教学计划的制定与实施，联合实施教学管理的过程。旅游企业可根据自己的实际需要提出培养的目标，为学校师生提供基础培训和实习岗位，而开设了旅游专业的院校则可为旅游企业输送实习学员，提供咨询服务，开发合作项目，真正建立起培养学生、锻炼教师的学校和企业两种教学环境；同时这种模式还可以很好地解决学校教学与企业生产环节的衔接问题，由于是共同参与实践性教学计划的制定与实施，双方可以根据企业需要和学校教学内容的实际情况灵活安排学生上岗实习的时间。

（三）协调机制的建立是利益主体实现良性互动的关键

教产结合的实践性教学模式能使旅游院校与企业实现双赢，但要真正做到教产结合，还需要在旅游院校与旅游企业之间建立一种利益基础与协作机制来实现教学与实践的联姻，因此，协调机制的建立是利益主体实现良性互动的关键。如可以建立旅游院校与旅游企业共同组成董事会的联合办学机制，董事会定期对学校的教学与生产、理论与实践、培养与使用等问题做出决策，使教产结合实现更为实质性的合作，使实践教学落到实处。也可以建立政府层面的学校企业协调机构，从战略角度调控促进校企合作、教产结合。

五、结论

加快旅游业发展，核心在旅游人才，关键在旅游教育。随着中国旅游业的持续快速发展，中国旅游教育面临许多新情况、新问题。中国正积极适应旅游业发展的新形势，从战略高度，把旅游教育纳入全国旅游人才工作的大局，坚持以就业为导向，实施以需定教，加快培养中国旅游发展急需的复合型、创新型、外向型人才。为了达到这一目标，旅游管理专业的教学必须改变传统的纯理论教育教学模式，实施理论与实践相结合的教学方法；在探索旅游管理专业的实践教学模式过程中，必须缕清相关利益主体，同时要寻找使这些利益主体实现良性互动的对策，才能使旅游管理专业的实践教学顺利开展。

（作者电子邮箱：lut2005@126.com）

**The Analysis about the Stakeholder Theory
Application in Tourism Practice Teaching**

Lu Shiju[1] Li Dongjuan[2] Wang Jian[3]

(1, 2, 3 Management School of South-central University for Nationalities, Wuhan, 430072)

Abstract：Nowadays, the "elitism" style university education in the theory of tourism management is seriously detached from the tourism industrial development, so, enhancing the practice teaching is our main trend. This paper is based on the stakeholder theory to analyze the different stakeholders, and then to establish the pedigree chart of practice teaching in the tourism management. Based on the above analysis, the paper is to explore the relationship among the different stakeholders, connected with the reality, the paper is to establish the positive relationship of them, hoping that it will benefit university tourism management practice teaching development.

Key words：Stakeholder theory；Tourism management major；Practice teaching；Application

我国博物馆旅游发展的制约因素与突破思路[*]

● 章尚正[1]　刘晓娟[2]

(1, 2　安徽大学旅游管理系　合肥　230039)

【摘　要】经济发展到一定阶段，需要以文化为内源力来支撑。博物馆理应在社会经济文化中发挥重要作用，博物馆旅游理应成为最受欢迎的文化旅游，但我国博物馆旅游的规模与效益相比博物馆资源的高品质显然落差甚大。本文探究制约博物馆旅游的主要因素，并且提出突破制约的思路：以人为本，积极发挥社会教育功能，大力培育博物馆旅游市场；改革管理体制，完善社会服务机制；多方筹款，广开财源，打破资金短缺瓶颈；融入旅游市场，通过做大做强博物馆旅游，提高文化、社会与经济效益。

【关键词】博物馆旅游　旅游传播功能　文化旅游

博物馆是举世公认的民族文化标志，博物馆旅游是信息量最大、历史文化价值最高的文化旅游之一，故宫博物院、大英博物馆、卢浮宫以其厚重的历史文化积淀向世界显示本国历史的辉煌，成为国内外旅游者非常向往的旅游景点。正在快速发展的中国，各地在城市化、国际化的进程中必须高度重视发挥博物馆的旅游功能，让其为中华民族伟大的文化复兴提供文化源泉与创新动力。但是在现实生活中，我国多数博物馆门庭冷落，影响范围往往局限于本地少数人群。博物馆旅游发展缓慢的原因何在，如何破解？本文意欲对此进行探索。

一、旅游传播功能是博物馆关键的功能

博物馆具有多重功能，各种功能的价值与意义各不相同，但又有机结合、互相协调，造就了包括历史、文化、社会、经济等效益在内的综合性效益。试分析如下：

(一)文物收藏功能

这是博物馆基本的功能。博物馆作为国家或地方搜集、保管、研究历史、文化、艺术、科技等方面的文物或标本的专业机构，以保护标志着国家、民族或地域文明成就的历史文化遗产为最高使命。我国现有的 2300 多座博物馆就收藏着 2000 多万件珍贵文物①。

---

　　* 本文是国家社会科学基金项目"我国旅游业旅游资源开发和保护问题研究"（项目编号：07BJY134），安徽大学"211工程"项目"经济学与安徽经济社会发展"的阶段性成果。

　　①　单霁翔. 城市化发展与文化遗产保护. 天津：天津大学出版社，2006：26.

（二）文化弘扬功能

这是博物馆核心的功能。博物馆肩负着文物研究、国民教育、科普宣传、文化和艺术熏陶的历史使命，所以博物馆的发展和普及，不仅是对文物古迹资源的一种有效保护，而且对于提高国民的整体素质、弘扬民族文化起着重要的作用。作为社会发展、文明进步的重要指标之一，博物馆的本质就在于不断地汇集人类社会优秀的文化成果，并按照一定的价值目标，释放"文化内涵"，引导社会文化向健康的方向发展，歌德说过，假若不是通过一种光辉的民族文化均衡地流灌到全国各地，德国如何能伟大呢？遍布各地的图书馆、博物馆和剧院，作为支持和促进文化教养提高的力量，是绝对不应被忽视的。

（三）旅游传播功能

这是博物馆关键的功能。谓其关键，那是因为：博物馆面向大众弘扬文化，主要通过招徕国内外旅游者（包括科考研究者）来实现，即博物馆的文化弘扬作为"信息流"，主要借助旅游者的"人流"才能实现，所以博物馆天然地承担着文化旅游的职能，并被列入当代最有效的文化传播媒介之列，人们赋予它诸如"精神的殿堂"、"文明的窗口"、"文化碰撞的思想库"等多种美誉。从世界范围看，博物馆是实现文化交流、文化传播与文化融合最受欢迎的载体，所以各国政府在走向世界的崛起过程中，都投入大量的财力与人力，注重发挥博物馆的旅游传播功能。博物馆旅游近几十年越来越受欢迎，因为随着经济发展、社会进步以及人们受教育程度的提高，传统的大众观光旅游已经不能满足人们指向心灵的文化需求，人们越来越注重异代、异域、异质文化的探寻、对比、借鉴，而博物馆是文化特征的集大成者，是高层次的文化景观，可以满足游客获得高品位文化享受的需要。相对于其他形式的旅游，博物馆旅游具有自己的特点。首先，博物馆历史文化内涵深厚，这是保证博物馆旅游持续发展的根本条件。其次，博物馆旅游具有高度集中的特性。博物馆是深厚的文化缩略，是立体的"百科全书"，是城市或国家的历史缩影，而不同的历史孕育的不同文化则让博物馆聚集了独特的精神气质。要真正了解或融入一个城市或国家，最简单也是最重要的途径就是到博物馆"取经"①。再次，博物馆旅游受季节变化影响小。无论什么季节、天气如何，参观博物馆都能照常进行，与许多自然景观旅游点相比，这是博物馆旅游的一大优势。最后，与游客的需求高度融合性。博物馆是各类历史文物荟萃所在，这与游客求知、求异的旅游需求正好吻合；而博物馆的观摩性、娱乐性，又与游客的求乐性相通。

二、制约我国博物馆旅游发展的主要因素

中国是五千年文明古国，遗留下丰富的历史文物，自 1905 年张謇创建中国第一所博物馆——南通博物院以来，已建成博物馆 2300 余座，而且门类齐全，为开展博物馆旅游奠定了坚实的基础。目前，全国博物馆每年举办陈列展览近万个，观众达 1.6 亿人次以上，约占人口总数的 12%；但与美国博物馆年观众达其人口总数的 3 倍相比②，我国博物馆的社会影响力还比较小。造成我国多数博物馆旅游功能弱化的制约因素主要有以下几点。

（一）数量不断增加，总量却相对较少

我国博物馆的数量在持续增长，但与西方发达国家相比，总量仍然偏少。我国目前约有 2300 座博物

———————————

① 武晓怡．博物馆与旅游经济．北方经济，2007，10：45．
② 谭颖．博物馆旅游开发现状及发展研究．绵阳师范学院学报，2007，3：94-95．

馆，而美国约有 8000 座博物馆；英国约有 2000 座，法国约有 5000 座①。据统计，西方发达国家一般平均 10 万～20 万人拥有 1 个博物馆，中心城市平均一两万人就有 1 个博物馆，而我国除了北京（目前有博物馆 131 个，约 10 万人拥有 1 个博物馆）、上海（目前有博物馆 100 余个，约 15 万人拥有 1 个博物馆）等地勉强可比外，全国平均约 60 万人才拥有 1 个博物馆②，差距十分明显。我国博物馆总量稀少，特别是许多地级市与县城没有博物馆，导致博物馆的社会影响微弱，难以形成全社会热爱博物馆旅游的文化传统。

（二）陈列简单，科技含量少

我国现有的大部分博物馆在声光电等技术运用方面严重滞后，大多以静态陈列为主，缺乏供旅游者参与、娱乐的活动项目。展品说明普遍过于简单，往往只有名称、年代、出土地点几项，脱离普通参观者、特别是青少年的审美与受知需求。

（三）讲解虚设，科普活动贫乏

众所周知，精湛的展品需要通过精妙的讲解才能让参观者心领神会、受益无穷，然而许多博物馆讲解员素质太低，讲解词空洞乏味，特别是取消门票收费后实行有偿讲解，以致讲解环节形同虚设。

（四）人才短缺，科教水平难以提高

作为知识与劳动密集型行业，我国博物馆目前的从业人员仅有 3 万～4 万人，而前苏联的博物馆从业人员曾经达到 20 万人，美国 1991 年调查显示，全美博物馆全职从业人员超过 15 万人，同时有大约 38 万名义工每年为博物馆免费提供从讲解到藏品的登记保护等各种服务③。

另外，我国中高级专业文博人才严重不足，全国博物馆机构从业人员中高级专业技术人员只占 4.5%，中级专业技术人员只占 13%，人才的总量、结构和素质都无法满足需求。

上述缺陷造成我国博物馆影响不大，全社会尚未形成博物馆旅游意识，绝大多数博物馆未能进入旅游者的选择视野。

三、加快我国博物馆旅游的突破策略

为了加快发展博物馆旅游，让数以千计的博物馆在三个文明的建设中发挥应有的作用，需要在以下四个方面实施重大突破。

（一）以人为本，积极发挥社会教育功能，大力培育博物馆旅游市场

这里所说以人为本之"人"，首先应该是所服务的公众，即博物馆的参观者、享用者、研究者，因为我国文化部 2005 年发布的《博物馆管理办法》（以下简称《办法》）第二条明确规定博物馆是"向公众开放的非营利性社会服务机构"，所以面向"公众"提供"社会服务"是博物馆的宗旨与目的。《办法》第五条要求："博物馆应当发挥社会教育功能，传播有益于社会进步的思想道德、科学技术和文化知识。"因此我国博物

① 傅斌．中国博物馆：从数字看差距．中国文物报，2005-07-01（6）．
② 谭颖．博物馆旅游开发现状及发展研究．绵阳师范学院学报，2007，3：94-95．
③ 傅斌．中国博物馆：从数字看差距．中国文物报，2005-07-01（6）．

馆应当改变重物(藏品)轻人(参观者)、重收藏轻服务的"衙门"习气，从单纯的"收藏、保护"向"保护、开发、利用"的方向过渡，与世界潮流接轨，借勃然兴起的旅游东风，积极推广博物馆旅游，使之成为本地文化传播的主阵地。

重视博物馆的社会意识需要全社会的共同关注和长期营造。外国的先进经验值得我们借鉴，作家舒乙在参观俄罗斯最著名的博物馆时，惊讶地发现居然有幼儿园的孩子们前来参观，他很纳闷：这么小，怎么对他们介绍这些名画呢？只听讲解员在向小朋友提问："孩子们，这上面有几个人呀？这件衣服是什么颜色呀？这儿都有几棵树呀？"他才恍然大悟：原来老师并没有直接向孩子们讲解美术，而是从小就让孩子们养成走进博物馆的习惯，让美术馆成为人们生活中不可缺少的一部分①。这种面向娃娃、从小普及的做法无疑值得我们效法。我们常常抱怨青少年或民众不重视博物馆，殊不知一个国家、一个民族的博物馆意识是需要长期培育、倡导的。

一般来说，博物馆的观众大体为三类：首先是大、中、小学生，这部分观众人数最多，一般占全部观众的一半左右，而且大部分是集体性参观、学习，目的性强；其次是一般观众，他们在博物馆观众中占很大数量，其构成和参观目的多种多样，以零散观众为主；再次是专业工作者，这部分观众数量不多，参观目的明确②。今天培育博物馆旅游市场，学生市场应该是第一目标市场，博物馆作为教育阵地，有着其他文化场所不可比的优势，它通过实物或复制品的展示，给观众以更形象、直观的印象，是立体的"百科全书"和实物的"图书馆"，特别适合青少年学习。教育学家把博物馆教育列为非程序化教育，即学校程序性教育以外教育的重要内容。非程序化教育更加突出了受教育者的个体性和多样性，故能培养高素质的人才，故欧美国家提倡一个新的理念：享受博物馆。

(二)多方筹款，广开财源，打破资金短缺瓶颈

国有博物馆要打破单纯靠政府拨款的思想，努力建立起政府投入为主、面向社会多渠道筹措资金的新的投资模式。今天，财政拨款还是国有博物馆发展与经营资金的主渠道，《办法》第三条对此提供了法律保障："国家扶持和发展博物馆事业……县级以上人民政府应当将博物馆事业纳入本级国民经济和社会发展规划，事业经费列入本级财政预算。"当然有了钱也要用好钱，才能产生预期的效果。20 世纪 90 年代以来我国各地新建、改扩建博物馆高潮迭起，但"博物馆热"中存在急功近利、贪大求全、千馆一面、重复建设的现象，重建筑轻功能、重硬件轻软件、重设施轻管理等问题也普遍存在，严重影响了博物馆社会作用的发挥。一方面，一些地方盲目投入，建起豪华博物馆后，却没有什么展品；另一方面，一些小地方文物资源丰富，但受行政区划级别的限制，博物馆建设迟迟不到位，造成大量文物资源闲置，如鄂州市博物馆无论是馆藏文物总量，还是珍贵文物数量，都在湖北省排前几位，全馆登记造册的文物有76617件，其中经国家和省文物鉴定组认定的国家珍贵文物有4527件，但博物馆建设却很落后，全馆用于陈列展览的用房只有400平方米，仅为全省地市级博物馆平均数的25.1%，在已开展对外展出的9个地市级博物馆中排名倒数第一③。

当然，财政拨款总是有限的，而社会资金有着广阔的开拓天地，所以《中华人民共和国文物保护法》鼓励社会捐赠："国家鼓励通过捐赠方式设立文物保护社会基金，专门用于文物保护。"博物馆应采取有效措施鼓励社会各界的捐赠活动，如对捐赠者颁发证书，并邀请媒体宣传；再如故宫博物院、上海博物馆为

---

① 舒乙. 美术的力量. 文汇报，2010-02-18(4).

② 陈来生. 博物馆旅游：苏南博物馆和旅游业的双赢举措. 苏州科技学院学报(社会科学版)，2003，4：32.

③ 佚名. 专家呼吁加快博物馆分类定级工作. http：//www. gg-art. com/ggact/stroll/index26130. php，2007-05-19.

大宗捐赠者开辟专门的陈列室。

另外，博物馆可通过商业化运作，增加收入，这在取消门票之后，尤其值得重视。在一些发达国家，博物馆经营的公司已成为博物馆的商业臂膀，其利润一般都上缴博物馆，而且享受免税的政策。这些公司主要围绕博物馆本身做文章，是真正意义上的"以文补文"。比如，美国大都会博物馆的工艺品商场甚至开到了欧洲超市，小到领带上的图案，大到巨幅广告，都有其博物馆藏品的身影，博物馆的所有元素都与社会发生了广泛的联系。我们也不妨从以下几方面做些尝试：一是开零售店。很多博物馆都曾办过商店，但多无疾而终，其主要原因是没有特色。在国外博物馆店里的商品一般都是为该博物馆专门制作的，设计优美，制作精良，不仅包括博物馆的文物复制品、图片、画册、礼品等，还包括了大量根据博物馆藏品启发设计的生活用品，所以大受欢迎。二是做出版业务，出版一些博物馆展览的画册、馆藏品的图集以及其他学术书籍。三是与海内外博物馆合作，邀请来馆举办各种高规格特展，收取参观者一定的费用。四是开辟展地新功能。博物馆展厅大多设计大方，实用性强，可利用多余的展厅出租，比如可以做发布会、讲座、小型室内音乐会、研讨会、学术报告会等。五是走出去，举办流动展出。这是高品位、特色化博物馆的一种潜力很大的旅游产品，既能增加博物馆的收入，又起到了宣传作用，如秦兵马俑博物馆从2002年2月开始举行全国巡展活动，在成都、杭州、大连等城市大获成功。

（三）融入旅游市场，通过做大做强博物馆旅游，提高文化、社会与经济效益

我们提倡"文化立馆、管理强馆、旅游兴馆、发展富馆"的可持续发展道路。博物馆有丰富的馆藏资源和现代化的设施设备，旅游业有覆盖广泛的宣传和销售网络，双方的"联姻"将优势互补，可以有效实现双赢，故宫博物院、西安秦兵马俑博物馆就是成功的范例。

为此，一方面，博物馆应该积极融入旅游市场。首先更新观念，打破业已过时的博物馆"三功能（即收藏文物、科学研究、社会教育）"思想，大胆地引入"旅游创收"功能，认清博物馆是一种具有高价值、高品位的文化旅游资源，博物馆旅游是实现办馆宗旨的主要形式。其次，积极主动与本地、外地的旅行社互动，精心策划出一些专题性的博物馆精品游览线路，以及与"红、绿"自然景区相结合的特色精品旅游线路，面向海内外市场广泛推销；对组团多的旅行社实行激励措施，鼓励旅行社组织参观，增加收入。再次，将博物馆的宣传纳入旅游目的地宣传促销网络之中，积极参加省（市）每年举行的旅游博览会、交流会和旅游景区景点推介会，实现资源共享、客源互流、效益双赢。

另一方面，博物馆必须强化自身的旅游意识与旅游功能。首先，从建筑与功能设计开始就应当将游览娱乐功能考虑进去，努力构成由参观、娱乐、饮食、购物"四位一体"的服务群落，以吸引更多的观众，增加博物馆的收入。其次，提倡兴建生态博物馆、科技博物馆等新型博物馆。如生态博物馆几乎是完全开放性的博物馆，是将当地的自然环境、历史文化遗产和居民的生产生活方式一体化地、互动地展示给游客，借此保护当地的自然和历史人文景观；而科技博物馆是展示高科技成果的场所，常常设计与现代科学技术有关的娱乐活动。再次，倡导灵活多样、妙趣横生的动态展示方式。长期以来我国博物馆展览的基本模式是静态参观，博物馆和观众双方的交流互动活动很少，而当前世界博物馆业的发展趋势，是将封闭式陈列、平面单调的遗址展示及抽象的版面设计改变为新的开放式的动态陈列，观众由受约束的被动参观者，变成了可以参与活动的博物馆的主人。例如，荷兰就打破了那种"请勿手摸"、"严禁拍照"、"严禁攀登"之类的老规矩，向游人响亮地提出这样的口号："博物馆是人们求知消遣的场所，不是让人顶礼膜拜的神圣殿堂！"伦敦、巴黎的蜡像馆则引进了声像设备，能让古人重新"复活"[1]。我国一些现代化程度较

---

① 董石贵. 对我国博物馆旅游的思考. 中国旅游报，2007-03-05（7）.

高的博物馆也开始采用先进的科技手段，尽可能地增强娱乐性、参与性的项目，使博物馆更贴近观众，从而有效吸引游客的"眼球"，如上海科技馆于2007年7月推出的"消逝的恐龙王国"展览，开展以公众参与为核心的互动活动：陈列设计师根据自贡博物馆古生物学家提供的学术资料，复原自贡恐龙挖掘现场，鼓励观众模拟古生物学家挖掘恐龙化石，并邀请观众在展厅特设的化石修复室近距离观看化石修复技师工作，邀请学者作现场讲解和小型讲座，欢迎观众提问了解恐龙化石如何被发掘、修复和装架完成的各个环节，专家与志愿者一起指导小观众动手做恐龙模型，结果为期45天的恐龙展创下116万人次参观的纪录①。又如青岛市博物馆通过一系列充满人文情趣的设计理念，把历史、文物等专业知识通俗化，打破历史类陈列展览通史体例的传统做法：青岛市博物馆为迎接2008年奥帆赛，在2007年青岛历史陈列的改陈中，摒弃大而全的通史体例，依据青岛地区历史文化发展特点，采用"一线串百珠"的陈列理念和史话风格的陈列语言，展示青岛历史进程中的重要历史事件、重要历史人物和珍贵历史遗存，受到海内外旅游者的好评②。

另外，根据旅游市场细分的原则，博物馆必须特别关注以休闲、娱乐为目的的旅游者。他们有别于博物馆的专业参观者，以及大中小学生，他们没有很强的求知欲，也不像专业研究人士有着强烈的目的性。这些旅游者来到博物馆的随意性很大，他们追求的是一种文化少年宫式的消遣和娱乐，没有必要也不可能将深奥的知识强加于他们。这就要求博物馆在为游客服务方面必须更加开放、自然和体贴入微。如绵阳江油的李白文化纪念馆就是将李白的诗歌用歌声传递给游客，使游客在欣赏美妙音乐的同时领略到诗仙的风采③。

（作者电子邮箱：Zhangshangzheng@ yahoo. com. cn）

The Restriction and Countermeasure on Museum Tourism

Zhang Shangzheng[1]   Liu Xiaojuan[2]

(1, 2   Department of Tourism Management of Anhui University, Hefei, 230039)

Abstract：To a certain stage, economic development needs culture as an endogenous power to support. Museums deserve to play an important role in the socio-economic culture development. And museum tourism surely becomes a favorite cultural tourism. However, compared to the high quality of museum resources, the size and the benefits of museum tourism in our country are facing many problems, appearing an obvious divide. This writing attempts to explore the main restriction factors of museum tourism, and the author tries to put forth the countermeasures to breakthrough the restriction for the development of museum tourism, such as people-oriented, actively playing a social education function; reforming the management system, improving the social service system; multi-party fund-raising, opening up financial resources, breaking the bottleneck of shortage of funds; integrating into the tourism market，making the museum tourism bigger and stronger, and finally improving the cultural, social and economic benefits.

Key words：Museum tourism; Tourism communication function; Cultural tourism

---

①　伍亚捷. 从中美案例谈博物馆与公众的互动. 中国文物报，2008-01-25(6).

②　崔少岩. 发挥文化休闲功能：博物馆的实践与思考. 中国文物报，2008-09-19.

③　谭颖. 博物馆旅游开发现状及发展研究. 绵阳师范学院学报，2007，3：94-95.

跨国并购作为一种国际市场
进入模式的研究综述[*]

● 肖卫国[1]　袁　威[2]

(1，2　武汉大学经济与管理学院　武汉　430072)

【摘　要】企业进行国际扩张时一个重要的战略决策就是选择适当的进入模式，例如合资、绿地投资、跨国并购、出口、特许经营等。其中，跨国并购日益成为国际直接投资的最主要模式。本文主要评述了在全资拥有子公司的情形下，跨国公司在并购和绿地投资模式之间决策的研究文献，并讨论和比较了这些文献用到的主要理论视角。在此基础上，本文较为详细地分析了现有研究的实证结论及其存在的问题，并对后续相关研究提出了理论和方法上的建议。

【关键词】跨国并购　绿地投资　进入模式　研究综述

一、引言

跨国并购长期以来是企业实施国际化战略的一种重要选择。进入 21 世纪后，经济全球化、世界大多数区域经济的持续强劲增长以及企业全球竞争的加剧促进了跨国并购的迅猛发展，同时，跨国并购的全球区域分布及行业结构也发生了巨大变化。2007 年，全球跨国并购交易额高达 1.637 万亿美元，比 2000 年的最高峰约少 21%[①]。2008 年，受全球金融危机的影响，全球跨国并购交易额大幅下滑，相比 2007 年少了 35%[②]，但以中国、印度为首的发展中国家发起的跨国并购却快速增长，发展中国家的跨国并购引起了全球广泛的关注。

跨国并购的动态过程在很大程度上与国内并购相同，但其国际化特点，例如不同国家经济文化结构、制度环境的差异(Shimizu et al.，2004)给企业带来了一些独特的挑战。企业从事跨国并购会面临诸多国内并购并不具备的风险，比如外籍负债(Zaheer，1995)和双重文化适应(BarKema et al.，1996)等，特别是并购后的整合阶段，并购方如何实现管理协同和经济协同是决定跨国并购是否成功的关键。因此，企业寻求跨国并购需要考虑包括国家层面、行业层面和企业层面的相关影响因素。国家与行业层面的影响因素对并购方的国际化战略决策有着显著的作用，例如东道国的政治法律环境、资源禀赋、文化特性以及拟进入行业的竞争特点等。在跨国并购交易过程和后期整合阶段，并购方需要考虑文化冲突、被并购企业人才流失以及被并购企业

---

　* 本文的研究得到了武汉大学"211 工程"和"985 工程"项目的资助。

　① UNCTAD. World investment report 2008：Transnational corporations，and the infrastructure challenge. New York and Geneva，2008：4.

　② UNCTAD. World investment report 2009：Transnational corporations，Agriculture production and development. New York and Geneva，2009：10.

的异质性(firm heterogeneity)等企业层面的影响因素(Volker, N., 2007)。Shimizu et al. (2004)和 Slangen (2007)对跨国并购作为进入国际市场的一种模式的相关研究做了较为详尽的评述，此外，Shimizu et al. (2004)还详尽地评述了跨国并购作为动态学习过程和价值创造过程方面的研究。

以往大部分文献是在 FDI 的框架下，以交易成本理论(Williamson, 1975)和国际生产折中论(OLI) (Dunning, 1993)为理论基础，从经济学视角来研究跨国并购这一进入模式，这类研究侧重于文化和制度环境的差异所带来的不确定和风险，并认为交易成本在最小化风险的过程中起关键作用。近年来有部分文献开始以资源基础观和组织学习过程(Barkema and Vermeulen, 1998; Vermeulen and Barkema, 2001)为理论基础，从战略管理、企业异质性以及产业结构等视角来研究跨国并购进入模式，注意力也开始转向跨国并购的过程和后期运营的结果。交易成本理论和 OLI 对跨国公司采用并购模式进入国际市场的决策仅能提供非常有限的解释，后续的研究需要发展新的理论基础和采用新的研究视角。

二、跨国并购作为一种国际市场进入模式的实证研究概要

企业进行国际扩张时一个重要的战略决策就是选择适当的进入模式，例如合资、绿地投资、跨国并购、出口、特许等。如果企业决定全资拥有子公司，那么企业就需要在采用跨国并购还是绿地投资模式之间进行决策(Brouthers and Brouthers, 2000; Harzing, 2002)。尽管这一决策在很大程度上独立于合资(JV)和全资拥有(WOS)之间的决策(Brouthers and Hennart, 2007; Cho and Padmanabhan, 1995, 2005)，两者之间仍然存在某些相关性，从而使得两种决策的决定因素和相应的实证结果缺乏可比较性(Slangen, 2007)。同样，跨国并购和绿地投资的决策过程与低控制模式和高控制模式的决策过程(Chen et al., 2009)，或者资源投入程度的决策过程之间的关系是混杂的。本文评述的范围首先集中于在全资拥有子公司的情况下，跨国公司在并购和绿地投资之间决策的相关实证研究文献。由于不同程度的所有权提供了特定的控制能力和地位，特别是考虑到发展中国家跨国公司在当前还不具备所有权控制机制，其组织控制成本在对外投资决策中扮演了非常重要的角色，因此，本文也涉及关于跨国并购(区分了绿地投资、跨国并购的所有权程度)和其他模式之间决策的研究文献，例如 Anand 和 Delios (1997)、Chang 和 Rosenzwerg (2001)、Meyer(1998)等考察了并购(包括完全并购和部分并购)、绿地合作投资和全资拥有的绿地投资等模式之间的决策; Eicher 和 Kang (2005)通过实证研究分析了贸易、FDI 或者并购之间的最佳选择; Hennart 和 Reddy (1997)比较了绿地合作投资与完全并购的影响因素，并考察了决定跨国公司偏好其中一种模式的决定因素。表 1 给出了关于跨国并购作为一种国际市场进入模式的典型文献以及研究特征。

表 1 　　　　　　　　　　跨国并购作为一种国际市场进入模式的实证研究概要

文献	理论基础(视角)	样本期间和大小	东道国	母国
Hennart 和 Park (1993)	交易成本理论 产业组织理论 信息经济学	1978—1980 年 和 1984—1987 年 270 个	美国	日本
Barkema 和 Vermeulen(1998)	组织学习理论	1966—1994 年 829 个	欧美	荷兰
Brouthers 和 Brouthers(2000)	交易成本理论 制度理论	1980—1994 年 136 个	西欧	日本

文献	理论基础（视角）	样本期间和大小	东道国	母国
Harzing（2002）	制度理论 战略理论	1995 年 10 月至 1996 年 5 月 104 个企业的 287 个分支机构	南美、欧美、日本	欧美、日本
Anand 和 Delios（2002）	资源基础观	1974—2001 年 2175 个	美国	英国、德国、日本
Larimo（2003）	交易成本理论	1960—1999 年 3524 个	其他	丹麦、挪威、 瑞典、芬兰
Elango 和 Sambharya（2004）	产业组织理论 外籍负债	1989—1994 年 336 个	美国	其他
Elango（2005）	资源基础观	1989—1994 年 682 个	美国	其他 22 个国家
Peinado 和 Boulard（2009）	交易成本理论 战略理论 资源基础观	2003 年 3 月至 2003 年 5 月 272 个	其他	西班牙

注：上述文献均采用 Logit 回归模型作为实证研究方法；由于篇幅的限制，本文仅列出了对应每个理论基础（视角）的典型文献。

三、各种实证研究的理论基础和预测

进入国际市场意味着母公司在特定东道国的特定行业建立子公司，影响其模式选择就涉及母公司、子公司、行业和国家四个层面的因素。准确理解这四个层面的决定因素就要求考察其使用的理论基础或视角。现有的实证研究文献大多采用 OLI 理论和 TCE 理论作为理论基础。OLI 理论涵括了大多数的国际直接投资的解释变量，大多数实证文献要么侧重于一部分变量，要么在既有的 OLI 框架下添加一些新的变量，这使得 OLI 理论得以不断地发展和完善。例如 Dunning（1993）将企业战略整合到 OLI 框架中，将其与所有权优势结合起来进行统一处理；Dunning（2001，2003）将组织学习与经由战略联盟学习创新融入 OLI 框架解释 FDI 的动态发展。TCE 理论在部分文献中被视同于 OLI 理论中"I"（Slangen，2007），但对一些跨国并购新现象，特别是发展中国家企业发起的跨国并购并不具备所有权优势，具有较强的解释力，而且也比较方便做实证研究。如表 1 所示，关于跨国并购与绿地投资模式决策的实证研究文献的理论基础主要是交易成本理论、制度理论、组织学习理论、产业组织理论和资源基础理论等。下文主要讨论和比较这些理论基础，以及应用这些理论基础做出的模式决策预测。

（一）交易成本理论

交易成本理论源自国际中间投入品市场的信息不对称导致的不确定性和风险可以通过跨国并购得以有效的化解。基于交易成本理论，企业在跨国并购和绿地投资两种模式的选择决策就依赖于其可以利用或获得的中间投入品的成本比较。而这些成本的比较可以显示出母公司与投资企业、目标行业以及东道国特征有关的竞争优势。

在企业层面，由于并购涉及一揽子要素的交易（张小蒂，2004），包括外国市场知识、品牌等，并购方需要支付未来收益的资本化价值，这使得并购的收益一般来说要小于绿地投资（Larimo，2003）。当交易要素内嵌在企业中时，通常很难通过市场交易来获得，即使能够获得，其交易成本也相当高。拥有这类要素的企业通常选择绿地投资模式，其原因主要如下：可以充分利用它达到生产或者研发的规模经济或范围经济；可以在很大程度上屏蔽这类要素的扩散；相反，缺乏这类要素的企业则会选择并购来获得。企业的跨国经验、异质性特征、多元化程度等交易成本因素同样对模式决策起到重要作用。当企业缺乏进入行业产品相关知识时，跨国并购提供了一条获得这些经验知识的高效途径。缺乏东道国成功经营经验的跨国公司可能通过并购来获取所需的当地经营经验，而经验丰富的跨国公司更可能选择绿地投资（Larimo，2003；Brouthers & Brouthers，2000）。企业的资源流动性存在异质性特征，一些资源能力如市场营销、分销渠道等并不能完全自由地跨境流动（Anand & Delios，2002），通过绿地投资获取这些资源能力的成本是相当高的，而并购使得企业可以实现自身流动性资源与目标企业的非流动性资源很好的互补（Volker，2007）。Zejan（1990）提出靠并购实现多元化的企业在谈判和整合并购业务单元的过程中累积了大量的专业知识，这些知识减少了兼并的成本，因而更加倾向于跨国并购。当跨国公司的经营业务仅限于几个行业时，其并不具备先进的管理控制技能，进而倾向于绿地投资（Larimo，2003）。

在行业层面，一个重要的考虑就是两种模式时间层面的差异，绿地投资耗时一般很长，拟进入行业增长越快，绿地投资的机会成本就越高。而且，当拟进入行业是垄断性行业时，潜在进入者与在位者的博弈往往导致潜在进入者采用"追随领导者"作为最佳的战略。因而，企业倾向于直接并购来缩短进入时间。此外，绿地投资会增加当地行业的供给，而跨国并购模式不会，行业供给的增加会导致行业竞争加剧，压低产品利润，进而使得企业偏好并购当地企业。

在国家层面，文化距离越大，跨国公司向国外分支机构转移组织管理惯例的成本越高（Hennart，1997），文化差距使得这些管理惯例的转移成本大幅度增加，因为被并购企业可能不能迅速地适应新的管理惯例，而绿地投资并不存在文化适应的问题。因此，当文化差距较大时，跨国公司更加偏好绿地投资。然而当文化差距过大时，跨国公司可能会选择并购当地企业以获得东道国经营的本土合法性（Brouthers & Brouters，2000）。

（二）制度理论

制度理论认为企业倾向于遵循先前环境中的规则和范式以获得合法性或者减少外籍负债。基于制度理论，跨国公司的海外子公司面临着内外部（东道国和母国）的双重一致性压力（Zaheer，1995），即全球整合与本土响应（Slangen，2007）。在不利的外部制度环境下，跨国公司实现子公司组织结构、行为和管理操作等与外部环境同构的压力增大。文化距离和政治风险（东道国政府管制）代表了跨国公司所面临的外部环境，文化距离同时也代表了跨国公司的内部环境。有效的制度环境使得跨国公司能够利用和增强其竞争优势，而且政治风险和文化距离与跨国并购模式决策和绩效表现有相关关系（Brouthers，2002）。Hennart和Reddy（1997）发现政府管制越严厉、文化距离越大，企业越倾向于采用绿地投资模式而不是跨国并购模式。然而，子公司还面临着与母公司组织范式同构的内部制度压力，因为不同的企业有不同的组织惯例，例如战略决策方式、冲突解决策略、人力资源惯例实践和道德准则（Slangen，2006）。Harzing（2002）在制度理论的框架下解释了跨国公司的国际化战略对进入模式决策的影响，认为服从全球化战略的子公司遭受到强烈的内部一致性压力，服从跨国本土化战略的子公司则存在很强的外部一致性压力，因而采用全球化战略的跨国公司倾向于采用跨国并购模式；反之，采用跨国本土化战略的跨国公司倾向于采用绿地投资模式。这是因为绿地投资允许跨国公司一开始就能够在全球范围内配置资源，从而有利于实现跨国公司内部的一致性，而且子公司在初建时就可以作为母公司的一个镜像，至少在关键组织结构、政策和管理流程上更容易接近母公司。而由于目标企业置于东道国特定环境，并购目标企业比较容易实现外部一致性。绿地投资允许跨国公司一开始就能够在全球范围内配置资源，从而有利于实现内部一致性。而由于目标企业置于东道国特定环境，并购目标企业比较容易实现外部一致性。

（三）组织学习理论

组织学习理论假定复杂环境中涌现的大量事件和观念能够加强企业的知识基础和技术能力，而且在国际市场进入模式选择决策过程中，企业更加关注知识经验的学习和知识基础的加强。在多个国家和多个行业经营有利于企业知识经验的学习。Barkema 和 Vermeulen（1998）提出跨国公司通过跨国经营经历已经学到了大量技能技巧和在外国运营的经验，因而更可能放弃跨国并购而选择绿地投资进入模式，因为跨国并购不能提供额外的学习经验。然而当业务所涉及的行业非常多时，跨国公司可能转向偏好跨国并购模式。这是因为广泛多样化使得跨国公司不能完全理解企业的实际运营状况，导致控制体系呈现出松散的"M"形，从而降低了知识在部门之间的传导效率，制约了组织内部的学习过程（Barkema & Vermeulen，1998）。因此，企业对绿地投资模式的偏好可能与企业多样化水平呈现出非线性的倒"U"形（Peinado & Boulard，2009），这意味着当企业进入不相关行业且没有相关国际经验时，相对于新建和并购，企业可能倾向于选择合资模式。跨国公司先前学习到的模式选择经验也会影响跨国公司后期进入模式的选择。Padmanablan 和 Cho（1999；2005）认为具备跨国并购或绿地投资丰富经验的跨国公司可能会选择相同的模式，呈现出一定的路径依赖性。Barkema 和 Vermeulen（1998）认为企业寻求跨国并购来扩展企业的知识基础，因为通过绿地投资模式开发企业知识基础会产生路径依赖进而导致组织惯性；相反，跨国并购拓宽了企业的知识基础和减少了组织惯性（Shimizu et al.，2004）。

在国家层面，东道国的整体创新体制同样也会影响到企业知识基础的加强和知识经验学习，特别是发展中国家的跨国公司。企业仅仅将技术研发活动放在母国对于保持持续竞争优势是远远不够的（Demirbag et al.，2009）。这样，企业为了获得技术研发所需要的资源，可能更加倾向于并购当地企业，以增强企业的知识基础。

（四）资源基础理论

资源基础理论的主要观点是跨国公司的模式选择决策受企业资源基础以及能力特征的影响，关注现有资产的利用和资源的增加来创造新的资源，进而将企业资源禀赋与可能的国际增长路径连接起来（Luo，2002；Meyer，2006）。而关键的资源就是默会知识①（tacit knowledge）和内嵌在企业中的特定知识。转移知识能力是企业核心竞争力的重要层面，跨国公司在需要转移的知识基础上选择跨国并购或者绿地投资模式。Elango（2005）区分了实物资本密集型企业和人力资本密集型企业，从知识基础资源的角度分析企业的模式决策，提出实物资本密集型企业更容易跨境转移知识和竞争力，偏好绿地投资模式；而人力资本密集型企业很难转移大量的默会知识，偏好跨国并购模式。与这一观点类似的有 Anand 和 Delios（2002）、Volker（2007）。Volker（2007）将企业资源区分为流动性和缺乏流动性两类，其在一般均衡框架下得到的结论与 Elango（2005）大致相同，即资源能力缺乏流动性使得企业更加偏好跨国并购模式。然而企业对这类知识或能力的利用和扩充形成了两条独自的路径，即将跨国并购的动机

① Polanyi（1967）将知识分为两类，显性和隐性（explicit and implicit）。显性知识是一个可以记载（code:able）或者是可以解释的（explainable）；然而隐性知识是默会（tacit）的或者不可记载的，其主要通过经验来理解和掌握。显性知识有益于通过语言、手册或者计划蓝图等在员工之间传播，它能适应不同的环境，因为其根本原则能够很好地被理解。隐性知识植根于个体或者社会团体中，包括很多不能清晰表达的因素，例如个人信仰、看法和学识。

分为资源利用型（resource-exploitation）和资源增加型（resource-augment）①。当拥有特定技术或资源优势时，拥有高 R&D 强度②的企业将偏好新建全资拥有的子公司以保护和利用其技术所有权优势（Hennart & Park，1993；Larimo，2003）；相反，低 R&D 强度企业将会寻求并购具有互补资源的目标企业。当企业通过并购寻求互补性资源时，模式选择决策的一个重要决定因素就是资源和对企业原有要素组合的互补特征，以及在目标企业的内嵌程度（Shimizu et al.，2004）。例如当企业主要对目标企业的部分资产感兴趣时，仅当这部分资产能够与其他不感兴趣资产分离开来时，企业才会选择并购模式。而能否将感兴趣的资产剥离取决于目标企业的组织形式，如果这些资产广泛分布于组织中而且严格内嵌，更为理性的选择则会是合资模式（Hennart & Reddy，1997）。对于发展中国家的跨国公司而言，其 FDI 的动机是双重的，即进入发达国家寻求战略资产和进入发展中国家利用所有权优势（Luo & Tung，2007；Demirbag et al.，2009）。而且发展中国家跨国公司通常会选择并购所需的战略资产作为跳板（springboard）来更好地参与国际竞争。跳板理论认为发展中国家跨国公司在进入模式决策中既不路径依赖也不路径演化（Demirbag et al.，2009），呈现出很大的灵活性。

此外，企业的相对投资规模也影响其模式选择。当投资规模较大时，绿地投资模式需要庞大的管理人员和核心员工，在给定期限内仅靠招聘和培训很难满足这一需求，因而跨国公司倾向于选择直接并购外国企业；反之，采用绿地投资模式（Hennart and Park，1993）。

（五）产业组织理论

产业组织理论认为跨国公司的模式选择决策受到东道国产业结构的影响。如果拟进入产业是受东道国严格保护的垄断性产业，由于绿地投资会增加该产业的产品供给，企业会遭到在位者的报复性竞争和扩充产量、降低价格的策略威胁（Caves，1996），因而跨国公司更加偏好于跨国并购模式，尽管并购通常会遭到东道国政府的反对。同样，企业的进入模式决策受到拟进入行业的产业结构特性的影响。如果拟进入行业处于成熟期，增长较为缓慢，跨国公司倾向于采用并购模式。而快速增长的行业能够容纳产能的快速增长，此时绿地投资是合理的选择，另一方面，快速增长行业使得企业可能采用并购来较快地获取市场份额和利用现有机会。Brouthers 和 Brouthers（2000）发现了并购偏好与目标行业增长率的负向线性关系，而 Anand 和 Delios（2002）使用行业增长速度作为控制变量，发现它与并购偏好成弱的正相关关系。影响进入模式的一个重要行业特征就是该行业是否处于摇篮期，这直接关系到是否存在合意的并购目标企业，不然企业就只能选择绿地投资模式（Slangen，2007）。此外，行业进口强度越大，企业对独立经营成功的信心越大，进而偏好绿地投资模式。行业的需求易变性越大，企业越偏好跨国并购模式（Elango，2004）。

（六）各种理论基础的一致性

进入模式的选择并不是基于交易成本最小化，而是最大化交易所创造的价值（Meyer，2009）。交易成本理论关注的是转移资源的成本，而组织学习理论和资源基础理论更加关注转移资源带来的知识、资源基础增加和创造的收益。尽管出发点不同，这三种理论至少在企业 R&D 强度、多样化程度、相对投资规模影响模式决策方面存在共识。同样，制度理论和交易成本理论对模式决策的解释也存在很多相似之处，企业内外部一致性压力与管理协调成本相对应。例如制度的差异（社会文化、政府管制、经济体制等）造成企业内外部一致性压力增大，企业采用绿地投资模式会面临更强的信息不对称问题，因而在东道国展开业

---

① Anand 和 Delios（2002）区分了容易跨境流动的资源能力和内置于特定市场的缺乏流动资源能力，将并购的动机分为能力寻求型（capability-seeking）和能力利用型（capability-exploiting）。

② 通常用企业或者所处行业的 R&D 支出与销售额的比率来表示。

务的成本相当高，从而企业更为偏好跨国并购模式，因而交易成本理论与制度理论在跨国经验、文化距离等影响模式决策方面基本上是一致的。然而产业组织理论仅仅关注拟进入行业的特征，从行业层面的因素来探讨模式决策，有利地补充了其他理论基础的不足。

四、实证研究结果与分析

与表1中的典型实证研究文献对应，表2列示了这些文献的实证结果。其中，所有解释变量被分成企业层面、行业层面和国家层面三大类。从表2可以看出，基于不同的理论基础和研究角度，不同的实证研究得出的结果是混杂的：某一特定因素与跨国并购偏好呈现出正相关关系，呈现负相关关系，统计上不显著或者非线性关系。此外，由于各种文献对各种解释变量的表达不一致，本文在列示中忠于原文本意予以统一，并省略了部分较少使用的变量。

在企业层面，基于交易成本理论和组织学习理论，跨国公司的R&D强度的实证研究结果都显示出其与绿地投资模式偏好呈正相关关系，这可能是因为很多技术性资产通过并购实现内部转移的成本很高（Hennart & Park，1993）或者这类技术性资产的转移很困难，制约了组织内部学习过程（Barkema & Vermeulen，1998），从而使得高科技企业相对于并购来说更偏好绿地投资模式（Brouthers & Brouthers，2000）。而当拟进入行业的R&D强度很高时，基于资源基础理论和产业组织理论的研究认为企业更加偏好并购模式，技术性资源可能更多的是默会知识，内嵌在特定员工和企业中，且相当缺乏跨境流动性，并购当地企业是获得这些内嵌知识的高效途径而且可以有效地规避高R&D强度行业存在的产品差异化壁垒（Elango，2005）。表2中所有实证研究结果都证实了投资规模与跨国并购的正向关系，即绿地投资规模较大时，企业一般难以满足新建企业对管理人员、财务资源等的需求，因而一般偏好并购模式。然而一些实证研究却显示母公司规模与跨国并购不存在显著的关系（Hung & Tang，2008）。对于企业多样化程度，现有的实证结果是混杂的，这主要是因为学者应用的理论基础大多不相同，倒"U"形关系似乎得到了大多数学者的认可（Demirbag et al.，2009）。与其相关的投资产品相关度的实证研究大多数支持了与跨国并购呈负相关系的假定，然而基于制度理论的研究，绿地投资容易产生组织路径依赖，企业因而偏好跨国并购来增加企业知识基础和减少组织惯性。但是制度理论所预测的路径依赖并没有得到实证检验的证实，现有结果是混杂的。遵循跨国本土化战略的企业更加倾向于跨国并购、遵循全球化战略的企业更加倾向于绿地投资这一论断还没有经过实证检验（Slangen，2007）。跨国并购相对于绿地投资来说是时间成本经济的，企业通过跨国并购可以及时把握涌现的市场机会，大多数实证研究支持了进入时间（虚拟变量）与跨国并购的正向关系。

表2   跨国并购作为一种国际市场进入模式的实证研究结果

	①	②	③	④	⑤	⑥	⑦	⑧	⑨
企业层面：									
投资规模	+		+	+			+	+	+
多样化程度（国家）									N
多样化程度（产品）	N	U	+	N		+			倒 U
子公司产品与母公司的相关度	−	N	+			−			−
跨国经营经验	N	+	−	+		N			

	①	②	③	④	⑤	⑥	⑦	⑧	⑨
全球化战略				-					
跨国本土化战略				+					
R&D 强度	-		-	-					
广告强度	N				+		-		
销售力量					+				
实物资本密度								-	
人力资本密度	+							+	+
进入时间(虚拟变量)		+		+		+			
行业层面:									
行业规模				-			-		
东道国行业 R&D 强度						-	+	+	
东道国行业集中度	N				+		-		+
东道国行业增长速度	U		-		+		+		+
目标企业的可得性	N								
国家层面:									
东道国政府管制		-							
文化距离		-	N	-		-		-	
东道国风险厌恶指数		-	-						
东道国经济水平		-		-					
东道国经济增长率	N					+			

注：①Hennart 和 Park（1993）；②Barkema 和 Vermeulen（1998）；③Brouthers 和 Brouthers（2000）；④Harzing（2002）；⑤Anand 和 Delios（2002）；⑥Larimo（2003）；⑦Elango 和 Sambharya（2004）；⑧Elango（2005）；⑨Peinado 和 Boulard（2009）。"＋"表示与跨国并购倾向正相关，"－"表示与跨国并购倾向负相关，"N"表示统计上不显著，"U"表示 U 形非线性关系。

在行业层面，现有的实证结果没有给出明确的东道国行业集中度、增长速度与跨国并购偏好的关系，这可能是因为不同文献所研究的行业大多不相同，而且行业特征使得一系列复杂因素被纳入企业的进入模式决策，例如潜在进入者与在位者之间的博弈，行业所处的生命周期、在东道国产业结构中的位置、消费者偏好的转移以及目标企业的可获得性等。

在国家层面，文化距离和东道国政府管制被普遍认为与跨国并购偏好呈负向关，Brouthers 和 Brouthers（2000）所提出的观点（当文化距离很大时，企业可能会选择跨国并购来获得本土经营的合法性）并没有得到实证检验的支持。

五、现有实证研究的问题和改进

(一)变量的度量问题

度量是否准确直接影响了实证检验，导致所期望的关系统计上不显著或者各种实证结果相互矛盾。例如对企业跨国经验的度量，实证研究中通常使用出口比率、跨国经营的国家个数以及跨国经营的年数，而以这些方式度量的跨国经验更可能与绿地投资模式和跨国并购模式呈现同方向的相关关系，而且隐含了从不同国家、每年学习到的经验呈线性关系或者等同的假设。相反，对这两种模式决策有影响的跨国经验可能来自于企业先前绿地投资或并购的成功或者失败经历，实证研究的重心应该放在企业如何内部化先前经验优势和是否产生组织路径依赖上。然而成功经验的数据比较容易获得，失败经验的数据通常无法知晓，而且大多数跨国并购以失败而告终，这些都使得精确度量跨国经验非常困难。用跨国公司绿地投资分支机构和并购分支机构来大致描述跨国经验可能会更好。众多实证文献对 R&D 强度的描述也大不相同，例如行业、母国的研发支出与销售额的比率作为替代变量，而使用跨国公司自身的研发支出与销售额比率可能会得到所期望的结果。对文化距离和政府管制的度量也需要改进，Drogendijk 和 Slangen(2006)考察了不同文化距离度量方式(Hofstede，Schwartz，管理人员感知)对进入模式决策的影响，提出 Hofstede 和 Schwartz 所度量的文化距离分值越高，企业越偏好绿地投资模式，而且统计上是显著的，而管理人员感知方式的检验效力较低。此外，现有实证研究对企业资源能力的度量也过于粗糙，例如使用企业固定资产账面价值和员工工资总额来描述实物资本密度和人力资本密度，或者资源能力的流动性，这种近似是糟糕的，一方面名义价值是动态变化的，另一方面工资总额也很难反映出人力资本密度。类似的问题还有很多，本文出于篇幅的考虑不一一列举。尽管实证研究存在数据可得性约束，后续相关研究仍应尽可能的精确度量所使用的解释变量。

(二)模型设计问题

大多数实证研究存在一些模型设计方面的问题，主要体现在以下几个方面：

(1)样本涵括了多重东道国或者多重母国以及多个行业导致实证检验出现系统性偏差。在样本期间，不同国家的不同行业对并购的管制是动态变化的，这导致使用整个样本期间数据的实证检验失真。尽管部分实证文献使用了国家、行业、时间虚拟变量来控制这些不利影响，然而 0-1 双变量仍不足以刻画东道国战略行业管制政策的动态变化，而且根本无法区分虚拟变量是影响了模式选择还是影响了跨国公司与东道国政策的谈判结果(Slangen，2007)，因而区分样本期间管制较为宽松的国家、行业和管制严格的国家、行业，对于实证研究是非常重要的。

(2)其他一些跨国并购壁垒因素(例如无投票权的股份)虽然无法度量，但是会降低跨国并购决策的实证检验效力。

(3)某一因素可能只有结合其他因素才会与跨国并购偏好存在显著的关系，这就要求进行大量的联合检验。例如当考虑企业战略时，投资产品相关度可能会与跨国并购呈现不同的关系，因为投资产品相关度与企业的全球战略布局是密切相关的。当采用全球化战略时，投资产品相关度较高会导致企业可能偏好绿地投资模式实现，而采用跨国本土化战略时，投资产品相关度较高会导致企业偏好跨国并购模式。

(4)现有的模式决策实证研究都是静态的，随着经济全球化和企业跨国经验的增强，企业国际市场进入模式的选择可能随着时间不断变化(Shimizu et al.，2004)。例如大多数跨国并购附带期权，期权价值的变化对企业跨国并购决策的影响有待于后续的实证检验。

六、结论与后续研究建议

跨国并购是企业国际扩张时的一种重要战略，成为当前最主要的国际直接投资形式之一。本文主要评述了现有关于跨国并购与绿地投资模式选择的实证研究文献。不同的文献应用不同的理论基础得出了混杂的实证结论，但在影响模式决策的因素方面，各种理论基础部分一致，而且互相补充，有力地支持和扩展了当前主流的 OLI 理论。

后续的实证研究除了进一步扩展理论基础以外，还需要改进变量度量模型设计方面和考虑一些其他重要影响因素。这些影响因素主要如下：

（1）2000 年以后，发展中国家跨国并购交易迅猛增长，如何完善跳板理论研究发展中国家跨国公司的国际市场进入模式决策具有很强的现实意义。

（2）相比跨国并购，绿地投资需要大量的资源投入和耗时较长，投资时机和模式选择应该同时决策（Pennings & Sleuwaegen，2004），而现有实证研究将投资时机作为控制变量，暗含地假定了时机决策在模式决策之后。

（3）宏观经济因素（例如债券收益率、汇率和股价指数等）同样对跨国并购决策有重大影响（Vasconcellos & Kish，1998），当东道国宏观经济不景气，股指大幅下跌时，东道国对并购的管制倾向于放松从而使得跨国并购较容易实现。

（4）企业的模式决策与所有权决策的先后顺序是一个重要方面①，Ruiz-Moreno et al.（2007）通过实证检验发现模式决策应该在所有权决策之后，因而已经确定的所有权作为先决条件就应该进入企业的模式决策。

（作者电子邮箱：wgxiao@ whu. edu. cn）

参 考 文 献

[1] 张小蒂，王焕祥. 论跨国公司 FDI 中基于并购的要素交易整合优势. 世界经济，2004，7.

[2] Anand, J., and Delios, A.. Location specificity and the transferability of downstream assets to foreign subsidiaries. Journal of International Business Study, 1997, 28.

[3] Anand, J., and Delios, A.. Absolute and relative resources as determinants of international acquisitions. Strategic Management Journal, 2002, 23.

[4] BarKema et al.. Foreign entry, Cultural barriers and learning. Strategic Management Journal, 1996, 17.

[5] Barkema, H. G., and Vermeulen, F.. International expansion through start-up or acquisition: A learning perspective. Academic Management Journal, 1998, 41.

[6] Brouthers, K. D., and Brouthers, L. E.. Acquisition or greenfield start-up? Institutional, Cultural and transaction cost influences. Strategic Management Journal, 2000, 20.

[7] Brouthers, K. D., and Hennart, J. F.. Boundaries of the firm: Insights from international entry mode

---

① 目前，企业模式决策和所有权决策之间是否相互独立还没有达成共识。

research. Journal of Management, 2007, 33.

[8] Caves, R. E.. Multinational enterprise and economic analysis. New York: Cambridge University Press, 1996.

[9] Chang, S. J., and Rosenzweig, P. M.. The choice of entry mode in sequential foreign direct investment. Strategic Management Journal, 2001, 22.

[10] Chen, Y. R, and Yang, C.. Entry mode choice in China's regional distribution markets: Institution vs. transaction costs perspectives. Industrial Marketing Management, 2009, 38.

[11] Cho, K. R., and Padmanabhan, P.. Revisiting the role of cultural distance in MNC's foreign ownership mode choice: The moderating effect of experience attributes. International Business Review, 2005, 14.

[12] Demirbag, M. et al.. Equity-based entry modes of emerging country multinationals: Lessons from Turkey. Journal of World Business, 2009.

[13] Dunning, J.. Multinational enterprises and the global economy. Addison-Wesley Publishing, Reading, M. A., 1993.

[14] Dunning, J. H.. The electic (OLI) paradigm of international production: Past, Present and future. International Journal of the Economics of Business, 2001, 2 (8).

[15] Dunning, J. H.. Some antecedents of internationalization theory. Journal of International Business Studies, 2003.

[16] Drogendijk, R., and Slangen, A.. Hofstede, Schwartz, or managerial perceptions? The effects of different cultural distance measures or on establishment mode choices by multinational enterprises. International Business Review, 2006.

[17] Demirbag, M. et al.. Equity-based entry modes of emerging country multinationals: Lessons from Turkey. Journal of World Business, 2009.

[18] Elango, B., and Sambharya, R. B.. The influence of industry structure on the entry mode choice of overseas entrants in manufacturing industries. Journal of International Management, 2004, 10.

[19] Elango, B.. The influence of plant characteristics on the entry mode choice of overseas firms. Journal of Operations Management, 2005, 23.

[20] Eicher, T., and Kang, J. W.. Trade, Foreign direct investment or acquisition: Optimal entry modes for multinationals. Journal of Development Economics, 2005, 77.

[21] Harzing, A-W.. Acquisitions versus greenfield investment: International strategy and management of entry modes. Strategic Management Journal, 2002, 23.

[22] Hennart, J. F., and Reddy, S.. The choice between mergers/acquisitions and joint ventures: The case of Japanese investors in the United States. Strategic Management Journal, 1997, 18.

[23] Hung, S. W., and Tang, R. H.. Factors affecting the choice of technology acquisition mode: An empirical analysis of the electronic firms of Japan, Korea and Taiwan, 2008.

[24] Larimo, J.. Form of investment by Nordic firms in world markets. Journal of Business Research, 2003, 56.

[25] Luo, Y.. Capability exploitation and building in a foreign market: Implications for multinational enterprise. Organization Science, 2002.

[26] Luo, Y., and Tung, R. L.. International expansion of emerging market enterprises: A springboard perspective. Journal of International Business Studies, 2007, 38(4).

[27] Meyer, K. E.. Direct investment in economies in transition. Edward Elgar, Cheltenham, U. K., 1998.

[28] Meyer, K. , et al. . Managing knowledge in foreign entry strategies: A resource-based analysis. Strategic Management Journal, 2009.

[29] Meyer, K. E. , and Tran, Y. . Market penetration and acquisition strategies for emerging economies. Long Range Planning, 2006.

[30] Padmanabhan, P. , and Cho, K. R. . Methodological issues in international business studies: The case of foreign establishment mode decisions by multinational firms. International Business Review, 1995, 4.

[31] Peinado, L. S. , and Boulard, M. M. . Antecedents of entry mode choice when diversifying. Industrial Marketing Management, 2009, 38.

[32] Pennings, E. , and Sleuwaegen, L. . The choice and timing of foreign direct investment under uncertainty. Economic Modelling, 2004.

[33] Ruiz-Moreno, F. et al. . Two-stage choice process of FDI: Ownership structure and diversification mode. Journal of Business Research, 2007.

[34] Shimizu, K. et al. . Theoretical foundations of cross-border mergers and acquisitions: A review of current research and recommendations for future. Journal of International Management, 2004.

[35] Slangen, A. . National cultural distance and initial foreign acquisition performance: The moderating effect of integration. Journal of World Business, 2006, 41.

[36] Slangen, A. , and Hennart, J. F. . Greenfield or acquisition entry: A review of the empirical foreign establishment mode literature. Journal of International Management, 2007, 13.

[37] UNCTAD. WIR, 2008, 2009.

[38] Vasoncellos, G. M. , and Kish, K. J. . Cross-border mergers and acquisitions: The European-US experience. Journal of Multinational Financial Management, 1998.

[39] Vermeulen, F. , and Barkema, H. G. . Learning through acquisitions. Academic Management Journal, 2001, 44.

[40] Volker, N. , and Yeaple, S. . Cross-border mergers and acquisitions vs greenfield foreign direct investment: The role of firm heterogeneity. Journal of International Economics, 2007, 72.

[41] Williamson, O. E. . Markets and hierarchies: Analysis and antitrust implications. New York: Free Press, 1975.

[42] Zaheer. Overcoming the liability of foreignness. Journal of Academic Management, 1995, 38.

Cross-border Merger and Acquisition as an International Market Entry Mode: A Review on Current Research

Xiao Weiguo[1]   Yuan Wei[2]

(1, 2 Economics and Management of Wuhan University School, Wuhan, 430072)

Abstract: In pursuing international expansion, an important strategic decision for firms is choosing an appropriate entry mode, such as joint venture, greenfield investment, cross-border merger and acquisition (M&A), export, licensing. Cross-border M&A has been becoming the most popular entry mode of foreign direct investment recently. This paper reviews the literature on the strategic decision between cross-border M&A and greenfield investment under the circumstances of wholly owned subsidiary. This paper discusses the main theoretical perspectives used, examining why the empirical findings obtained have often been inconsistent, and offers theoretical and methodological recommendations to guide future researches.

Key words: Cross-border merger and acquisition; Greenfield investment; Entry mode; Literature review

外商直接投资行业间溢出
及相关影响因素分析

● 涂涛涛[1]　余道光[2]

（1　华中农业大学经济管理学院　武汉　430070；2　武汉大学经济与管理学院　武汉　430072）

【摘　要】利用行业水平数据，本文考察了外商直接投资（FDI）对中国工业部门的外溢效应。分析的结果表明，与行业内溢出相比，行业间溢出是更为有效的技术溢出渠道。后向联系与前向联系是行业间溢出发生作用的两种途径。对前后向联系及其影响因素的分析表明，内外资生产率差异的减小和行业内研发支出的增加有利于行业间溢出；内资企业出口倾向的增加不利于前向溢出；三资企业的出口倾向有利于前向和后向溢出；东道国企业所处行业在产业链中的位置也会影响行业间溢出。

【关键词】外商直接投资　行业间溢出　行业内溢出

一、引 言

产业结构优化升级是推动中国经济可持续发展的关键所在。对于中国等发展中国家而言，外商直接投资的技术溢出是促进东道国产业结构升级的重要渠道之一。尽管 FDI 技术溢出效应在理论上得到了普遍的认同，关于 FDI 技术溢出效应的实证研究却得出了并不统一的结论。Caves（1974）、Kokko 等（1996）、Lipsey 和 Sjoholm（2001）对澳大利亚、乌拉圭以及印度尼西亚的实证研究证实了溢出效应的存在；而 Haddad 和 Harrison（1993）、Aitken 和 Harrison（1999）以及姚洋和章奇（2001）对摩洛哥、委内瑞拉和中国的同类研究却得出了相反的结论，即 FDI 的溢出效应是不存在的。导致实证结果分歧的原因很多，一些学者试图从东道国吸收能力的角度来进行解释，如人力资本（Borensztein 等，1998；赖明勇等，2005）、东道国自身研发水平（Keller，2004）、金融市场效率（Alfaro 等，2004）、贸易开放度（Holmes 和 Schmitz，2001）等。

需要指出的是，上述研究大多忽视了行业内溢出①与行业间溢出②的区别。为了进一步弄清 FDI 的溢出机制，我国部分学者从行业内溢出的视角探讨了技术溢出及其相关因素（陈涛涛和宋爽，2005；严兵，2006；陈涛涛和狄瑞鹏，2008）。然而，对现有文献的梳理表明，FDI 溢出发生的机制更有可能是通过行

---

① 行业内溢出指的是那些在相同部门或区域的企业间非自愿的技术知识的扩散，传导的渠道有示范效应（Swan，1973）、竞争效应（Wang and Blomstrom，1992）、员工的培训和劳动力流动（Gerschenberg，1987）等。

② 行业间溢出通常由买方和卖方之间的联系产生，即外资企业通过与国内企业上下游产业的前后向联系带动了当地企业的技术进步（Rodriguez-Clare，1996；Markusen and Venables，1999）。其中，外商企业在与供应商的联系中发生知识溢出被称为后向联系渠道的技术溢出；外商企业在与客户的联系中发生知识溢出被称为前向联系渠道的技术溢出。

业间而非行业内。探讨跨国公司最优决策的文献指出，跨国公司管理层决策的一个重要特征是最小化模仿的可能。跨国公司通过组织生产最大化模仿时滞，从而减轻了由行业内技术溢出导致的技术知识的租金消散（Ethier and Markusen，1996）。对于跨国公司而言，行业内溢出意味着损失，故跨国公司会限制技术的水平溢出。同时，其他部门制造商成本的降低并不会造成其租金损失。如果潜在上游供应商的效率得到提高，这对于跨国公司而言是十分有利的。因此，跨国公司对补充性和非竞争部门的行业间溢出的可能性更大（Kugler，2006）。

近几年来，我国的一些学者逐渐意识到了行业间溢出的重要性，并分别从技术差距（姜瑾和朱桂龙，2007）、知识产权（李平和随洪光，2007）和市场竞争（许和连等，2007）的角度考察了行业间溢出效应。在借鉴国内外前人研究基础之上，本文将进一步探讨行业内与行业间溢出，并侧重探讨行业间溢出的各种影响因素。本文分为四个部分：第二部分为模型设定与数据描述；第三部分为模型的实证分析；第四部分是结论与建议。

二、模型设定、指标构建与数据

（一）模型设定

本文使用大多数学者采用的扩展柯布—道格拉斯生产函数对数形式作为研究外资技术溢出的基本模型（姜瑾和朱桂龙，2007；金成晓和王猛，2009）：

$$\ln Y_{it} = \beta_0 + \beta_1 \ln K_{it} + \beta_2 \ln L_{it} + \beta_3 \mathrm{Hor}_{it} + \beta_4 \mathrm{Back}_{it} + \beta_5 \mathrm{For}_{it} + \varepsilon_{it} \tag{1}$$

在模型（1）中，下标 i 和 t 分别代表行业和年份，Y 为内资企业总产出，K 为内资企业的资本存量，L 为内资企业的劳动力投入，Hor 为水平联系指标，Back 为后向联系指标，For 为前向联系指标。在模型（1）中，水平联系的系数 β_3 可以反映行业内溢出的影响。

行业间溢出通常由买方和卖方之间的联系产生，即外资企业通过与国内企业上下游产业的前后向联系带动了当地企业的技术进步（Markusen and Venables，1999）。其中，外商企业在与供应商的联系中发生知识溢出被称为后向联系渠道的技术溢出；外商企业在与客户的联系中发生知识溢出被称为前向联系渠道的技术溢出。后向联系与前向联系是行业间溢出发生作用的两种途径。故模型（1）中后向联系和前向联系指标的系数 β_4、β_5 可以反映行业间溢出的影响。

正如上文所述，后向联系与前向联系是行业间溢出发生作用的两种途径。为了考察行业间溢出的影响因素，此时只需要分析影响后向联系与前向联系的因素即可。在本文构建的模型中，我们将考察劳动生产率差异、研发、内外资企业的出口倾向对行业间溢出的影响，首先构建上述因素对后向联系影响的模型如下：

$$\mathrm{Back}_{it} = \gamma_0 + \gamma_1 \mathrm{RP}_{it} + \gamma_2 \mathrm{RD}_{it} + \gamma_3 \mathrm{EXD}_{it} + \gamma_4 \mathrm{downEXF}_{it} + \varepsilon_{it} \tag{2}$$

其中，Back_{it} 为后向联系度量指标；RP_{it} 为 i 行业 t 时期内外资企业劳动生产率的差异；RD_{it} 为 i 行业 t 时期的研发状况；EXD_{it} 为 i 行业 t 时期内资企业的出口倾向。$\mathrm{downEXF}_{it}$ 表示 i 行业 t 时期下游三资企业的出口倾向。显然，对模型（2）中各系数的分析，就可以考察各因素对后向联系的影响。

类似地，为了考察上述因素对前向联系的影响，可构建如下模型：

$$\mathrm{For}_{it} = \lambda_0 + \lambda_1 \mathrm{RP}_{it} + \lambda_2 \mathrm{RD}_{it} + \lambda_3 \mathrm{EXD}_{it} + \lambda_4 \mathrm{upEXF}_{it} + \varepsilon_{it} \tag{3}$$

其中，For_{it} 为前向联系度量指标；RP_{it}、RD_{it} 和 EXD_{it} 与前面的定义相同。upEXF_{it} 表示 i 行业 t 时期上游三资企业的出口倾向。类似地，对上述模型中各系数的分析，就可以考察各因素对前向联系的影响。

需要指出的是，影响力系数和推动力系数也是影响前后向联系的重要因素。影响力系数体现的是一个部门对国民经济整体的拉动力或影响力,影响力系数越大,表明该行业处于产业链的下游,该行业与上游外资企业建立前向联系的可能性越大;推动力系数体现的是一个部门对国民经济整体的推动力,推动力系数越大,表明该行业处于产业链的上游,该行业与下游外资企业建立后向联系的可能性越大。为了考察影响力和推动力系数的综合影响,构建综合指标如下:

$$\omega_j = \frac{\delta_j}{\tilde{\theta}_j} \qquad j = 1, 2, \cdots, n \tag{4}$$

其中,δ_j 为影响力系数指标,$\tilde{\theta}_j$ 为推动力系数指标。可以推测,ω_j 越大,j 行业与上游外资企业建立前向联系的可能性越大,与下游外资企业建立后向联系的可能性越小;反之,则前向联系建立的可能性越小,而后向联系建立的可能性越大。由于不同年份的影响力和推动力系数可能会发生变化,本文将只考察 2002 年该综合指标与前后向联系间的相关性。

(二)数据描述

本文中的数据来自于历年《中国统计年鉴》、《中国工业统计年鉴》和《中国科技统计年鉴》,考察的样本期间为 2001—2006 年。为了构建后向联系与前向联系等指标,本文使用了 2002 年 122 部门投入产出表。因为投入产出表中的行业细分与各统计年鉴中的行业细分存在差异,故需对投入产出表中的行业进行合并。由于本文研究的对象是制造业,在剔除了投入产出表中非制造业的情形下,根据《国民经济行业分类》国家标准(GB/T 4754-2002),本文对投入产出表中的 69 个行业进行了合并,并最终选取了 27 个行业。

在指标选取上,内资企业总产出由全部国有及规模以上非国有工业企业工业增加值与"三资"工业企业工业增加值的差额来度量;内资企业的资本存量由全部国有及规模以上非国有工业企业总资产与"三资"工业企业总资产的差额来度量;内资企业劳动力投入由全部国有及规模以上非国有工业企业全部从业人员年平均人数与"三资"工业企业全部从业人员年平均人数的差额来度量;内外资企业劳动生产率的差异,采用三资企业劳动生产率与内资企业劳动生产率之比来度量;研发状况,采用大中型工业企业科技活动经费内部支出来度量;内资企业的出口倾向,采用内资企业出口交货值与内资企业产品销售收入之比来度量。

(三)其他指标的构建

1. 水平联系

水平联系定义如下:

$$\text{Hor}_{jt} = \frac{Y^f_{jt}}{Y_{jt}} \tag{5}$$

其中,分子表示 j 部门 t 时期外国企业总产出,分母表示 j 部门 t 时期的总产出(即同时包括了外国企业和国内企业的产出)。那么,该指标代表了外国企业在东道国特定行业与特定年份中产出的比重,从而体现了 FDI 的行业内参与度。令水平联系度量指标矩阵为 Hor,该矩阵为 $N \times T$ 阶矩阵,其中 N 为行业总数,T 为年数。

2. 后向联系

后向联系 Back_{kt} 表示行业 k 对下游外国企业提供的中间品占其中间使用合计的份额,其定义如下:

$$\text{Back}_{kt} = \sum_j \alpha_{kjt} \text{Hor}_{jt} \qquad 且 j \neq k \tag{6}$$

由于 Hor_{jt} 已经考虑了行业内效应，故在考虑后向联系时应剔除行业内效应，从而有 $j \neq k$。在式(6)中，α_{kjt} 表示行业 k 为行业 j 提供中间品的份额，即：

$$\alpha_{kjt} = \frac{Y_{kjt}}{\sum_j Y_{kjt}} \tag{7}$$

式(7)中，Y_{kjt} 为行业 k 提供给行业 j 的投入，$\sum_j Y_{kjt}$ 为行业 k 总的中间投入。在 Javorcik(2004)对后向联系指标的构建中，α_{kjt} 的分母为行业 k 的总产出。由于一个行业的总产出并非都用于中间投入，故 Javorcik 的指标并不能准确度量后向联系。相比之下，本文所构造的 α_{kjt} 指标更为合理。

令 α_{kjt} 系数矩阵为 A ($N \times N$ 阶)，后向联系度量指标矩阵为 Back ($N \times T$ 阶)，此时有：

$$\mathrm{Back} = (A - \mathrm{diag}A)\mathrm{Hor} \tag{8}$$

其中，$\mathrm{diag}A$ 为 N 阶的方阵，它的对角线元素取自矩阵 A 的主对角线，其余元素的值都为零。$A - \mathrm{diag}A$ 可将 A 矩阵中的对角线元素变为零。

3. 前向联系

前向联系 For_{ht} 表示东道国某行业的投入中由上游外国企业提供的份额，其定义如下：

$$\mathrm{For}_{ht} = \sum_j \beta_{jht}\mathrm{Hor}_{jt} \qquad 且 j \neq k \tag{9}$$

其中，β_{jht} 表示行业 h 的总投入中由行业 j 提供的份额，即：

$$\beta_{jht} = \frac{Y_{jht}}{\sum_j Y_{jht}} \tag{10}$$

式(10)中，Y_{jht} 为行业 h 在生产中对行业 j 中间投入品的消耗，$\sum_j Y_{jht}$ 表示行业 h 在生产中消耗的所有中间投入总和。

令 β_{jht} 系数矩阵为 B ($N \times N$ 阶)，前向联系度量指标矩阵为 For ($N \times T$ 阶)，此时有：

$$\mathrm{For} = (B - \mathrm{diag}B)'\mathrm{Hor} \tag{11}$$

其中，$\mathrm{diag}B$ 为 N 阶的方阵，它的对角线元素取自矩阵 B 的主对角线，其余元素的值都为零。$B - \mathrm{diag}B$ 可将 B 矩阵中的对角线元素变为零，$(B - \mathrm{diag}B)'$ 为 $B - \mathrm{diag}B$ 的转置矩阵。

4. 三资企业出口倾向

下游三资企业的出口倾向定义如下：

$$\mathrm{downEXF} = (A - \mathrm{diag}A)\mathrm{EXF} \tag{12}$$

其中，A 为 α_{kjt} 系数矩阵；$\mathrm{diag}A$ 为 N 阶的方阵，它的对角线元素取自矩阵 A 的主对角线，其余元素的值都为零；EXF_{it} 表示 i 行业 t 时期三资企业的出口倾向，采用三资企业出口交货值与三资企业产品销售收入之比来度量；EXF 为 EXF_{it} 指标构成的 $N \times T$ 阶矩阵，其中 N 为行业总数，T 为年数。

上游三资企业的出口倾向定义如下：

$$\mathrm{upEXF} = (B - \mathrm{diag}B)'\mathrm{EXF} \tag{13}$$

其中，B 为 β_{jht} 系数矩阵；$\mathrm{diag}B$ 为 N 阶的方阵，它的对角线元素取自矩阵 B 的主对角线，其余元素的值都为零；EXF 为 EXF_{it} 指标构成的 $N \times T$ 阶矩阵，其中 N 为行业总数，T 为年数。

5. 影响力系数

借鉴刘起运(2002)的方法，构建影响力系数如下：

$$\delta_j = \frac{\bar{b}_{cj}}{\sum_j \bar{b}_{cj} \cdot \alpha_j} \qquad j = 1, 2, \cdots, n \tag{14}$$

其中，$\bar{b}_{ej} = \sum_i \bar{b}_{ij}$，其经济含义是，第 j 部门生产一个最终产品对国民经济各部门的完全需求量，即部门对国民经济整体的拉动力或影响力。α_j 为第 j 部门最终产品占国民经济最终产品总量的比例，即最终产品实物构成系数。在影响力系数的指标中，分母体现的是国民经济的一个最终产品对其整体的影响力。这个最终产品不再是哪一个部门的，而是国民经济某一年度的特定最终产品，是该年度特定结构下的一个最终产品，也可视为国民经济一个最终产品对整体的平均影响力。改进后的计算方法采用了加权平均法，各部门最终产品的权重不同，是以国民经济一个综合的最终产品影响力为参照系，它真实地反映了国民经济当年一个最终产品的平均影响力。

6. 推动力系数

类似地，构建推动力系数指标如下：

$$\tilde{\theta}_i = \frac{d_{i0}}{\sum_i \beta_i \cdot d_{i0}} \tag{15}$$

其中，d_{i0} 为 $\bar{D}$ 矩阵同一行元素之和，即 $d_{i0} = \sum_j \bar{d}_{ij}$，其含义是 i 产品一个单位初始投入对所有部门的完全供给量，或称 i 产品对国民经济整体的推动力。β_i 为第 i 部门初始投入占国民经济初始投入总量的比例，即初始投入的部门构成系数。在推动力系数指标中，分母表示一个单位的初始投入（不是某一部门，而是综合的）对国民经济的平均推动力。

三、实证结果与分析

为了考察行业内与行业间溢出的影响差异，对模型（1）进行估计，得到回归结果见表 1。考虑到模型中可能存在的异方差和自相关问题，本文采用 Prais-Winsten 方法来进行估计，并得到面板修正标准误差（PCSE）估计量如表 1 所示。

表 1　　　　　　　　　　　　　　　模型（1）面板数据分析结果

变量	系数估计量	变量	系数估计量
$\ln K$	1.379695 *** (0.058406)	Back	0.9870446 ** (0.4495521)
$\ln L$	-0.34788 *** (0.0666469)	For	1.436964 *** (0.4555959)
Hor	-0.0892314 # (0.1759692)		
R^2	0.9948	Wald 统计量	1210.27
样本观测数	162	p 值	0.0000

注：*** 表示系数的 t 统计量在 1% 的水平上显著，** 表示系数的 t 统计量在 5% 的水平上显著，* 表示系数的 t 统计量在 10% 的水平上显著，# 表示系数的 t 统计量在 10% 的水平上仍不显著，括号中为修正后的标准误差。

从表1的结果可知，后向联系与前向联系的系数显著为正，这说明，外商直接投资的行业间溢出是十分显著的。同时，水平联系的系数为负，但不显著。这表明，外资的行业内溢出并不显著。也就是说，与行业内溢出相比，行业间溢出是外资技术溢出的更有效渠道。

为了考察后向联系及其影响因素的关系，对模型(2)进行估计，结果见表2。

表2   **后向联系及其影响因素的分析**

Back	混合数据模型	随机效应模型	固定效应模型
RP	−0.0052972 *	−0.007178 ***	−0.0061963 ***
	(0.0030172)	(0.0020647)	(0.0017686)
RD	2.63e−09 #	3.57e−09 **	4.29e−09 ***
	(2.24e−09)	(1.64e−09)	(1.41e−09)
EXD	−0.0273857 #	−0.0240301 #	−0.0071208 #
	(0.0177318)	(0.0176966)	(0.0156008)
downEXF	0.758877 ***	0.3339809 ***	0.2097609 ***
	(0.0227794)	(0.0312762)	(0.0287361)
R^2	0.8773	0.8650	0.8336
F	280.61		25.09
Prob>F	0.0000		0.0000
chi2		142.94	
Prob > chi2		0.0000	

注：*** 表示系数的 t 统计量在1%的水平上显著，** 表示系数的 t 统计量在5%的水平上显著，* 表示系数的 t 统计量在10%的水平上显著，# 表示系数的 t 统计量在10%的水平上仍不显著，括号中为系数的标准误差。

从表2可知，针对模型(2)的三种估计得到了一致的结论。RP 的系数显著为负，这表明内外资生产率差异不利于后向联系，且影响十分显著。也就是说，只有当行业内三资企业与内资企业的生产率差异不大时，下游行业的三资企业才会与其建立供应联系，从而促进技术的溢出。RD 的系数在固定效应和随机效应模型中均显著为正。这表明，行业内科技活动经费支出的增加有利于后向联系的发生。科技活动的增加通常会促使该行业内资企业技术水平和吸收能力提高。一般而言，三资企业对产品的质量要求更严，从而对中间投入品也有较高的质量和技术要求。显然，内资企业技术水平和吸收能力的提高有利于它们与三资企业建立后向联系。EXD 的系数为负，但不显著。这表明，内资企业的出口倾向对后向联系的影响不显著。downEXF 的系数显著为正，这表明，下游行业三资企业的出口倾向有利于后向联系的建立。其中的可能原因在于，下游行业的三资企业在中国进行生产再出口，主要是为了利用中国低廉的劳动力等生产要素，这种投资动机促进了后向联系的发生。

为了考察前向联系及其影响因素的关系，对模型(3)进行估计，结果见表3。

For	混合数据模型	随机效应模型	固定效应模型
RP	−0.0069235 ***	−0.0053936 ***	−0.0053171 ***
	(0.003507)	(0.0018361)	(0.0018494)
RD	−3.09e−09 #	3.99e−09 ***	4.34e−09 ***
	(2.60e−09)	(1.46e−09)	(1.48e−09)
EXD	−0.1277997 ***	−0.0559109 ***	−0.0367319 *
	(0.025195)	(0.0180183)	(0.0188306)
upEXF	0.8280653 ***	0.6236829 ***	0.4377507 ***
	(0.0337819)	(0.0568052)	(0.0777978)
R^2	0.8305	0.8129	0.8023
F	192.34		18.03
Prob>F	0.0000		0.0000
chi2		164.11	
Prob > chi2		0.0000	

注: *** 表示系数的 t 统计量在 1% 的水平上显著, ** 表示系数的 t 统计量在 5% 的水平上显著, * 表示系数的 t 统计量在 10% 的水平上显著, # 表示系数的 t 统计量在 10% 的水平上仍不显著,括号中为系数的标准误差。

从表 3 可知,在三种不同的模型中,除了 RD 以外,其他变量得到了一致的结论。判断固定效应是否显著的 F 检验为 $F(26, 131) = 112.31$,即固定效应模型优于普通 OLS 估计。判断随机效应是否显著的 LM 检验为 chi2(1) = 342.07,即随机效应模型优于普通 OLS 估计。为了在固定效应与随机效应模型之间进行选择,本文对该模型进行 Hausman 检验可得,chi2(3) = 10.43 且 Prob>chi2 = 0.0153。因此,在 1% 显著水平上,不拒绝原假设,从而选取随机效应模型。

从随机效应模型的结果可知,RP 的系数显著为负。这表明,内外资生产率差异不利于前向联系,且影响十分显著。也就是说,只有当行业内三资企业与内资企业的生产率差异不大时,上游行业的三资企业才会与其建立供应联系。内资企业对于来自三资企业中间品的使用需要一定的技术吸收能力。如果内资企业技术过于落后,就无法充分利用三资企业提供的中间品。因此,只有当内资企业具备一定的技术实力时,才会有利于前向联系的发生。RD 的系数显著为正。这表明,行业内科技活动经费支出的增加有利于前向联系的发生。EXD 的系数显著为负,这表明内资企业的出口倾向不利于前向联系的建立。可能的原因在于,目前我国内资企业的出口主要以劳动密集型等低端技术产品为主,这些行业产品生产中使用的中间投入主要来自于国内生产要素。因此,内资企业的出口倾向与前向联系之间呈现了负向关系。upEXF 的系数显著为正,这表明上游行业三资企业的出口倾向有利于前向联系的建立。

进一步,为了考察影响力和推动力系数对垂直联系的影响,可计算后向联系、前向联系及综合指标 ω_j 的相关系数,见表 4。

表4		影响力系数、推动力系数与垂直联系的相关性分析①	
相关系数	ω_j	后向联系	前向联系
ω_j	1		
后向联系	−0.4242 (0.0274)	1	
前向联系	0.3990 (0.0392)	−0.1941 (0.3320)	1

注：括号中的数值表示相关系数的显著性水平。

从表4可知，ω_j 与后向联系之间存在显著负相关，与前向联系之间存在显著正相关。这表明，ω_j 越大，后向联系发生的可能性越小，而前向联系发生的可能性越大；ω_j 越小，后向联系发生的可能性越大，而前向联系发生的可能性越小。该结论与本文在模型设定中的推论相一致。

四、结论与政策建议

通过行业层面的分析，本文考察了 FDI 在中国工业部门行业内与行业间溢出的相对显著性。分析的结果表明，外资行业内的技术溢出不显著，而行业间溢出显著。这表明，与行业内溢出相比，行业间溢出是更为重要的技术溢出渠道。同时，后向联系与前向联系是行业间溢出发生作用的重要途径，对前后向联系及其影响因素的分析表明：

(1)内外资的生产率差异不利于后向和前向溢出。也就是说，只有当行业内三资企业与内资企业的生产率差异不大时，内资企业才具备了学习和获取外资技术的吸收能力，从而有利于行业间的溢出。

(2)行业内科技活动经费支出的增加有利于后向溢出和前向溢出。行业内科技活动经费支出可以体现该行业内的研发状况。显然，行业整体研发实力的提升会增强内资企业的技术吸收能力，从而有利于行业间的技术溢出。

(3)内资企业的出口倾向不利于前向溢出的发生，但对后向溢出的影响不显著；三资企业的出口倾向有利于前向溢出和后向溢出的发生。

(4)影响力系数和推动力系数的分析表明，当一个行业处于产业链的下游时，该行业与上游外资企业建立前向联系的可能性越大，从而前向溢出的可能性也越大；当一个行业处于产业链的上游时，该行业与下游外资企业建立后向联系的可能性越大，从而后向溢出的可能性越大。因此，东道国企业所处行业在产业链中的位置也会影响到垂直联系的发生，从而也影响了行业间溢出。

结合本文研究结论，可以引申出政策建议如下：

(1)"市场换技术"战略的调整。"市场换技术"战略在我国失败的主要原因在于忽视了技术转移在我国发生的关键机制。正如本文分析所表明的，行业间溢出是更有效的技术溢出途径。因此，今后我国技术发展的战略应更加关注行业间的视角，通过促进内资企业与上下游外资企业的协作关系，就可借助其技术支持提升本国企业竞争力和技术实力，从而获得行业间溢出的好处。

(2)加强行业内的研发投入，缩小内外资企业间的技术差距。研发实力是促进内资企业技术水平和吸

---

① 考虑到不同年份的影响力和推动力系数可能会发生变化，本文只使用了 2002 年的数据进行相应分析。

收能力提升的重要因素。为此，政府有必要提供各种激励措施，促进内资企业的自主创新和研发能力，从而促进外资的行业间技术溢出。

（3）行业政策的制定应具有针对性。东道国企业所处行业在产业链中的位置也会影响到垂直联系的发生，从而也影响到了行业间溢出。因此，对于上游行业的东道国企业，应致力于培育与下游外资企业的后向联系，从而促进后向溢出的发生；对于下游行业的东道国企业，则应致力于培育与上游外资企业的前向联系，从而促进前向溢出的发生。

（作者电子邮箱：tutaotao_ hust@ 126. com；ydxdhy@ hotmail. com）

参 考 文 献

[1]陈涛涛，狄瑞鹏. 我国 FDI 行业内溢出效应阶段性特征的实证研究. 金融研究，2008，6.

[2]陈涛涛，宋爽. 影响外商直接投资行业内溢出效应的政策要素研究. 金融研究，2005，6.

[3]姜瑾，朱桂龙. 外商直接投资，垂直联系与技术溢出效应——来自中国工业部门的经验证据. 南方经济，2007，2.

[4]金成晓，王猛. 外商直接投资的行业内与行业间技术溢出——基于中国制造业数据的检验. 南方经济，2009，1.

[5]赖明勇，包群，彭水军，张新. 外商直接投资与技术外溢：基于吸收能力的研究. 经济研究，2005，8.

[6]李平，随洪光. 知识产权保护对外商直接投资溢出效应影响的研究——基于中国高技术产业的实证分析. 经济评论，2007，6.

[7]刘起运. 关于投入产出系数结构分析方法的研究. 统计研究，2002，2.

[8]许和连，魏颖绮，赖明勇，王晨刚. 外商直接投资的后向链接溢出效应研究. 管理世界，2007，4.

[9]严兵. 外商直接投资行业内溢出效应及相关影响因素分析. 经济评论，2006，1.

[10]姚洋，章奇. 中国工业技术效应分析. 经济研究，2001，10.

[11] Aitken, B., and Harrison, A.. Do domestic firms benefit from direct foreign investment? Evidence from Venezuela. American Economic Review, 1999, 89(3).

[12] Borensztein, E., Gregorio, J. D., and Lee, J. W.. How does FDI affect economic growth?. Journal of International Economics, 1998, 45(1).

[13] Caves, R. E.. Multinational firms, Competition and productivity in host-country markets. Economica, 1974, 41(5).

[14] Ethier, W., and Markusen, J. R.. Multinational firms, Technology diffusion and trade. Journal of International Economics, 1996, 41(1).

[15] Gerschenberg, I.. The training and spread of managerial know-how: A comparative analysis of multinationals and other firms in Kenya. World Development, 1987, 15.

[16] Haddad, M., and Harrison, A.. Are there positive spillovers from direct foreign investment? Evidence from Panel Data for Morocco. Journal of Development Economics, 1993, 42.

[17] Holmes, J., and Schmitz, A.. Competition at work: Railroads vs. monopoly in the U. S. shipping industry. Federal Reserve Bank of Minneapolis Quarterly Review, 2001, 25(2).

[18] Keller, W.. International technology diffusion. Journal of Economic Literature, 2004, 42(3).

[19] Kokko, A., Tansini, R., and Zejan, M. C.. Local technological capability and productivity spillovers from

FDI in the Uruguayan manufacturing sector. The Journal of Development Studies, 1996, 32(4).

[20] Lipsey, R. E. , and Sjoholm, F. . Foreign direct investment and wages in Indonesian manufacturing. NBER Working Paper, No. 8299, 2001.

[21] Markusen, J. R. , and Venables, A. J. . Foreign direct investment as a catalyst for industrial development. European Economic Review, 1999, 43.

[22] Rivera-Batiz, F. , and Rivera-Batiz, L. . The effects of direct foreign investment in the presence of increasing returns due to specialization. Journal of Economic Development, 1990, 34(2).

[23] Rodriguez-Clare, A. . Multinationals, linkages, and economic development. American Economic Review, 1996, 86(4).

[24] Swan, P. L. . The international diffusion of an innovation. Journal of Industrial Economics, 1973, 22(1).

[25] Wang, J. Y. , and Blomstrom, M. . Foreign investment and technology transfer: A simple model. European Economic Review, 1992, 36(1).

[26] Alfaro, L. , Chanda, A. , Ozcan, K. S. , and Sayek, S. . FDI and economic growth: The role of local markets. Journal of International Economics, 2004, 64(1).

[27] Javorcik, B. S. . Does foreign direct investment increase the productivity of domestic firms? In search of spillovers through backward linkage. American Economic Review, 2004, 94(3).

[28] Kugler, M. . Spillovers from foreign direct investment: Within or between industries? . Journal of Development Economics, 2006, 80(2).

A Study on Inter-industry Spillover Effect of FDI and Related Influencing Factors

Yu Taotao[1]   Yu Daoguang[2]

(1   Economics and Management School of Huazhong Agricultural University, Wuhan, 430070;

2   Economics and Management School of Wuhan University, Wuhan, 430072)

Abstract: Using industry-level data, this paper discusses FDI spillover effect in China's industrial sector. The result shows that, compared with intra-industry spillover, inter-industry spillover is much more significant. And backward linkage and forward linkage are the two channels of inter-industry spillover. Further analysis shows that narrowing of technological gap between domestic and foreign firms and increase of R&D intensity are all favorable to inter-industry spillover. Export orientation of local firms has negative effect on forward productivity spillover, while export orientation of foreign firms has positive effect on inter-industry spillover. Finally, the position of domestic firms in the industrial chain can also affect inter-industry spillover.

Key words: FDI; Inter-Industry spillover; Intra-industry spillover

《珞珈管理评论》投稿体例要求

一、来稿请用 A4 纸单面打印，打印稿邮寄至湖北省武汉市武昌珞珈山武汉大学经济与管理学院《珞珈管理评论》编辑部；邮编：430072。相应的电子稿请发至我们为投稿所设的电子邮箱：ljglpl@163.com。

二、在第 1 页只需写出论文的中文标题和英文标题、作者姓名、单位、通信地址、邮编、电话及电子信箱地址；第 2 页及以后的内容是文章标题、摘要、关键词、正文、注释和参考文献。

三、来稿以 8 000 字左右为宜。限于财力和人力，来稿一律不退。

四、投稿者来稿时提供：100～200 字的论文摘要（浓缩基本观点），不需要译为英文。

五、来稿注释一律用脚注，请勿用尾注。注释采用实注，详细标出引文页码；不要采用国外的虚注（即括号中人名加年代的注释法）；参考文献则一律放在文后，不必标注引文页码。请遵照"参考文献著录规则"将正文中的脚注与文后的参考文献规范化。

附录：参考文献著录规则

1. 脚注在正文中的标注格式

1.1 按正文中引用的文献出现的先后顺序用阿拉伯数字连续编码，并将序号用右上标①、②、③标示。

1.2 同一处引用多篇文献时，将各篇文献序号间用","间隔。如遇连续序号，可标注在一起。

1.3 中国著者姓名的汉语拼音按 GB/T 16159—1996 的规定书写，名字不能缩写。

欧美著者采用名在前姓在后的著录形式，欧美著者的名也可以缩写，不能省略缩写点；如用中译名，可以只著录其姓。

1.4 作者在 3 人以下全部著录，3 人以上可只著录前 3 人，后加"，等"，外文用"，et al."，"et al."不必用斜体。责任者之间用","分隔。

1.5 版本的著录采用缩略的形式。

1.6 正确著录期刊文献的年、卷、期

1.7 脚注中各部分的顺序为：

作者．题名（或加其他题名信息）．版本项．出版地：出版者，出版年：引文页码（报纸需标注日期及版面）．

1.8 对于电子出版物除按照此著录规则外，还需在最后增加［引用日期］．获取和访问路径．

1.9 正文采用脚注，脚注信息详细到页码。

2. 参考文献的标注

参考文献的标注与注释（即脚注）方式基本一致，只是不需要标注页码。注释（即脚注）放在正文中，参考文献放在正文后。

特别声明：本集刊已经在武汉大学经济与管理学院网站《珞珈管理评论》栏目中将所有过刊全文录入，以飨读者查找及阅览之需！

本集刊的网络链接：http：//jer.whu.edu.cn/ljglpl/CN/volumn/home.shtml

投稿地址：湖北省武汉市武昌珞珈山 武汉大学经济与管理学院《珞珈管理评论》编辑部

邮编：430072　　　投稿信箱：ljglpl@163.com

电话、传真：027-68755911